नासिरा शर्मा

नासिरा शर्मा का जन्म 22 अगस्त, 1948 को इलाहाबाद में हुआ। उन्होंने फ़ारसी भाषा और साहित्य में एम.ए. किया। हिन्दी, उर्दू, अंग्रेज़ी, पश्तो एवं फ़ारसी पर उनकी गहरी पकड़ है। वह ईरान और अफ़ग़ानिस्तान के समाज और राजनीति के अतिरिक्त साहित्य, कला व संस्कृति विषयों की विशेषज्ञ हैं। इराक़, अफ़ग़ानिस्तान, पाकिस्तान व भारत के राजनीतिज्ञों तथा प्रसिद्ध बुद्धिजीवियों के साथ उन्होंने साक्षातकार किए, जो बहुचर्चित हुए। ईरानी युद्धबन्दियों पर जर्मन व फ्रांसीसी दूरदर्शन के लिए बनी फ़िल्म में उनका महत्त्वपूर्ण योगदान रहा। सर्जनात्मक लेखन में प्रतिष्ठा प्राप्त करने के साथ ही स्वतंत्र पत्रकारिता में भी उन्होंने उल्लेखनीय कार्य किया है।

उनकी प्रकाशित कृतियाँ हैं—*बहिश्ते जहरा, शाल्मली, ठीकरे की मँगनी, ज़िन्दा मुहावरे, कुइयाँ जान, ज़ीरो रोड, अक्षयवट, अजनबी जजीरा, पारिजात, काग़ज़ की नाव, शब्द परवेरु, दूसरी जन्नत, अल्फ़ा-बीटा-गामा, कुछ रंग थे ख्वाबों के* (उपन्यास); *शामी काग़ज़, पत्थर गली, संगसार, इब्ने मरियम, सबीना के चालीस चोर, ख़ुदा की वापसी, बुतख़ाना, दूसरा ताजमहल, इनसानी नस्ल, सुनहरी उँगलियाँ* (कहानी-संग्रह); *राष्ट्र और मुसलमान, औरत के लिए औरत, औरत की दुनिया, वो एक कुमारबाज़ थी, औरत की आवाज़, मैंने सपना देखा* (लेख-संग्रह); *जहाँ फ़व्वारे लहू रोते हैं* (रिपोर्ताज); *यादों के गलियारे* (संस्मरण); *अपने ख़्वाब की ताबीर चाहती हूँ* (साक्षात्कार); *अफ़ग़ानिस्तान : बुज़कशी का मैदान, मरजीना का देश इराक़* (सम्पूर्ण अध्ययन व शोध); *शहनामा-ए-फ़िरदौसी, ग़लिस्तान-ए-सादी, क़िस्सा जाम का, काली छोटी मछली, पोयम ऑफ़ प्रोटेस्ट, बर्निंग पायर, अदब में बाईं पसली* (अनुवाद); *किताब के बहाने, सबसे पुराना दरख़्त* (आलोचना); *जब समय बदल रहा हो इतिहास* (विविध)।

इनके अलावा बाल-साहित्य, दूरदर्शन और रेडियो के लिए भी विपुल लेखन।

सम्पर्क : naserasharma22@gmail.com

फ़िलिस्तीन : एक नया कर्बला

नासिरा शर्मा

लोकभारती पेपरबैक्स

लोकभारती पेपरबैक्स में
पहला संस्करण : 2024

लोकभारती पेपरबैक्स : उत्कृष्ट साहित्य के जनसुलभ संस्करण

लोकभारती प्रकाशन
पहली मंजिल, दरबारी बिल्डिंग, महात्मा गांधी मार्ग
प्रयागराज-211 001
द्वारा प्रकाशित

शाखाएँ : 1-बी, नेताजी सुभाष मार्ग, दरियागंज, नई दिल्ली-110 002
अशोक राजपथ, साइंस कॉलेज के सामने, पटना-800 006
1, अनमोल सोराबजी सन्तुक लेन, धोबी तलाव, मरीन लाइंस, मुम्बई-400 002

वेबसाइट : www.lokbhartiprakashan.com
ई-मेल : info@lokbhartiprakashan.com

बी.के. ऑफसेट
नवीन शाहदरा, दिल्ली-110 032
द्वारा मुद्रित

मूल्य : ₹350

PALESTINE : EK NAYA KARBALA
by Nasera Sharma

ISBN : 978-81-19996-74-2

फ़िलिस्तीनी अवाम के नाम

क्रम

कहानी

साक्षात्कार

इज़रायल : राजनीति, समाज एवं साहित्य

यहूदियों पर टूटते जुल्म की गाथा

ग़ाज़ा युद्ध

दो शब्द

मेरी यह किताब 'फ़िलिस्तीन : एक नया कर्बला' को मैं कभी भी तरतीब न दे पाती यदि 7 अक्टूबर, 2023 में हमास और इज़रायल के बीच इतना घमासान युद्ध न छिड़ जाता। मध्यपूर्वी देशों में रहनेवाले एक भारतीय ने बताया कि मुझे एक फ़िलिस्तीनी से मिलने का इत्तिफाक़ हुआ। उनके बच्चे बहुत थे। इत्तिफाक़ से मेरे मुँह से निकला 'माशाअल्लाह।' उन्होंने बड़े ही उत्साह से कहा, 'हाँ यह बड़े होकर इज़रायल से लड़ेंगे।' आज जब मैं इज़रायल से गिरते बमों से बेहाल, ज़ख़्मी और मुर्दा बच्चों के साथ मलबे मे फँसे बच्चों को रोता और भूख-प्यास से तड़पता देखती हूँ और उनकी बताई बात याद आती है तो एक अजीब-सा अहसास जागता है कि जवान होने से पहले ही बेगुनाह शहीद हो रहे हैं।

यहूदी जो इज़रायल में रहने से इज़रायली कहलाते हैं उनकी इच्छा है कि वे मरने के बाद 'टेम्पल ऑफ़ ऑलिव्स' में दफन हों ताकि जब येशू मसीह आएँ तो उनकी फौज की संख्या ज़्यादा हो। जो जिसकी निष्ठा हो उसे हम नकार नहीं सकते हैं लेकिन जो हो रहा है उसे देखकर लगता है कि तारीख़ को हम गवाह बना सकते हैं मगर वर्तमान की उलझनें उस मापदंड पर हल नहीं हो सकती है। अगर हो सकतीं तो उस समय जो लोग जी रहे थे वह हल कर लेते इसलिए इतिहास की किताबें कभी-कभी बन्द कर देना जरूरी है क्योंकि नया इतिहास तभी लिखा जा सकता है जब हम अपने समय की समस्या को वर्तमान की रौशनी में बिना किसी पूर्वग्रह के देखें। पुस्तक का नाम भी मैंने 'फ़िलिस्तीन : एक नया कर्बला' इसलिए रखा कि उसमें भी पानी पर रोक थी और प्यास से शहीद होनेवाला बच्चा केवल छह माह का था।

मुझे ऐसा महसूस होता रहा है कि इज़रायल फ़िलिस्तीन को उनकी ज़मीन से निकालने की जगह उनके साथ उसी प्यार से

रहता जिस प्यार व हमदर्दी के चलते फ़िलिस्तीनियों ने उन्हें अपने वतन में जगह दी थी। इस मदद के बदले इज़रायल केवल अपने इलाक़े को समृद्ध न बनाकर पूरे फ़िलिस्तीन इलाक़े को ख़ुशहाल बना सकता था। अन्य अरब राज्यों से इसी बिना पर मधुर सम्बन्ध बनाकर अपनी छवि को सकरात्मक रूप देता। लेकिन उसने उन देशों को अपना दोस्त समझ लिया जिन्होंने होलोकॉस्ट के समय कोई साथ नहीं दिया था और अब दोबारा वही इज़रायल का इमेज विश्व स्तर पर ख़राब कर रहा है। बड़ी चतुराई से उसकी मदद से अरब इलाक़े में दाख़िल हो, उसको फिर से अपने क़ब्ज़े में रख उसका दोहन और शोषण कर सके और युद्ध कभी शान्त न हो। यह तो एक लेखक की सोच है, कूटनीतिज्ञ की नहीं।

मैंने इस पुस्तक का नाम 'फ़िलिस्तीन : एक नया कर्बला' रखा है जबकि इसका नाम दूसरा नक़बा या होलोकॉस्ट रख सकती थी लेकिन कर्बला की जंग का अन्त दुखद ज़रूर रहा मगर उसके निहित मानवीय सन्देश ने उसे जीवित रखा जबकि कर्बला एक छोटी सी घटना थी। उसके सामने 75 वर्ष से चला आ रहा यह युद्ध किसी अन्त तक पहुँचता नज़र नहीं आ रहा है। इसमें मैंने सियासत के साथ समाज को भी रखा है और अपने दुख में अवाम के दुख को देखा है। साहित्य को इसलिए रखा है ताकि सही तसवीर सामने आ सके।

आशा है यह पुस्तक आपको विचार के स्तर पर कुछ ऐसा देगी जो आगे की सोच होगी और इस तरह की व्यवस्था को हल करने में मददगार होगी।

—नासिरा शर्मा

फ़िलिस्तीन : राजनीति, समाज एवं साहित्य

इक्खट दुक्खट

बचपन से
कोई-न-कोई व्यथा
साथ हो लेती है किसी हमजोली की तरह
हम पूरी मासूमियत से हो लेते हैं उसके साथ
खेलते हैं इक्खट दुक्खट लंगड़ी टाँग से
ज़मीन पर खिंचे ख़ानों पर फेंक कर सिटकी
जीत लेते हैं घर या फिर हार बैठते हैं और
खेल के अन्त में ठीक उसी तरह हम
फुँक उठते हैं जैसे घर से बेदख़ल हुआ कोई
इसी तरह
खेलना सीखते हैं बचपन से व्यथा के संग
उसी मासूमियत के साथ जैसे इक्खट दुक्खट।

समय बीतता है और व्यथा
अचानक बन जाती है ज़िम्मेदारी उसी मासूमियत से और
सरोकार बदल जाते हैं ज़मीन पर खिचे ख़ानों से
पहुँच जाते हैं तबाह हाल बस्तियों की तरफ़
खून बहता है कहीं दूर पर और
व्याकुलता बढ़ती है हमारे सीने में
न ही हम मरते हैं और न उजड़ते हैं
फिर भी बन जाते हैं उस नरसंहार का हिस्सा ख़्वाहमख़्वाह दिमाग़ी तौर पर।

फिर
दिल दहल जाता है
इक्खट दुक्खट के इस खेल से
जो खेला जा रहा है बरसों से उस ज़मीन पर

जो हम खेलते थे घर के आँगन में और
हार जीत के बाद मिटा देते थे उन कोयले-ख़रिया से
खिंचे ख़ाने को कच्ची पक्की ज़मीन से।
ठीक उसी तरह से अब भुला दिये जाते हैं संवाद, वार्ताएँ और बारहा किये गए युद्ध विराम के वायदे।

अब आँखों के सामने
उन दृश्यों को
दिखा देती है नई तकनीक
कैसे पल भर में उड़ा दिए जाते हैं मुक़ाम,घर और बच्चे
कैसे दफ़्न कर दिये जाते हैं इनसान अपने ही घर के मलबे में
और
फिर शरणार्थी बन लावारिस से भटकते फिरते हैं अपमानित सारी दुनिया में।
बस!
यही फ़र्क़ है कल और आज के इस खेल में।

—नासिरा शर्मा

फ़िलिस्तीनी समस्या का तारीख़ी परिदृश्य

इतिहास बताता है कि फ़िलिस्तीन पर 'कुनानियों' का क़ब्ज़ा था। कहा जाता है कि ये लोग जज़ीर-ए-अल-अरब से आकर यहाँ आबाद हुए थे। भौगोलिक रूप से फ़िलिस्तीन को पश्चिमी एशिया के चौराहे की हैसियत मिली हुई थी। इसलिए इस इलाक़े ने चारों तरफ़ से आए हमलों को झेला। इनमें कुनानी, रूमी, ईरानी, यूनानी, एबरानी, फीआशानी के बाद सलीबी जंगों के दौरान आनेवाले यूरोपियन और फिर उस्मानी तुर्क शामिल हैं। इतनी लड़ाइयाँ, इतनी हुकूमतें और अनेक भाषाओं का प्रभाव झेलते हुए फ़िलिस्तीनियों ने कैसे अरबी भाषा और अपने रीति-रिवाजों को बचाए रखा यह अपने में एक चमत्कार ही कहा जाएगा जो उनके अन्दर की शक्ति को दर्शाता है।

एटलांटिक सागर से अरब सागर तक अरब देश फैले हैं जिसमें फ़िलिस्तीन एक अहम देश और अरब दुनिया का महत्त्वपूर्ण अंग रहा है। फ़िलिस्तीनी अरबों में सबसे अधिक पढ़े-लिखे, बहादुर और सलीक़ेमन्द लोग समझे जाते रहे हैं। प्रसिद्ध इतिहासकार प्रो. आरनल्डटाइन बी ने अपनी पुस्तक अन्तरराष्ट्रीय इतिहास का अध्ययन में लिखा है, 'मुझे अपने लोगों (अंग्रेज़ों) की समझ पर हँसी आती है जो फ़िलिस्तीन पर यहूदियों का हर तरह का हक़ तस्लीम करते हैं। अट्ठारह सौ साल बाद यहूदी अब यह कहने लगे हैं कि यह ज़मीन उनकी है क्योंकि उनके बुज़ुर्गों ने यहाँ पर सत्तर वर्ष तक कभी हुकूमत की थी। अगर उनका दावा मान लिया जाए तो फिर अमेरिका में रहनेवाले वर्तमान वासियों का कोई अधिकार रहने का नहीं बनता है और न ब्रिटेन यह इनकार कर सकता है कि उस पर अब भी रोमनों का क़ब्ज़ा नहीं होना चाहिए। सच तो यह है कि यहूदियों का यह दावा सरासर ग़लत है। आज आधुनिक समय में पुरानी नस्लों और धार्मिक दावे को इस तरह मान लेना दरअसल एक बहुत बड़े ख़तरे को दावत देना है।'

यहूदियों से पूरी दुनिया के लोग परेशान थे जहाँ-जहाँ जाकर वे बसे थे। उनकी तिजारती ख़ूबी और बढ़ते प्रभाव से व्यवस्था को परेशानी महसूस होती और इन्हीं सारी परेशानियों और कुछ अन्य समस्याओं को लेकर यूरोप के महत्त्वपूर्ण यहूदियों ने आस्ट्रिया के यहूदी पत्रकार के नेतृत्व में यह फ़ैसला लिया और तय किया कि

एक यहूदी स्टेट भी होना चाहिए। 1897 में स्विट्ज़रलैंड के शहर 'बाराले' में जब 22 अगस्त को सम्मेलन हुआ तो तय पाया कि वह जगह अरब देश होनी चाहिए। वह मेहमाननवाज़ लोग हैं, मान जाएँगे। वह काम शुरू हुआ और जज़ीरा क़ुबरस में यहूदी रियासत की बुनियाद डालने का प्लान बना मगर यूनानियों ने हंगामा मचा दिया। फिर पूर्वी अफ़्रीका में 'कीनिया' को पसन्द किया गया। पत्रकार हरज़ल ने यह योजना स्वीकार कर ली मगर ब्रिटेन और कई महत्त्वपूर्ण यहूदियों ने कुछ कारणों से इरादा तर्क कर दिया। मिस्र में यह सिलसिला शुरू करना चाहा तो हुकूमत ने सख़्ती से मना कर दिया। ब्रिटेन की नज़र में भारत भी था। स्वेज कैनाल भी थी और अपनी भविष्य की योजना भी थी। बात तुर्कों से की गई जो फ़िलिस्तीन पर क़ाबिज़ थे। तुर्क सुल्तान ने उन्हें जगह तो नहीं दी मगर व्यापार की खुली छूट दी। पहले विश्वयुद्ध के आरम्भ तक रूस, पोलैंड, आस्ट्रिया से आनेवाले व्यापारियों ने फ़िलिस्तीन नगरों में तिजारत की ज़रूरतों के कारण छोटे-मोटे मोहल्ले बसा लिये थे। दूसरे विश्वयुद्ध तक उनका क़ब्ज़ा दो प्रतिशत से ज़्यादा जगह पर नहीं था। ख़ुद फ़िलिस्तीन की उस समय आबादी सात लाख के लगभग थी। इन सात लाख अरब फ़िलिस्तीनियों में पचास-साठ हज़ार यहूदी भी थे, जो सदियों से फ़िलिस्तीन में आबाद थे, जिनको अरब बुद्धिजीवी एवं लेखक 'अरब यहूदी' का नाम देते हैं। इस तरह से विदेशी यहूदियों को फ़िलिस्तीन में दाख़िला मिला और उस समय की महान शक्तियों को एशिया पर नज़र रखने का सुविधापूर्ण स्थान मिला।

फ़िलिस्तीन पर सामूहिक क़ब्ज़े के बाद अरबों को दो स्तर पर छला गया। पहला यह कि वायदे के अनुसार अरब देशों को आज़ाद करने की जगह उन्हें फ़्रांस और ब्रिटेन ने 'अमानती इलाक़ा' मानकर आपस में बाँट लिया। इस बँटवारे में फ़िलिस्तीन और इराक़, ब्रिटेन के साथ रहे तथा सीरिया, लेबनान फ़्रांस के हाथ लगे। बात यहीं ख़त्म नहीं हुई। 2 नवम्बर, 1917 को ब्रिटेन के विदेशमंत्री लॉर्ड डब्ल्यूफोर ने यहूदियों के 'विश्व आन्दोलन' के रहनुमा और ब्रिटेन के सबसे बड़े बैंक के लॉर्ड रूथ शाइल्ड को एक सरकारी ख़त लिखा, 'मुझे यहूदियों के विश्व आन्दोलन से हमदर्दी है। उसके समर्थन में यह एलान करते हुए बेहद ख़ुशी महसूस हो रही है। महान देश फ़िलिस्तीन में यहूदियों के लिए एक 'क़ौमी घर' बनाने की योजना का मैं स्वागत करता हूँ और यक़ीन दिलाता हूँ कि वह इस लक्ष्य तक पहुँचने में यहूदियों की पूरी मदद करेगा। यह भी बात साफ़ है इस पॉलिसी में स्थानीय आबादी के अधिकारों पर या दूसरे मुल्क़ों में आबाद यहूदियों के हक़ पर किसी प्रकार का फ़र्क़ नहीं आएगा। मैं शुक्रगुज़ार होऊँगा कि आप अगर इस एलान को 'सेहूनी फ़ेडरेशन' के सदस्यों तक पहुँचा दें।'

इस एलान को 'बेलफोर' एलान का नाम दिया जाता है। पंडित जवाहरलाल नेहरू ने 1937 में 'मॉडर्न रिव्यू' में छपे एक लेख में साफ़ शब्दों में लिखा था,

'बेलफोर एलान अरबों के साथ ब्रिटेन की ग़द्दारी की सबसे बड़ी मिसाल थी।' ('मनोरमा दीवान अरब और इज़रायल', पन्ना 16)

लॉर्ड बेलफोर की सरकारी डायरी (19 अक्टूबर, 1918) की ज़रूरी पंक्तियाँ इस सिलसिले में ब्रिटेन और अन्य महान शक्तियों के हठ और प्रण को सामने लाएँगी। 'फ़िलिस्तीन में हम स्थानीय बाशिन्दों से राय लेने या वहाँ के नागरिकों से सलाह-मशविरा करने की कोई ज़रूरत महसूस नहीं करते हैं। हमारे लिये 'यहूदी आन्दोलन' सात लाख अरबों से कहीं ज़्यादा महत्त्वपूर्ण है जो इस देश में सदियों से आबाद है।' ('ब्रिटेन विदेश नीति', जिल्द दूसरी, 1932)

फ़िलिस्तीन में ब्रिटेन की हुकूमत थी। सरकार जैसा चाहती क़ानून बनाती। जैसे फ़िलिस्तीनी अरबों को सरकारी दफ़्तरों या हुकूमत में कोई नौकरी नहीं देनी है। सभी महत्त्वपूर्ण संवेदनशील पदों पर अंग्रेज़ और यहूदी बिठा दिये गये। बाहर के अंग्रेज़ों और यहूदियों को फ़िलिस्तीन में बसने का प्रोत्साहन दिया गया। अरबों से उनकी ज़मीनें और घर छीने गये। उन पर कर-दर बढ़ा दी। बड़े ज़मींदारों की ज़मीन सरकारी तौर पर नीलाम कर दी। अरबों को किसी तरह के हथियार रखने पर रोक लगा दी गई। जहाँ हथियार मिला फ़ौरन क़त्ल कर दिया गया। 1947 तक ब्रिटेन की फ़ौज दस हज़ार से ज़्यादा अरबों को किसी-न-किसी आरोप में मौत के घाट उतार चुकी थी और 167 देशभक्तों को फाँसी पर लटका चुकी थी। खेलों और सुरक्षा की आड़ में यहूदियों को पूरा क़ानूनी समर्थन मिला कि वे अरब फ़िलिस्तीनी जवानों को पूरी तरह उखाड़ दें।

समय के साथ यह सारी घटनाएँ बढ़ती गईं और आस-पास के देश भी मदद नहीं कर पाए क्योंकि वे बंधक बने हुए थे। ब्रिटेन की इच्छा के अनुसार 1947 में यू.एन.ओ. की असेम्बली का विशेष सत्र आयोजित हुआ जिसमें ग्यारह देशों के एक प्रतिनिधिमंडल ने एक कमीशन फ़िलिस्तीन भेजना तय किया। इस कमीशन के आठ सदस्यों में एक को छोड़कर सभी यूरोप और अमेरिका से थे। इस कमीशन में भारत शामिल था। इसमें कहा गया था कि फ़िलिस्तीन को दो भागों में बाँटा जाता है जिसमें 55 प्रतिशत हिस्सा यहूदियों को दिया जाना था। जबकि यहूदी आबादी एक-तिहाई थी और सिर्फ़ छह प्रतिशत पर क़ाबिज़ थी। यरुशलम को एक अलग ज़ोन बनाने की सिफ़ारिश थी जिसकी निगरानी विश्व के स्तर पर होगी। भारत ने यूगोस्लाविया और ईरान के सदस्यों के साथ मिलकर सिफ़ारिश की थी कि इस तरह फ़िलिस्तीन को बाँटना उचित नहीं है। इसके बजाय केवल एक रियासत बना दी जाए मगर उनकी बात को सुना नहीं गया।

फ़िलिस्तीन समस्या का आरम्भ कैसे हुआ यह उसकी छोटी-सी भूमिका है। पिछले साठ-सत्तर वर्षों में इस इलाक़े पर ख़ूनी लड़ाइयों ने कितने घर उजाड़े, कितने गाँव और शहर, और कितनी संख्या में लोग मारे और दरबदर किये गये, इसका

अनुमान इस ख़बर से लगाया जा सकता है—जब भूख और रसद की कमी से बिलबिलाकर फ़िलिस्तीनियों ने आवाज़ उठाई थी कि उन्हें मुर्दा खाने की इजाज़त दी जाए। यदि आप बड़े-बड़े न्यूज़ चैनलों की ख़बरों से हटकर एन.जी.ओज़ और उन डॉक्टरों और लेखकों का बयान और रिपोर्ट पढ़ें जो सियासत से हट कर मानवीय स्तर पर काम करते हैं तो पता चलेगा कि वहाँ फँसे फ़िलिस्तीनी क्या झेल रहे हैं। दुनिया में इस बात पर हाहाकार मच गया था जब किसी कम्पनी ने कुत्तों के लिए बना टिनबन्द खाना भुखमरे इलाक़े में भेजने की बात की थी। फ़िलिस्तीनियों द्वारा वहीं आर्थिक नाकाबन्दी से तंग आकर मुर्दा शरीर का मांस खाने का फतवा माँगा गया था। सभी जानते हैं कि मुर्दा गोश्त खाना इस्लाम धर्म में मना है। वहाँ पर इस गोश्त को हलाल मानने का फ़तवा लेने में फ़िलिस्तीनी किसी क़िस्म की झिझक महसूस नहीं करता। क्योंकि उसने जानवरों से भी बदतर ज़िन्दगी का मज़ा और बँधुवा ग़ुलामों के अत्याचारों का ज़हर दहाइयों के गुज़रने के साथ पी रखा है। उसे हर हालत में ज़िन्दा रहना है और अपनी छीनी ज़मीन को वापस लेना है। बात आत्मसम्मान की भी है और अपनी ज़मीन पर रहने की भी है।

फ़िलिस्तीनियों की तरह वियतनामियों ने पूरे तीस साल अमेरिकनों से लड़कर उनके छक्के छुड़ाये थे। मगर उस स्थिति और इस स्थिति में बहुत फ़र्क़ है, इसीलिए बात इतनी क़ुर्बानियों के बावजूद बनती नहीं है। आज फ़िलिस्तीनी अपने देश से उजड़कर विश्व के हर शहर, हर देश में फैल चुके हैं। उन देशों के स्थानीय लोगों को शरणार्थी फ़िलिस्तीनियों से बड़ी शिकायतें हैं। मैं जब वह सब पढ़ती और सुनती हूँ कि ख़ुद फ़िलिस्तीनियों के दिल में शिकायतों के कितने पहाड़ खड़े होंगे अपने वतन पर क़ब्ज़ा करनेवालों के प्रति।

तारीख़ के पन्ने पलटें तो पता चलता है कि अरबों ने यहूदियों की बहुत मदद की है। ख़ासतौर से स्पेन के यहूदियों की। मगर सियासत ये सब बातें याद नहीं रखती। उसे भावुकता से नहीं भौतिकता से मतलब है, यथार्थ चाहे जो भी हो। अरब दुनिया के जिन देशों ने विदेशी सत्ता से मुक्ति पाई, अपनी हुकूमत जमाई उन्होंने खुलेआम फ़िलिस्तीन को समर्थन दिया। अरब औरतों ने तो यहाँ तक अन्तरराष्ट्रीय महिला सम्मेलनों में कह दिया था कि तब तक अरब औरत अपने को आज़ाद नहीं समझेगी जब तक फ़िलिस्तीनी औरत आज़ाद नहीं है।

ख़ून से भरे पोखरों में कविता के कँवल

फ़िलिस्तीन में 'इन्तेफ़ादा' (नवजागरण) ने जो भी सियासी रोल अदा किया उसकी अपनी जगह है, मगर फ़िलिस्तीनी संघर्ष की जो गरिमापूर्ण आवाज़ क़लमकारों ने दी उसका कोई जवाब नहीं। चाहे वह मोहम्मद-अल-असद हों, या माईन बिख़ेसो, या अब्दुल लतीफ़ अक़्ल हों, या अब्दुर्रहीम महमूद, या कमाल नासिर हों, या जक़रिया महमूद या फिर ख़ालिद अबू ख़ालिद हों, या फ़य्यजिश्द और यूसुफ़ अब्दुल अज़ीज़, या फिर अबू सलेमा हों, या हसन-अल-बादहायरी सबने अरब संसार और उसके बाहर धूम मचाकर रख दी थी।

फ़िलिस्तीनी कवि अपने साहित्य को 'जलावतनी (विस्थापन) का साहित्य' या जलावतनी की कविता या कवि कहना पसन्द करते हैं न कि विद्रोही कवि या विद्रोही साहित्य। हमको उनकी बात समझने के लिए उनकी ज़िन्दगी और उनकी शायरी का जायज़ा लेना होगा। बात क़ब्ज़े के बाद के साहित्यिक परिदृश्य से शुरू होती है।

जब फ़िलिस्तीन इज़रायली क़ब्ज़े में आया तो बहुत बड़ा समाजी बदलाव आया। शहरों का राजनीतिक, सामाजिक व साहित्यिक ढाँचा इस आन्दोलन से प्रभावित हुआ। युद्ध से पहले और युद्ध के बाद शहर ख़ाली होने लगे। यह गमन का ऐसा सियासी अनुभव था जिसने आम फ़िलिस्तीनियों की ज़िन्दगी में ज़बरदस्त हलचल मचा दी, क्योंकि शहर ही साहित्य व राजनीति के केन्द्र थे।

फ़िलिस्तीन के वे सारे इलाक़े इज़रायल के क़ब्ज़े में थे। वहाँ पर फ़ौजी हुकूमत थी जो अपने लाभ को केन्द्र में रखकर हुक्म देती थी। उस हुक्म से आम फ़िलिस्तीनियों को किस तरह की असुविधा होगी, इसकी चिन्ता उन्हें नहीं थी। उनकी एक कोशिश यह भी थी कि प्रत्येक फ़िलिस्तीनी के दिल व दिमाग़ से ख़ुद उसकी पहचान खुरचकर फेंक देना और उसकी जगह इज़रायली सामाजिक, राजनीतिक व्यवस्था और साहित्य, संस्कृति के बीज बो देना। इस दर्दनाक बदलाव से पहले फ़िलिस्तीनी भाषा साहित्य का मूल स्त्रोत वही अरबी भाषा साहित्य ही था। लेबनान, ईजिप्ट, सीरिया के अरबी साहित्य का प्रभाव वह भी ग्रहण कर रहा था। इन देशों के साहित्यकार अदब की दुनिया में फ़िलिस्तीनियों के कन्धे-से-कन्धा मिलाकर

चल रहे थे। उनके साहित्य में भी फ़िलिस्तीनी समस्या की परछाइयाँ अपने पूरे तेवर के साथ नज़र आने लगीं जो समय के साथ मुखर होती चली गईं। अभी तक उनका अदब जो समस्याप्रधान था अरब देशों में ख्याति प्राप्त करने के साथ विदेशी भाषाओं में भी अनूदित होने लगा।

1948 के बाद फ़िलिस्तीनी साहित्य एक नई अभिव्यक्ति, शैली, शब्द और विषय से दो-चार होने लगा। क्योंकि उनके अन्दर का सुकून दरहम-बरहम हो चुका था जो नये तरह के जज़्बे को उभार रहा था जिसमें अपमान, आश्चर्य, तिरस्कार, क्रोध, बेबसी, आक्रोश सभी रस मिल गये थे। मुल्क़ की ग़ुलामी ने वतन के प्यार को एक साज़िश में बदल डाला था और शायरी का लहजा क़ौमी हो गया जो कि रदीफ़ क़ाफ़िये के छन्द में नहीं बँध सकता था। या जज़्बात ने सारे पुराने विषयों की तरह पुरानी शैली को भी छोड़ दिया।

यह नई शायरी या नई कविता समय की ज़रूरत थी। हुआ यह कि शहर उजड़कर फ़ौजी छावनियों में बदलने लगे। साहित्यकारों को देश निकाला मिला या फिर वे जेल में डाल दिये गये। जो बाहर निकल गये उन्होंने मोर्चा नहीं छोड़ा और यूरोप, अमेरिका में रहने के बावजूद कविता लिखते रहे। अपने प्रभावी साहित्य के कारण उन्हें विशेष महत्त्व प्राप्त हुआ और वह गमन के कवि कहलाए जाने लगे और मॉडर्न स्कूल आफ़ पोयट्री में दाख़िल हुए।

फ़िलिस्तीन के गाँवों और क़स्बों से आनेवाले जो मोर्चा सँभाल रहे थे उनमें कवि भी थे मगर पुराना नेतृत्व ख़त्म हो चुका था। संवाद टूट चुके थे। नई नस्ल परम्परागत बौद्धिक ऊर्जा से सर्वदा वंचित हो गई, केवल रह गई मोर्चाबन्दी और ख़ून-ख़राबा। यह मौक़ा इज़रायलियों के लिए सुनहरा था। शिक्षा, नौकरियों की सुविधाएँ शून्य हो रही थीं और बाक़ी अरब देशों से उनके सम्बन्ध काट दिये गये। हालत यह हो गई थी कि यदि किसी के पास लिखे काग़ज़ मिलते या एक पंक्ति कविता की तो उसे क़ैदी बना लिया जाता था। शिक्षा केन्द्रों में प्रवेश निषिद्ध कर दिया गया। लिखने-पढ़ने पर पाबन्दी लगा दी गई थी। मगर उस क़ुदरती आवेग को वे कैसे रोकते जो उनके जज़्बे को शायरी की शक्ल देने के लिए उनके सीने में पछाड़ें मारता था।

ऐसे ख़ौफ़नाक माहौल में ज़रूरत थी मुर्दा रूहों में नया जोश, नया पैग़ाम देने की। वक़्त ने शायरी को एक 'मुँहज़बानी' विधा में बदल डाला और एक बार वर्तमान फ़िलिस्तीनी प्राचीन कवियों की तरह वाचक कविता परम्परा को अपनाने में मजबूर हुए और गीतों और तरानों ने ग़ज़लों, क़सीदों की जगह ले ली। जिन्हें सुनना जितना आसान था याद रखना उतना ही सरल।

फ़िलिस्तीनी जब कहीं जमा होते वे तराने गाना नहीं भूलते। अवसर जो भी हो, मौत, जन्म, त्योहार, शोकसभा या फिर कोई जलसा। इन मौक़ों पर उनका आंतरिक

दुख इससे दृढ़विश्वास में बदलने लगता और मौत उनके लिए लम्बे ग़मगीन दिनों का मर्सिया (शोक गीत) कभी नहीं बन पाया।

फ़िलिस्तीन की औरतों ने मर्दों से कहीं ज़्यादा क़ुर्बानी दी और मौत और जन्म के साथ हँसना और रोना उनके रोज़ के कर्तव्य में शामिल हो चुका था। एक ऐसी क़ौम जो पिछले सौ वर्षों से जलावतनी, शरणार्थी और आवारगी का जीवन जी रही हो, वह क़ौम किस तन्तु की बनी होगी और यह दर्द सामूहिक रूप से पूरी क़ौम को किस तरह एकता में बाँधे रखा होगा, जिसको तोड़ने और बिखेरने की लगातार कोशिश चल रही है। अपनी कमियों, ख़ूबियों के बावजूद वह क़ौम मोर्चे पर खड़ी है और अपनी पहचान के प्रति सजग है। फ़ौजी लिबास, शाही क़बा, फ़ैन्सी सूट के ऊपर शोमाल नाम की अरबी पगड़ी पहनना कभी नहीं भूलता है।

फ़िलिस्तीनियों ने अपनी परम्पराओं को आधुनिक कविता में ज़िन्दा रखा। यहाँ संकेत छन्द और अनुप्रास की तरफ़ नहीं बल्कि उस जज़्बे की तरह है जो अरबी शायरी की जान रहा है जिसको 'इश्क़' कहते हैं। यह 'इश्क़' आज की कविता में औरत से न होकर मातृभूमि से हो गया है। यह जुनूनी कैफ़ियत जिसमें सबकुछ लुटा देना ही सुकून देता है। दूसरी अहम बात उभरी है 'नई औरत' की जो हर कार्यक्षेत्र में मर्द के शाना-ब-शाना चल रही है। कई कवियों ने अपनी कविता में अपनी महबूबा, पत्नी, माँ को याद किया है जो 'फ़ितरी' (प्रकृति-स्वभावगत) ज़रूरत है। इस सबके बावजूद सबसे ऊपर उनके 'अरब तेवर' हैं।

फ़िलिस्तीन की निम्नलिखित कविताओं से पता चल जाता है कि फ़िलिस्तीनियों के दिल में जितना गहरा ज़ख़्म है, उतना गहरा प्यार भी। उनको यह देखकर गहरा रंज पहुँचता है जब विदेशों में फ़िलिस्तीनी कला इज़रायली फ़ैशन के नाम पर लिबास की शक्ल में और स्वादिष्ट खानों की रेसिपी यहूदी नाम से बाज़ार में बिकती है। किसी फ़िलिस्तीनी का यह कहना कितना बड़ा सच है—"आज हमारे पास कुछ नहीं बचा है सिवाय हमारे प्यार के जो केवल फ़िलिस्तीन तक सीमित होकर रह गया है और एक जुनूनी आशिक़ की तरह हम अपनी जवानी महबूब पर क़ुर्बान कर देते हैं, मगर कभी निराश हो आत्महत्या नहीं करते।"

फ़िलिस्तीनी शायरी में शोक-ध्वनियाँ हैं, मौत की मद्धिम पदचाप है जो पाठकों को गहरे अवसाद में डुबो सकती है और साथ ही विश्वास भी कि इनसानी जज़्बों में कितनी शक्ति होती है—इस ख़याल से उन्हें राहत भी पहुँचाती है और ये कविताएँ उनके सीनों में धड़कती हैं।

कविता

फ़दवा तूक़ान

ब्रिटेन में एक जॉर्डनियन फ़िलिस्तीनी महिला
अमर फ़िलिस्तीन
सैलाब और दरख़्त
ईसा मसीह

फ़दवा तूकान के लिए इज़रायल के रक्षामंत्री जनरल मोशे दयान ने कहा था कि इस कवयित्री की एक-एक पंक्ति बीस कमांडों पर भारी पड़ती है। इसके बाद फ़दवा के लिखने, छपने, पढ़ने पर रोक लगा दी गई। जेल जाना, पूछताछ और कई तरह के अत्याचारों को सहती फ़दवा अपने देश में जमी रहीं जब तक उन्हें मौत की सजा नहीं सुनाई गई। वह मौत नहीं जंग चाहती थीं। इसलिए शरणार्थी बनना मंज़ूर कर लिया। 1917 में नेबलुस में पैदा हुई फ़दवा पहले गीत, संगीत और घुमक्कड़ी की शौक़ीन थीं। पिता चाहते थे कि फ़दवा अपने भाई इब्राहीम तूकान की तरह विरोधी कविताएँ लिखें, मगर उन्हें यह मंज़ूर न हुआ। 1967 में जब फ़िलिस्तीन की करारी हार हुई तो फ़दवा ख़्वाबों से जागीं और एक कविता 'मैं हरगिज़ नहीं रोऊँगी' लिखी और अपनी शायरी का अन्दाज़ बदल लिया। उनके कई संग्रह हैं—'एक दिन', 'उसे मैंने पा लिया', 'मुझे मुहब्बत दो', 'अकेले दुनिया की छत पर', 'रात और शहसवार'। उनकी आत्मकथा का नाम 'पहाड़ी रास्ता बेढब रास्ता' है। फ़दवा तूकान की नई इंक़लाबी कविताओं ने पढ़नेवालों की धमनियों में बग़ावत का संचार तेज़ कर उनका लहू ग़र्म करना शुरू कर दिया था। यह देखकर उस समय की अनेक लिखनेवाली महिलाओं ने अपनी शायरी के मौज़ू बदल डाले। फ़दवा का देहान्त 2003 में हुआ।

ब्रिटेन में एक जॉर्डनियन फ़िलिस्तीनी महिला

"कैसा सुहावना मौसम है यहाँ,
आसमान हर पल घटाओं से लिपटा है।"
"तुम कहाँ की रहनेवाली हो, स्पेन की?"
"नहीं, मैं जॉर्डन की बेटी हूँ।"
"जॉर्डन? माफ़ करना मैं समझ नहीं पाई?"
"मेरा वतन क़ुद्स की हँसती पहाड़ियाँ हैं
मेरा वतन सरासर रौशनी और धूप है।"
(आह! यह घाव जिगर में गहरा उतरा, भयानक वहशियाना!)

अमर फ़िलिस्तीन

ओ मेरे महान देश!
मेरे फ़िलिस्तीन!
संघर्ष के रात-दिन घूमते पाट
घूमते-घूमते बदल न जाएँ दर्द से धुँधली रातों में
मगर मेरे महान देश,
तुम्हारे प्रकाश को बुझाने के लिए उनके हाथ,
छोटे...बहुत छोटे हैं।
तुम्हारी नाकाम इच्छाओं के बावजूद
तुम्हारे विकास के रुके पहियों के बावजूद
तुम्हारी उदास ज़ख़्मी मुस्कान के बावजूद
तुम्हारी औलादें मुतमइन और ख़ुश हैं।
मलबों के ढेर से
ज़ुल्म व सितम के कारावास से
ख़ून में डूबी उन दीवारों से
मौत और ज़िन्दगी के तरकश से
ज़िन्दगी
एक दिन आज़ाद होगी!
ओ मेरे महान देश!
ओ मेरे गहरे घाव!
मेरी जन्मभूमि मेरा तन्हा प्यार है।

सैलाब और दरख़्त

जब
आँधी और तूफ़ान का झक्कड़
काला सैलाब बन उमड़ता है
ख़ुश व ख़ुर्रम आबाद धरती पर
साहिलों की चीख़ें बुलंद होती हैं

उस वक़्त शैतान हवाओं से कहता है
"दरख़्त गिर गया!"
"दरख़्त गिर गया!"
आबाद मैदान तबाह होकर
मलबे के ढेरों में बदल चुका है।

वास्तव में
तूफ़ानी थपेड़ों से टकराकर
वह दरख़्त मर चुका है।

दरख़्त! दरख़्त!
क्या सचमुच तुम मर चुके हो?
सुर्ख़ दरिया ने पूछा।
तुम्हारी नसें तो अज़ीम दरख़्त!
उबलते लहू के शराब सी मस्त हैं
जवान जिस्मों के विद्रोही चीत्कारों से
गुंजारित हैं।

अरब जड़ें!
अज़ीज़ दरख़्त

वह तो धरती के गर्भ में
गहरी,
बहुत गहरी
उतरकर अपना रास्ता
ख़ुद बना रही हैं।

दरख़्त! दरख़्त!
फूलो, बढ़ो, शादाब हो!
तुम्हारी ख़ुश्क बेजान होती शाख़ों पर
एक दिन,
कोंपलें फूटेंगी
तेज़ धूप के साये तले बेहद चमकीली और सब्ज़
नई पत्तियों के बीच फूटती हँसी
ऊपर
बहुत ऊपर
सूरज तक अपना रास्ता बनाएगी।

मेरे अज़ीज़ दरख़्त!
उस वक़्त
चारों दिशाओं से जलावतन पंछी
फ़तह की मस्ती से शरसार
तराना गाते हुए अपने
आशियानों पर लौटेंगे!

वतन!
वतन!
मेरे अज़ीज़ वतन
मेरे बेहद अज़ीज़ वतन।

ईसा मसीह

ख़ुदा!
सारे जहाँ के मालिक!
इस साल
यरुशलम की ज़िन्दगी
सलीब पर टाँगी जा रही है।

आज आपका दिन है!
सारी घंटियाँ मेरे ख़ुदा,
ख़ामोश हैं।

वह बजती रही थीं!
वह बजती रही थीं!
दो हज़ार वर्ष के लम्बे समय तक

लेकिन
अब वह ख़ामोश हो चुकी हैं
सारे गुम्बद सियाह
अँधेरे ने उन्हें अपने आग़ोश में छुपा लिया है!
यरुशलम बढ़ रहा है
दुख और दर्द के कँटीले रास्तों पर।

यरुशलम कराह रहा है
दोराहे पर खड़ा
यरुशलम ख़ून आलूदा है
ज़ुल्म व सितम के हाथों
और
दुनिया ख़ामोश है!

दर्द को लेकर
दुनिया बेहिस हो चुकी है
सूरज की आँखों में सूराख़ हो गया है
और दुनिया!
दुनिया मेरे ख़ुदा!
उसने एक भी शमा रौशन नहीं की
उसने आँसुओं की बूँद भी नहीं गिराई
जो धो डालता
यरुशलम के ज़ख़्मी बदन को।

गुनाह का परिन्दा!
ऊपर पंख तौलता हुआ उड़ा
यरुशलम की पाक़ीज़ग़ी पर
और छोड़ गया धब्बा।

मेरे ख़ुदा!
यरुशलम की अज़मत!
दर्द की घंटियों से
बादलों घिरी सियाह रातों से
ग़म की गहराइयों से
कराहता यरुशलम आपके
पास आया है।

रहम,
मेरे ख़ुदा रहम!
यरुशलम पर
उसकी पाक़ीज़ग़ी पर
रहम!
रहम मेरे ख़ुदा
रहम!

कमाल नासिर

आख़िरी बात

कमाल नासिर का जन्म 1923 में बिरज़ैत में हुआ। उनकी हत्या 1973 में ऑपरेशन वरदून के तहत इज़रायली कमांडो द्वारा हुई।

आख़िरी बात

मेरे प्यार!
अगर तुम यह ख़बर सुनो उस वक़्त
जब खिला रही हो अपने पहलौठी के बेटे को अपनी
बाँहों में थामे
जो इन्तज़ार कर रहा है मेरे आने का।
रोना मत यह सुनकर कि मैं
अब कभी नहीं लौटूँगा,
दुख और ग़रीबी में जीना कुछ भी नहीं
जब, देश को तुम्हारी ज़रूरत हो।
मेरे प्यार!
जब पढ़ना मेरे कॉमरेड साथी की आँखों में
मँडराता ख़ौफ़, तो मुस्कराहट से अपनी उसे तसल्ली देना
मेरी मौत तुम सब में नया ख़ून दौड़ाएगी और
मेरा फंदा बदल जाएगा शीत ऋतु में।

मैं कभी नहीं मरूँगा,
अमर हो जाऊँगा हर उस कल्पना में
उस विचार में, जो वजूद में आएगा।
कहना हमारे बेटे से
कितना गहरा था मेरा प्यार।
मैंने उसके लिए कुछ नहीं छोड़ा
सिवाय अपनी बाँसुरी और शायरी के।
जब कभी मेरी क़ब्र पर वह रोये तो
समझाना उसे कि एक दिन मैं लौटूँगा ज़रूर
अपनी क़ुर्बानी का मीठा फल
चखने के लिए।

मोईन बिसेसो

होती है जब सुबह
होती है जब दोपहर

मोईन बिसेसो 1927 में ग़ाज़ा में पैदा हुए। 'लोटस' पत्रिका के उप-प्रधान सम्पादक रहे। 1980 में 'लोटस सम्मान' से सम्मानित। उनकी रचना 'गेहूँ की बालियों से बम तक' चर्चित रही, जो संस्मरणात्मक लेख एवं कविता की पुस्तक है। 1984 में फ्रांस में उनकी मृत्यु हुई।

होती है जब सुबह

दीवार का
कोई-न-कोई कोना होगा ख़ाली
इस्तेमाल कर सकता हूँ जिसे काग़ज़ की तरह।
गली नहीं हैं अभी उँगलियाँ मेरी, हरकत में हैं पूरी तरह।

हमारा ख़ून उबलता है बेजान पत्थरों की नसों में
गूँजता है पत्थरों के बीच से, बाहर से आया सन्देश
कोई मारा गया, कोई आया है नया क़ैदी
फिर बन्द हुई एक कोठरी कोई।

होती है जब दोपहर

रख दिया जाता है मेरे सामने काग़ज़ और पेन
थमा दी जाती है मेरी मुट्ठी में मेरे घर की चाबी
जो काग़ज़ शब्दों से भरने के लिए हैं
वही कहते हैं मुझसे, किसी हाल में 'झुकना नहीं'।
मेरी कुंजी का लच्छा कहता है
अपने छोटे-से घर की किसी भी ईंट के लिए
तुम 'झुकना नहीं' हरगिज़।

सूरज ढलने के बाद
मैं तन्हा
कोई नहीं मेरे पास
जब पड़ जाते हैं ताले काल कोठरी में
तो मेरे अन्दर से निकल पड़ता है कोई
ठीक मेरी तरह
मेरी जवानी की परछाईं की तरह
वह है मेरी तन्हा आरज़ू
वह मेरा अकेला इश्क़
ख़त के रूप में जिसे लिखता हूँ हर रात मैं
फिर कोई कहता है...
खो दोगे मुझे हमेशा के लिए
अगर लिख दिया कुछ कभी ग़लती से।

तौफ़ीक़ ज़याद

तौफ़ीक़ ज़याद 7 मई, 1929 में ब्रिटिश अमानती फ़िलिस्तीन में गालीली के नेज़रेथ नाम के स्थान पर जन्मे। वे जब रूसी भाषा साहित्य पढ़कर देश लौटे तो उन्हें 9 दिसम्बर, 1973 को नेज़रेथ का मेयर चुना गया। साम्यवादी पार्टी रूस के अध्यक्ष बने जिससे इज़रायली चौंके भी और होशियार भी हुए। तौफ़ीक़ ज़याद की पूरे समय यह कोशिश रही कि वह इज़रायल पर दबाव डालें कि वह हर हालत में जैसे भी हो अपनी नीतियाँ अरबों के प्रति बदलें। एक रिपोर्ट 'फ़िलिस्तीनी क़ैदियों पर अत्याचार' जिसके सह-लेखक तौफ़ीक़ थे, अनुवाद होकर इज़रायली समाचार-पत्र 'अल-हामिशामार' में छपी। वह रिपोर्ट यू.एन.ओ. में तौफ़ीक़ तोउबी और ज़याद के ज़रिये तब पेश हुई जब वह अल-फ़रहा जेल का मुआयना करके 29 अक्टूबर, 1987 में लौटे थे। यू.एन.ओ. में इस रिपोर्ट के बारे में कहा गया कि फ़िलिस्तीनी क़ैदियों के अत्याचार की इससे बेहतर सनदें नहीं हो सकती हैं। तौफ़ीक़ ज़याद का देहान्त 5 जुलाई, 1994 को जॉर्डन घाटी में एक दुर्घटना में हुआ जब वह यासिर अराफ़ात से मिलकर आ रहे थे जो 'फ़िलिस्तीन लिबरेशन ऑर्गेनाइज़ेशन' (पी.एल.ओ.) पार्टी के अध्यक्ष थे। उनको 'लीडिंग अरब लेजिस्लेटर' का ख़िताब भी मिला। उनके नाम पर एक रोड का नाम 'शेफ़ाअमर' रखा गया है।

मकरन्द

तुम जानती थीं यह मैं ही हूँ!
जो लौटा है अरसे बाद यादों की गठरी उठाए।
एक अजनबी की तरह
पुरसा देने बिलखते हुए
तुम मेरी तरफ़ मुड़ीं, मैं थर्रा गया
तुम्हारी आँखों के नश्तर जिगर में धँसे
तुम्हारे सम्मान और प्यार का मारा
लौटा है तुम्हारे क़दमों के पास।
तुम उठीं मेरे स्वागत के लिए मगर
हज़ारों ज़ंजीरों ने तुम्हारे पैरों को जकड़ लिया
तुम चाहतीं थीं मेरा नाम लेना लेकिन
तुम्हारी आवाज़ गले में अटक गई और मेरी पुकार
जो लगातार झंकरित होती थी वह भी जाने कैसे थम गई।
किसी भी न्यायालय से कोई आवाज़ न उठी
ख़ामोशी...सिर्फ़ ख़ामोशी!
मैंने पी लिया है दुर्घटना का मकरन्द
ओ मर्ज़ इब्ने-उमर!

सहन नहीं होगा मुझे

ऐ मेरे वतन! ऐ मेरी जन्मभूमि!
मेरे ऐतिहासिक गौरव के लुटे खज़ाने!
जहाँ दफ़न हैं मेरे बाबा और बाबा के बाबा
उस विरासत को मैं कैसे भुला सकता हूँ
मुझे मत रोको, मैं यह सब सहन नहीं कर पाऊँगा
चाहे मेरे हाथों और पैरों में बेड़ियाँ डाल दो।
यहाँ कभी हमारी उपजाऊ ज़मीन और गाँव था
जो बदल गया शोकाकुल राख और मलबे के ढेर में
जहाँ पर कुछ बहादुर आत्माएँ
अपने दाँतों और नाख़ूनों से संघर्ष में व्यस्त रहे
जिनके जिस्म को गोश्त के टुकड़ों में बदलकर
पी गये ख़ून उनका यह दरिन्दे
नहीं, अब आगे कुछ न कहो!
उन्होंने मक़बरे गिरा दिये
मक़बरे...!

विजय पराजय से बदतर है

कल की तरह आज
हम
चुल्लू भर पानी में तैरे नहीं हैं
और न ही हम
चुल्लू भर पानी में डूबे हैं।
उन्होंने रास्ता लिया था पूर्व की ओर का
काले बादल
बच्चों, फूलों, फ़सलों और शबनम के क़तरों को
क़त्ल करते हुए
नफ़रत के बीज छिटकाते हुए एक दिन
इसी रास्ते से वापस लौट जाएँगे
जिस रास्ते से आए थे।

अहम बात यह नहीं है कि वह कब तक यहाँ ठहरेंगे?
उनकी विजय/पराजय से बदतर है
यह फ़क्रत!
एक ठहराव है मैदाने जंग में
दो क़दम पीछे हटना,
दरअसल दस क़दम बढ़ने का संकेत है
बहुत जल्द
हमें आगे बढ़ना होगा
कहो...कहो!
विजय पराजय से बदतर है।

आवाज़, महक और रूप

बस, थोड़ा इन्तज़ार करो तुम मेरा!
मैं लौटूँगा ज़रूर, एक दिन
उन्हीं जड़ों के बीच
जहाँ फैली हैं मेरी जड़ें!
चट्टानों की दरारों में
फूलते ज़ैतूनों के वृक्षों और काँटों में,
और रंगबिरंगी तितलियों में
सायों और आवाज़ों में
जाड़े की मिट्टी और गर्मी के धूल भरे थपेड़ों में
हिरणों की पगडंडियों और चिड़ियों के घोंसलों में
तूफ़ानों का गर्जन दिखाएगा मेरी राह मुझे
मेरी नसों में दौड़ेगी मेरे वतन की लयात्मक ध्वनियाँ!

मैं लौटूँगा
तब तक सँभालकर रखना
मेरी आवाज़, मेरी महक, मेरा रूप
सँभालकर रखना सबकुछ
ओ मेरी फूलों की क्यारियाँ!

नेज़रेथ की हसीन लड़कियाँ

जाने कितनी बार
पास से गुज़रती हैं
काली आँखोंवाली
नेज़रेथ की हसीन लड़कियाँ
शानदार चाल से ख़रामा-ख़रामा चलती हुईं।

बच्चों को गोद में उठाए कुछ
कुछ कुँवारियाँ!
जैसे गुज़रते हुए फूलों की शाख़ की तरह
कुछ के कन्धों पर लदे हैं बच्चे और
बग़ल में दबाए हैं गेहूँ की बालियाँ!
दूर खेतों और खलिहानों से
आवाज़ें आ रही हैं खड़ी फ़सलों के झूमने की।

रात को आग के अलाव के चारों तरफ़ बैठ
गाती हैं वे पुराने गीत नानी और दादी के ज़माने के
कैसे तुर्कों से जंग लड़ने, अफ़सरों के अन्याय और
भगोड़ों के गिरोहों से मुक़ाबला करने के लिए
उन्होंने अपने गहने, बाली और हार बेचे थे
हथियार ख़रीदने के लिए ताकि कर सकें मुक़ाबला

न बताओ हमें इनके बारे में कि
यह वही पुराने धूर्त हैं
जिन्होंने हमारे वतन पर फिर से क़ब्ज़ा कर लिया है
अब हमारी निष्ठा का फैलाव देखना
जिसका कोई ओर-छोर न होगा!

स्रोत

1. फ़िलिस्तीनी कविता अंग्रेज़ी में अरबी से अनूदित—फ़िलिस्तीनी दूतावास, दिल्ली।
2. कुछ कविताएँ फ़िलिस्तीनी विद्यार्थियों द्वारा उपलब्ध।
3. कुछ कविताएँ अंग्रेज़ी साहित्यिक पत्रिका 'ऊर' से प्राप्त।

राशिद हुसैन

जल्लाद
आँखों में बसा होना

राशिद हुसैन का जन्म 1936 में हुआ। अभी तक फ़िलिस्तीनी शायरी का मिज़ाज भी इश्क़ और औरत था, मगर 1948 के बाद जिस अनुभव से समाज दो-चार हुआ उसने भावुक, नाज़ुक और सौन्दर्यबोध की सारी लताफ़त दिलों से काट दी। उसकी जगह आक्रोश केवल आक्रोश की आग से निकले शब्द थे जो अंगारे ही कहला सकते हैं। उनकी कविता 'जल्लाद' को पढ़कर महसूस किया जा सकता है कि यह तपकन कैसी है। उनके चर्चित काव्य-संग्रह हैं—'सुबह के साथ', 'रॉकेट', 'फ़िलिस्तीनी कविताएँ', 'दुनिया महरूम नहीं बारिश से'। उनकी 1976 में अमेरिका के अग्निकांड में मृत्यु हो गई।

जल्लाद

मुझे रस्सी दो!
एक हथौड़ी और फ़ौलादी सलाख़ें
ताकि मैं एक क़ैदख़ाना बना सकूँ।

अपनों के दरमियान,
कुछ लोग ऐसे भी हैं जो
अपनी ख़ुद्दारी को कुचलकर
शर्मनाक ज़िन्दगी गुज़ार रहे हैं
चलो चलकर उनकी गर्दनें नापें।
हम उन्हें अपने बीच
अब पल भर भी बर्दाश्त नहीं कर सकते हैं
क्योंकि वह दूसरों की धुन पर नाचते हैं
आओ चलो
एक क़ैदख़ाने की बुनियाद डालें।

वह दिन आएगा
वह दिन आएगा
आओ चलो
एक क़ैदख़ाने की बुनियाद डालें
हम सब मिलकर।

आँखों में बसा होना

तुम्हारी आँखों का रंग जैसे पाम वृक्ष
तुम्हारी आँखों का रंग जैसे अंगूर
तुम्हारी आँखों का रंग जैसे मेरा प्यार
यरुशलम के लिए जो बहुमूल्य हैं।
तुम्हारी आँखों के ज़ख़्म की रंगत
मेरी कविता जैसी है वैसा
गहरा मेरा स्नेह
ठीक जलावतनी जैसी असीमित भी।
तुम्हारी आँखों का रंग जैसे मेरे पिता
जिन्होंने अंजीर और अनार के पेड़ लगाए और कहा
जो पेड़ लगाते हैं, वही जीते हैं
और गाते
या लायअली...लायअली!
तुम्हारी आँखों का सब्र
मेरी माँ की तरह है
उतना उदार जैसे मेरे घाव
उतना क़ीमती जैसे दूर दिखती अपनी मंज़िल
तुम्हारी आँखों का रंग जैसे फ़ाख़्ता
जो वास्तव में मेरे संघर्ष का उक़ाब है।

समी-अल-क़ासिम

जेल से
मेरा वजूद

समी-अल-क़ासिम का जन्म 1939 में रोमा में हुआ। समी-अल-क़ासिम अपनी सियासी सरगर्मियों के कारण नौकरी से महरूम रहे। जेल में लिखी उनकी डायरी भावनात्मक हिंसा की सनद बन गई। उनके प्रसिद्ध काव्य-संग्रह हैं—'रास्ते के गीत', 'सूरज का क़ाफ़िला', 'मेरा ख़ून मेरी हथेली पर', 'ज्वालामुखी का धुआँ बेनक़ाब', 'ख़ुदा क्यों मार रहा है मुझे', 'शानदार मौत', 'मैं चाहता हूँ तुम्हें मौत की तरह', 'तूफ़ानी चिड़िया', 'मौत और चमेली का क़ुरआन', 'नामुराद शख़्स'। समी ने लेख, नाटक और उपन्यास भी लिखे हैं।

जेल से

माँ!
मुझे यह सुनकर गहरा धक्का लगा
जब मेरे दोस्त ने घर का दरवाज़ा खटखटाया।
आपसे
मेरे बारे में पूछा—और
आपकी आँखें आँसुओं में डूब गईं।
आख़िर क्यों माँ?
मुझे पूरा यक़ीन है माँ!
ज़िन्दगी की चमक, मेरी इस तंग सीली,
काल कोठरी में जन्मी है
मुझे यक़ीन है मेरा आख़िरी मुलाक़ाती
बिन आँखोंवाली
चिमगादड़ नहीं होगी माँ।

मेरा वजूद

तुम्हें पाने की इच्छा में
जब तक ख़ुशी से झूमता नहीं
दे दो इजाज़त मुझे तब तक
तुम्हारे दर्द में पालूँ सुख सारे जहाँ का।

नीबू के दरख़्त चमेली की गन्ध
देकर एक-दूसरे को हाथ अपना
जी रहे हैं हम इस तरह जैसे
एक जान दो क़ालिब हों!
झुटपुटे से झुटपुटे तक

मेरी विलियम गोलियाँ, मेरे कलंक
सब मेरे अन्दर हैं
फिर भी मैं तन्हा हूँ?
मगर मेरे प्यार!
तुम्हारी दूरी के बावजूद तुम
मुझमें बसे हुए हो
इस तरह से जैसे
तुम थे, तुम कभी नहीं थे
शायद!
यही प्यार है!

महमूद दरवेश

पहचान-पत्र

कुमुदिनी

कवि महमूद दरवेश की पैदाइश 1942 में बरवे नाम के गाँव में हुई। 1948 में उनके परिवार को गाँव छोड़ लेबनान जाना पड़ा, क्योंकि गाँव के इलाक़े पर इज़रायली क़ब्ज़ा हो गया था, जो बाद में इज़रायल का हिस्सा बना। वर्ष भर बाद दीर-अल-असद में इनका परिवार बसा। दरवेश ने हाईस्कूल कफर आसीक से किया और फिर हाईफ़ा में रहे। 1970 में इज़रायल छोड़ वे सोवियत लैंड पढ़ने गये, फिर ईजिप्ट और लेबनान गये। 1973 में 'फ़िलिस्तीन लिबरेशन ऑर्गेनाइज़ेशन' (पी.एल.ओ.) ज्वाइन किया। इज़रायल में उनकी आमद पर रोक लग गई। 2007 में एक काव्यगोष्ठी में यह इज़रायल जा सके। जहाँ उन्होंने खुलकर फ़तेह और हमास की आलोचना की थी। जिस तरह वह खुलेआम सड़कों पर लड़ते थे, उसको उन्होंने नाम दिया था 'सड़क पर आत्महत्या'। दरवेश की तीस से ज़्यादा कविताओं की जिल्दें हैं। गद्य की आठ किताबें हैं। वे कई पत्र-पत्रिकाओं के सम्पादक रहे। 1964 में जब उन्होंने अपनी कविता 'पहचान-पत्र' सुनाई तो उसका ज़बरदस्त प्रभाव रहा और उनके शेर चारों तरफ़ देश-विदेश में गूँज उठे। उनके संग्रह 'ज़ैतून की पत्तियाँ' में हर छह लाइन के बाद यह लाइन दोहराई गई 'लिखो मैं अरब हूँ।' उनकी शायरी बीस भाषाओं में अनूदित हुई। उनके लिए मशहूर शायर नौमी शेहाब ने कहा था कि दरवेश फ़िलिस्तीनी लोगों की ज़रूरी साँस हैं। यह जलावतनी और देश की यादों का गवाह है।

पहचान-पत्र

लिखो
मैं एक अरब हूँ
मेरा कार्ड नंबर 50,000 है।
मेरे आठ बच्चे हैं और नवाँ अगली गर्मी तक
आ रहा है।
यह सुनकर तुम्हें ताव क्यों आ गया?
लिखो,
लिखो मैं एक अरब हूँ।
मैं पत्थर का बदन काटता हूँ
अपने कॉमरेड साथियों के साथ
ताकि मेरे आठों बच्चों को रोटी और किताबें मिलें।
मैं भीख नहीं माँगता,
न ही दूसरों के सामने घिघियाता हूँ,
न ही किसी के सामने सर झुकाता हूँ।
यह सुनकर तुम्हें ताव क्यों आ गया?

कुमुदिनी

कुमुदिनी मेरे दिल की
बदल रही है धीरे-धीरे काले रंग में
मेरे होंठों से लपलपा रही हैं
आग की लपटें।
कौन से जंगल से
कौन से नरक से
कहाँ से आए हो दैत्य मेरे क्रोध के?

मुरीद-अल-बरग़ौती

मुरीद-अल-बरग़ौती 1944 में पैदा हुए। क़ाहिरा विश्वविद्यालय से अंग्रेज़ी भाषा में स्नातक की डिग्री ली और क्रान्तिकारी फ़िलिस्तीन रेडियो में काम करने लग गये। उनके कई काव्य-संग्रह हैं जिसमें प्रमुख हैं—'हथियारों से सुसज्जित ग़रीबों के गीत', 'फ़िलिस्तीन और सूरज', 'लम्बी है तलाश' इत्यादि।

दो औरतें

एक औरत अकसर पेरिस बाज़ार में
जौहरी की दुकानों पर ज़ेवर ख़रीदती
लगातार करती शिकायतें।
एक औरत हर जुमेरात को,
जाती है पाँच क़ब्रों पर और
नहीं छोड़ती लड़ना!

रोज़नामचा

पड़ी है बुनियाद स्टेट ऑफ़ अमेरिका की
कोका कोला, चेज़ मैनहटन, जनरल मोटर्स
क्रिश्चियन डायर, मैकनोल्ड, शेल, डायानास्टी, हिल्टन
इंटरनेशनल पर।
केंटकी फ्राइड चिकेन, टियर गैस
क्लब, जासूसी महकमे...आख़िर क्या नहीं है?
अरब देश भी नहीं है बेबुनियाद।

अगर

यक़ीन जानो
अगर सिसिफ़स पीठ को सड़क बना
भारी पत्थर उठा पहुँच पाता पहाड़ की चोटी पर
तो भी भुला दिया जाता आज।
अगर मजनूँ को ज़रूरत होती आग की
तो लैला के दिल का होता क्या हाल
कैसी पराजय!
अल-मोतानाबी का चयन हुआ गवर्नर के पद पर
क्या हश्र होता
अगर होता लूसिया के पास कोई तर्क
काश! ले पाता कोई फ़ैसला हैमलेट
अगर फ़रार हो पाता ओथेलो!
अगर जूलिएट रचा पाती ब्याह रोमियो से
तो क्या होता शेक्सपियर का
हो पाता अफ़वाह की तरह यक़ीन के क़ाबिल
सच भी इतना शक्तिशाली!

सफ़ाई

कवि लिख रहा है बैठा कॉफ़ी हाउस में
बूढ़ी औरत सोचती है 'लिख रहा होगा माँ को चिट्ठी!'
नवजवान कवि को देख सोचता है 'लिख रहा है प्रेमपत्र!'
बच्चा समझता है वह खींच रहा आड़ी-तिरछी लाइनें!
व्यापारी देख सोचता है पढ़ रहा है बिज़नेस कांट्रैक्ट्स!
यात्री सोचता है वह लिख रहा है पोस्टकार्ड।
सिविल सर्वेंट सोचता है लिख रहा क़र्ज़ की फ़ेहरिस्त!
एक पुलिस का आदमी दबे पाँव पहुँच जाता है उसके क़रीब!

उसके दिल में

कायनात में कई ग्रह
ग्रहों में धरती
धरती में महाद्वीप
महाद्वीप में एशिया!
एशिया में एक देश फ़िलिस्तीन!
फ़िलिस्तीन में अनेक नगर
नगरों में सड़कें,
सड़कों पर चलते जुलूस,
जुलूस की भीड़ में एक लड़का!
जिसके सीने में एक दिल
दिल में लगी एक गोली!

बिम्ब

नीले आसमान पर
सफ़ेद और सुरमई बादलों के टुकड़े
उसके नीचे बल खाई सड़कों का जाल
जिन पर लहरा रहे हैं लाल, नीले, पीले, हरे बैनर्स
यह है बेरुत की सुबह का एक नज़ारा
ठीक सामने सात मंज़िला इमारत के
शव वाहन आकर रुकता है।
शव वाहन में दो बूढ़े
गन्दी मैली दाढ़ियों के साथ
गहरी नींद में डूबे हैं।
ड्राइवर बेचैनी से क़दम बढ़ाता है
ऊपर-नीचे।
पहली मंज़िल की खिड़की पर
दो मर्द यूनिफ़ॉर्म पहने खड़े हैं
दूसरी मंज़िल पर एक लड़की
लटकाये गन्दी दरी को पीट रही छड़ी से
हर बार की मार के बाद वह
अपना चेहरा ढकती है बायें हाथ से
चौथी मंज़िल पर सुरमई बादलों के पास
औरत अलगनी पर फैला रही है पोतड़े
पाँचवीं बालकनी में जवान लड़का
मार रहा है घूँसे बड़ी-सी लटकी बाल पर
छठी बालकनी में कोई हलचल नहीं
सातवीं मंज़िल पर कुछ औरतें
झुंड में सुबक रही हैं।
एकाएक पाँचवीं मंज़िल का लड़का

बालकनी की राड को पकड़ दूर देखता है
उसकी थकी पीली आँखें और हाथ से छूटी गेंद और छड़
वहाँ जा लुढ़कते हैं जहाँ लाशें
कफ़न का इन्तज़ार कर रही हैं!

हसन जक़्तान

दादी का घर
मरना कोई अर्थ नहीं उनके लिए
गाइड
तकिया
ज़ाकारिया से चार बहनें

हसन जक़्तान की पैदाइश 1954 बेतजाला (बेथलेहेम के समीप) में हुई। हसन ने जॉर्डन से टीचर्स ट्रेनिंग की डिग्री ली और फ़िजिकल एजूकेशन का अध्यापन किया। 'फ़िलिस्तीन लिबरेशन ऑर्गेनाइज़ेशन' (पी.एल.ओ.) की साहित्यिक पत्रिका के सम्पादन के साथ ही रमल्ला में 'अल-अय्याम' डेली पेपर के साहित्यिक पृष्ठ के सम्पादक भी रहे और पाक्षिक काव्य पत्रिका 'अल-शोआरा' का सम्पादन भी किया। उनका पहला उपन्यास 1995 में आया। कई काव्य-संग्रह आ चुके हैं जिनमें चर्चित संग्रह हैं—'परचम और बहादुरी', 'मुँह-अँधेरे'।

दादी का घर

मेरी दादी का घर
सजा है क़ुरआन की आयतों और तुग़रों से

घर की दहलीज़ पर
खड़े हैं सीधे, तीन शख़्स, न कम्पन न हरकत।
करते हैं खड़े-खड़े इन्तज़ार, सो न अन्दर दाख़िल होते हैं
न बाहर निकलकर जाते हैं।
बताओ दादी इनमें कौन सबसे हसीन है?

एक लम्बी ज़िन्दगी जीने के बाद आई मौत।
बताओ न दादी, इनमें से कौन सुन्दर है?
गुज़र गये सत्तर साल दबे पाँव, दे गये तनहाई
शान्ति छा गई दादी माँ की आत्मा पर
अगर दिख न रहा हो यहाँ कुछ तो भी देख सकते हो

ताक़ पर धरी चमचमाती सुरमेदानी
पड़ा है वहीं कहीं एक रंगबिरंगा रूमाल
हिलता हुआ जैसे कह रहा हो, अलविदा!

जबकि वह तीनों शख़्स वहीं ड्योढ़ी पर जमे खड़े हैं
नींद में डूबे हुए और रात ढल रही सुबह की ओर
न हिलते हैं न डुलते हैं न आते हैं न जाते हैं।

मरना कोई अर्थ नहीं उनके लिए

रात के अँधेरे में
अल-अरब की तरफ़ जानेवाले रास्ते पर
मुर्दे खड़े हो जाते हैं क़ब्रों से निकलकर
उतरते हैं ख़ामोशी से पहाड़ियों के ऊपर से।

सदियों पुरानी पगडंडियों को नापते
एक के बाद एक मुर्दे उतरते हैं ढलानों से
मलबों और ऊबड़-खाबड़ रास्तों पर चलते
ढूँढ़ते, उठाते वह सबकुछ जो छोड़ गये हैं दरिन्दे

झीलों की ख़ामोशी के बीच खँडहरों में
मेहराबों के साये में मुर्दे बैठेंगे अभी
ज़मीन के नीचे बहता दरिया और घोड़ों की हिनहिनाहट
कुछ भी याद नहीं आएगा उन्हें मगर
उनकी निगाहें टिकी रहेंगी बदस्तूर सामनेवाले मकानों पर।

गाइड

उसने हमारी तरफ़ इशारा किया...
उस तरफ़
और ग़ायब हो गया
बम फटने के बाद मकानों के मलबों के बीच!

दीवारों के बीच से उसकी उँगली
अभी भी दिख रही है
इशारा कर रही है
इस तरफ़...!
इस तरफ़...!

तकिया

वक़्त है अभी
उससे कहने का, "माँ!
शुभ सन्ध्या।
मैं लौट आया हूँ
सीने पर गोली खाकर,
कहाँ है मेरा तकिया?
मैं कुछ देर सोना चाहता हूँ।"

अगर जंग
फिर से दरवाज़ा खटखटाए
तो कहना उससे—
"ठहरो, वह आराम कर रहा है।"

ज़ाकारिया से चार बहनें

काले कपड़े पहने
चार लड़कियाँ
पहाड़ पर चढ़ रही हैं।

झाड़ी की तरफ़ देख,
उन चारों ने गहरी साँसें भरीं,
फिर उन चारों ने अँधेरे में
भीगे अक्षरों को पढ़ा।

आर्टूफ़ से आनेवाली ट्रेन
गुज़र गई दृश्यों के पीछे से
एक घोड़ा ज़ाकारिया लड़की को बिठाए गुज़रा
उसकी हिनहिनाहट गूँजी पर्वत पर से मैदानों तक,
दर्रे के बीच से,
आहिस्ता-आहिस्ता बादल गुज़र गये।

चार बहनें ज़ाकारिया से
काले कपड़े पहने अकेली
पहाड़ के ऊपर पहुँच गईं!

अतीफ़ जानम

सपनों के शहर के हत्यारे

अतीफ़ जानम के बारे में सिर्फ़ इतना ही पता है कि 1988 में उनका एक कविता-संग्रह 'झरने वाला समय' प्रकाशित हुआ था।

सपनों के शहर के हत्यारे

रौशनी के दरवाज़ेवाले पहरेदार!
तब भगा दिया था मुझे बच्चा जानकर तुमने
कहा था 'मत घुसना बिना सरकारी मोहर लगे
इजाज़तनामा के।'
बतायी थीं कई वजहें जैसे, बन्द है शहर,
तू आया क्यों नंगे पैर, ऊँची हैं दीवारें
जिन पर लगे शीशों पर लोथड़े फँसे हैं इनसानी गोश्त के
जा भाग यहाँ से।

ऐ रौशनी के दरवाज़ेवाले पहरेदार!
सुन तो, आया हूँ इस बार सारे काग़ज़ों पर सरकारी
मोहर लगवाकर, पूरी कर दी हैं सारी शर्तें तेरी
कहाँ है मेरे पुरखों की अमानत और चाबियाँ?
मैं दाख़िल होना चाहता हूँ जल्द-से-जल्द
बहते झरने और सुलगती आग को सीने से लगाने।
जनाब पहरेदार!
जवाब देने लगा मेरा हौसला
काँप उठे हैं मेरे घुटने
इन्तज़ार की इन लम्बी घड़ियों में
अब मौत आवाज़ दे रही है मुझे।

सलीम जुबरान

लानत भेजो मेरी माँ पर

सलीम जुबरान जैसा कवि राशिद हुसैन के क्रोध और समी-अल-क़ासिम की निराशा भरी आशा से आगे बढ़कर गहरी तल्ख़ी में डूबा है। उनकी कड़वाहट हदों को पार कर जाती है। उनका यह तल्ख़ लहजा ही उनकी पहचान है।

लानत भेजो मेरी माँ पर

लानत है मेरी माँ पर
जिसने दूध पिलाया अपने सीने से
एक विदेशी को और मुझे भूखा रखा!

लानत भेजो उस पर
जिसने मेरा बिछौना दे दिया विदेशी को
और मैं काँपता रहा सारी रात ठंड में
सो न पाया पल भर।

लानत भेजो मेरी माँ पर!
जिसने अपनी ममता दे दी विदेशी को
और मुझे निकाल दिया अपने दिल से
एक लावारिस भगोड़े की तरह।

लानत भेजो मेरी माँ पर
लानत भेजो मेरी माँ पर
लानत भेजो सारी औरतों पर।

ज़ैतून के जले बाग़ानों पर मँडराती फ़ाख़्ताओं का विलाप

फ़िलिस्तीन के विद्रोही नेता जो कल तक अपनी ज़मीन के लिए लड़नेवाले इंक़िलाबी योद्धा या इन्तेफ़ादा (नवजागरण) के गुरिल्ला युद्ध के समर्पित देशप्रेमी माने जाते थे, एकाएक अन्तरराष्ट्रीय स्तर की बदली नीति के चलते यासिर अराफ़ात आतंकवादी और उनके अनुयाई 'फ़साद की जड़' कहलाने लगे। ऐसी बदली स्थिति में आपका पिछला संघर्ष ख़ुद सवाल में उलझ जाता है कि क्या अपने अधिकारों के लिए लड़ना बग़ावत है या फिर आतंक? ये वही फ़िलिस्तीनी हैं जिन्होंने भूख और बेकारी से तंग आकर पूछा था कि क्या हमें इनसानी गोश्त खाने की इजाज़त दी जा सकती है? यह फ़तवा उन्हें इस बाबत मिला या नहीं, मगर यह प्रश्न अपने में बड़ा भयंकर है और उस गम्भीर स्थिति की तरफ़ इशारा करता है, जहाँ से यह माँग उभरी है कि आख़िर वहाँ क्या गुज़र रहा है।

जब लाशें आती हैं, अस्पतालों में ज़ख़्मी आते हैं जो आम इनसानों में गिने जाते हैं। उनका इन बम धमाकों से कोई लेना-देना नहीं है, उनके उपचार के लिए अस्पताल में दवाएँ और ऑपरेशन की सुविधाएँ नहीं हैं। महँगाई में बड़ी संख्या में कफ़न-दफ़न का इन्तज़ाम भी एक मसला है। इज़रायल और फ़िलिस्तीन के बीच सब शान्त आज तक नहीं हुआ मगर प्रचार और प्रसार-तंत्र से हटकर आम ख़बरें अन्य माध्यम से लें तो महसूस होगा कि ख़बर देनेवाले चैनल जिन पर हमारा विश्वास है वे भी किसी एक मुद्‌दे पर कुछ पल या फिर कुछ दिनों तक ख़बरें देकर आगे बढ़ जाते हैं और हम मान बैठते हैं कि वहाँ सब शान्ति है। इसमें कोई शक नहीं है कि दो महान शक्तियों ने काफ़ी हद तक विश्व स्तर पर सन्तुलन बना रखा था, मगर अब किसी एक शक्ति ने अपना एजेंडा दुनिया के राष्ट्रों के सामने रखा है। आर्थिक दृष्टि से कमज़ोर राष्ट्र जाने-अनजाने उसकी गिरफ़्त में आते हैं और कभी भय के कारण पूर्ण रूप से समर्पण भी कर बैठते हैं।

ऐसे समाज की उलझनें और पेचीदगियाँ कितनी भयंकर होंगी, वहाँ का आम आदमी कितना आहत और बेबस होगा। वहाँ के बुद्धिजीवी, जो विदेशों में जा बसे हैं और अच्छी डिग्रियाँ और पदवी पर आसीन महत्त्वपूर्ण लोग हैं, बहुत कुछ सोचने

और बोलने के बावजूद भी कुछ कर नहीं पाते हैं। इस वर्ग में फ़िलिस्तीनी लेखक भी आते हैं जो देश-विदेश में हर जगह फैले हैं। इनका देश भी वही इलाक़ा होता है, जहाँ ये बसाए जाते हैं। अब सवाल यह है कि ऐसी स्थिति में जब ख़ून हर तरफ़ बह रहा हो और अपनों को खोता देखता लेखक निरन्तर अकेला पड़ता जाता है, उस समय उसकी दिमाग़ी हालत क्या होगी और संवेदना का ज्वार-भाटा किस स्तर का होगा, और इन सबसे बड़ा प्रश्न कि उसकी सृजन ऊर्जा क्या होगी उसके पेन में यह सब समेटने के लिए कितनी सियाही बची होगी?

ऐसा माना जाता है कि अंकुश के दौरान लिखा साहित्य उत्कृष्ट साहित्य होता है, मगर सवाल है जब ख़ून लगातार पानी की तरह बह रहा हो तो उस दौर में कैसी कहानियाँ लिखी जाती हैं? क्या कहानियाँ इनसानी संवेदनाओं की विविधताओं की अभिव्यक्ति से वंचित हो केवल अधिकार आक्रोश प्रतिशोध की ही बातें करती होंगी और एक ही मुद्दा हर लेखक व्यक्त कर रहा होगा तो फिर उस साहित्य का स्तर और कसौटी क्या होगी? इनसानी भावना के रहस्य को खोलना या फिर कहानियों के द्वारा घटनाओं की सूचना प्राप्त करना। उसमें कला का पक्ष कितना होगा और उसकी शैली, कथावस्तु और भाषा क्या होगी?

फ़िलिस्तीनी कवियों को जो आसानी मिली है वह कहानी लेखकों को नहीं। उनकी कहानियों को छपने के लिए साधनों की ज़रूरत होती है, जबकि कविता आसानी से बहुत कम समय में मुँहज़बानी सुनाई जा सकती हैं। जो लेखक अंग्रेज़ी में लिखते हैं उनकी रचनाएँ छपना आसान होता है, मगर अरबी में लिखा साहित्य विदेशों तक नहीं पहुँच पाता है। इस बात का अन्दाज़ा सीरिया में 2004 में मुझे अब्दुल अब्दुल्ला नामक फ़िलिस्तीनी लेखक से मिलकर हुआ था, जो अंग्रेज़ी बहुत कम जानते थे और मुझे अरबी नहीं आती थी। मेरी जिज्ञासा, उनकी मजबूरी ने एक हल निकाला था कि उनसे मैं इतना कह पाई कि वह अंग्रेज़ी में पूछे मेरे सवालों को सुनकर अरबी भाषा में जवाब दें और मैं उसे भारत में किसी अरबी भाषा के जाननेवाले की मदद से समझ लूँगी। उन्हीं से पता चला कि वह कल्चरल एक्सचेंज कार्यक्रम के तहत शायद अगले वर्ष भारत भी आएँ।

फ़िलिस्तीनी कहानीकारों की कहानियों के कुछ अंश देकर यह तो समझा जा सकता है कि दरअसल वहाँ चल क्या रहा है। पानी की समस्या वह भी रेतीले जंगजू गाँव में कैसी होगी, इसका प्रस्तुतीकरण महमूद चहीने की कहानी 'बारिश माँ' नामक कहानी में देखें।

"लानत है मुझ पर कि मैं गड़रिया होकर अपनी प्यासी भेड़ों के लिए इस कुएँ से पानी न निकाल सकूँ। ज़रूरत पड़ी तो मक्का के कुएँ तक जा 'आबे ज़मज़म' भी ला सकता हूँ। पानी कुएँ से निकला मगर कीचड़ से भरा जिसकी गन्ध से भेड़ों ने मुँह फेर लिया।"

दूसरा टुकड़ा कहानी का देखें—

"ख़दीजा ने भूख से बिलबिलाते जुड़वाँ बच्चों को सीने से लगा स्तनपान कराना चाहा मगर छातियाँ सूखी थीं। बच्चे भूखे थे। मजबूर हो उसने उबले पानी से उनकी भूख शान्त की। किसी घर की एक छत से चीख़ सुनाई दी। बारिश...बारिश होनेवाली है देखो पश्चिम से आते काले बादल...।"

कहानी का अन्त—

"ख़बर यह थी कि उस रात शेख़ अली के यहाँ पानी के घड़े की क़ीमत तीन पिअस्तर हो गई थी, सुबह तक चार और दोपहर तक पाँच। फिर पता नहीं क़ीमत कहाँ जाकर ख़त्म हो।"

महमूद चहीने की यह कहानी उस गाँव के परिवेश, चुनौतियों, बेचारगी और लोगों की प्रतीक्षा और पानी की कमी और बारिश के इन्तज़ार का बयान इस तरह करती है जैसे वह भारत का कोई गाँव हो। उनकी यह कहानी यूनिवर्सल अपील अपने में रखती है। इसमें बद्दू (ग्रामीण) जीवन को उभारा गया है। दूसरे लेखक मुहम्मद शकीर 1942 में यरुशलम में पैदा हुए, 1975 में देश निकाला मिला। इससे पहले कई बार जेल गए और कुछ वर्षों तक लेखक और पत्रकार संघ के सदस्य रहे। बच्चों के लिए लिखने में विशेष रुचि और टेलीविज़न के लिए लेख लिखे उनकी लघु कथाओं में से एक कथा यहाँ नमूने के लिए पेश है जिसका शीर्षक 'विवाह' है—

अपने भारी बदन के साथ दुल्हन की माँ को बेटी के सुहागरात वाले कमरे में झाँकने और अन्तर की गतिविधि को सुनने में कोई दिलचस्पी न थी। उसका ध्यान दूल्हे के किचन पर केन्द्रित था। उस बेकार की रस्म में अब कौन अपना समय गँवाता है? जब वह पेट भर रही थी तो उसने देखा उसका चौड़े बदनवाला दामाद उसकी नाज़ुक बदनवाली लड़की को बाँहों में उठाए था और फुसफुसा रहा था, "जिस पर दिल आ जाए उस तक पहुँचने में देर नहीं करनी चाहिए।"

महमूद रिमावी की कहानी 'होटल' एक दिमाग़ी सफ़र की कहानी है। ऐसी कहानियाँ इस इलाक़े के लेखकों ने काफ़ी संख्या में लिखी हैं, जिनमें इनसानी भावना की अन्तर्यात्रा का बयान होता है। 30 मार्च, 1976 में फ़िलिस्तीन के उत्तरी हिस्से 'जूडीफ़िकेशन' में, जो आम लोगों का था, जिसमें कई तरह के अन्य लोग भी शामिल थे, उनके विरोध में मारकाट हुई जिसमें फ़िलिस्तीनी भी मौजूद थे। उस दिन की याद में 'धरती दिवस' मनाने की परम्परा चल पड़ी जिस पर लेखकों व कवियों ने अपना क्रोध अपनी रचनाओं में व्यक्त किया। इसी तरह की रचना 'शहसवार' जिसको लिखनेवाले मोहम्मद नाफ़ा हैं। मोहम्मद नाफ़ा 1940 में फ़िलिस्तीन के गलिलो गाँव में जन्मे और संघर्ष के बावजूद उन्होंने बाहर बसना मंज़ूर नहीं किया। वह कहानीकार के रूप में पहली पंक्ति के लेखक हैं जिन्होंने अपने लेखन की शुरुआत कविता से की थी। अपनी इस कहानी में उन्होंने बड़े प्यारे ढंग से घर,

परिवार, संघर्ष, लोमहर्षक घटनाओं को बयान किया है। वह समय का कालखंड और एक इलाक़े का मालूमाती दस्तावेज़ बन एक आत्मीय-सा चित्र फ़िलिस्तीन के उस इलाक़े का खींचते हैं जहाँ उनका बचपन गुज़रा। उस किशोर अवस्था में उन्होंने क्या पढ़ा, संघर्ष में कैसे शामिल हुए और वक़्त की सियासत को कैसे समझा। उनकी कहानी 'शहसवार' का एक नमूना—

"फिर वह दिन आया जब मधुमक्खियों के छत्तों के नज़दीक अनार के दरख़्त के नीचे उस खिली धूप से भरी दोपहर में उन्होंने मुझसे इसरार किया कि मैं अपनी यह अंधी मज़हबपरस्ती छोड़ दूँ, क्योंकि इन सारी बातों के लिए उम्र पड़ी है। उन कपड़ों से नजात पा लूँ जो मेरे आगे बढ़ने में रोड़े अटका रहे थे। मुझे स्कूल वापस जाना शुरू कर देना चाहिए।

बीस साल की लम्बी ग़ैरहाज़िरी के बाद मैं अपने स्कूल की उसी टीचर से मिला। मैंने उन्हें 'अलइत्तिहाद' का अंक दिया। मैंने धीरे से कहा, "आप का शुक्रिया। चीज़ों का मतलब समझने के लिए मैं बाहर हाँका गया।"

पत्रिकाओं को लेते हुए वह बोली, "काश मैं तुम्हें उन्हीं मधुमक्खियों के छत्ते के बीच रहने देती।" अपने मज़ाक़ पर वह मुस्करा पड़ीं।

इस कहानी का आरम्भ कैसा सुन्दर दृश्य आँखों के सामने पेश करता है—

"हमारे घर के बाहर अनार का दरख़्त था जो फलों से पटा हुआ था। उन फलों की यह ख़ूबी थी कि दाने पकते ही अनार फट जाता था। यह दृश्य बड़ा मनोरम होता। उस पेड़ की हर शाख़ पर मधुमक्खियों ने छत्ते लगा रखे थे।

"फिर वह दिन आया जब मैंने अपने बाग़ के पेड़ से पाँच आलूबुख़ारे तोड़कर उसे थमाए और उसे झट चूम लिया। उसने झटके से अपने को अलग कर मेरे मुँह पर आलूबुख़ारे दे मारे और चीख़ी 'मेरी जूतियों के तल्ले तुम्हारे दादा की दाढ़ी से कहीं ज़्यादा पवित्र हैं।'

मैंने उन बदनसीब आलूबुख़ारों को अपने दिल के दर्द की तरह सँभाला और आनेवाली के लिए दराज़ खोल उसमें डाल दिया।"

यह कहानी सीधे बातें न कर अनकही बातों को पढ़ने पर मजबूर करती है। गाँव का परिवेश ज़िन्दा हो उठता है। ठीक इसी तरह की बेहद ख़ूबसूरत कहानी 'मोहम्मद अली ताहा' की 'लड़का और लड़की' है। इस पूरी कहानी में एक बिम्ब है और ऐसी रौशनी जो पूरे माहौल की हरारत से आपको मोह लेती है। इस पूरी कहानी को यहाँ दर्ज करना मुमकिन नहीं मगर मर्म को यहाँ पेश करती हूँ—

जब मैंने उसे बोतल थमाई तो उसने एकाएक कहा, "मैं तुम्हारे फूलदान में सूरज को किसी फूल की तरह सजा दूँगा।"

उसकी कवितामयी बातें मुझे भाती हैं। मगर उसे नहीं पता कि हमारे घर में कोई गुलदान नहीं है, जो है वह भी मैंने अपने क्राफ़्ट की कक्षा में बनाया था।

कैम्पों में रहनेवाले फूल ख़रीदने की बात कैसे सोच सकते हैं? मेरे माँ बाप को अपनी शादी की तारीख़ याद नहीं।

हम क़ौम में रहनेवाले अय्याशी की कैसे सोच सकते हैं?

औरों की तरह हमारा घर कब होगा? जैसा कि किताब में देखती हूँ, मेरा अपना कमरा, जिसमें एक बिस्तर उस पर एक तकिया रखा हो। जहाँ दरवाज़े पर पर्दा लगा हो, जिसको चाँदनी रात में थोड़ा-सा सरकाकर चाँद का सुन्दर चेहरा देख सकूँ।

उसने पूछा था, "तुम्हारे पिता क्या करते हैं?"

"उनके लिए घर और पनाहगाह बनाते हैं।"

"कफ़ार साबा में या तेल अवीब में?"

"कुरयुतपुरवा में।"

उसने मेरी तरफ़ देखा और मैं शर्म से गड़ गई क्योंकि मैं यह नहीं कह सकती थी कि बाबा, आप उन लोगों के लिए घर बनाते हैं जो हमारे घर उड़ा देते हैं।"

गाने की आवाज़ ऊँची हुई।

"यरुशलग किसका है?"

"हमारा है।"

"बथेलहेम किसका है?"

"हमारा है।"

"हिब्रो किसकी है?"

"हमारी है।"

"ज़िरिको किसका है?"

"हमारा है?"

"मरुस्थल किसका है?"

"अरबों का है।"

...

बन्दूक़ की गोलियों का मुक़ाबला कोई गुलाब के फूलों से कैसे कर सकता है?

एक गाड़ी आकर रुकी और एक सिपाही बाहर कूदा और मेरी तरफ़ लपका। मेरा झोंटा पकड़ वह गाड़ी की तरफ़ खींचता ले गया।

बदचलन! आतंकवादी तू है जो हमारे जीपों पर हथगोले फेंकती है!

मेरे गुलदान में सूरज का सुलगता अंगारा सन्तरे की तरह आकर ठहर गया।

मोहम्मद अली ताहा भी मोहम्मद नाफ़ा की तरह गैलिली गाँव में 1949 में पैदा हुए। दोनों रचनाकारों का जुड़ाव कितना गहरा है अपनी ज़बान से यह बात केवल उनकी कहानी की कथावस्तु ही नहीं बल्कि अभिव्यक्ति भी भाषा रचती हुई बताती है।

हसन कनाफ़ानी का जन्म 1936 में अकरे में हुआ, अब वह हमारे बीच नहीं हैं। 1972 में एक दुर्घटना में उनकी मृत्यु हुई। वह फ़िलिस्तीनी लेखकों के बीच एक संवेदनशील लेखक के रूप में आज भी बड़े आदर से याद किए जाते हैं। आपकी कहानियाँ उर्दू के लेखक इन्तज़ार हुसैन की शैली के क़रीब हैं, ख़ास तौर से 'बाज़' कहानी जिसका अन्त कुछ यूँ होता है—

"और तुम किस तरह शिकार करते थे? शायद हिरनियाँ ख़ुद-ब-ख़ुद तुम्हारे पास चली आती हैं...ऐसा ही न?"

वह आहिस्ता से बोला, "बाज़ से।"

"बाज़ से?"

"हाँ बाज़ से, अपने बाज़ से शिकार करने की बात नहीं सुनी? कुछ लोग ऐसे ही शिकार करते हैं।"

"अच्छा"

"जब कोई हिरनी झुंड से अलग दिखाई पड़े, बाज़ के सर का नक़ाब हटा दें फिर देखें वह कैसे अकेली हिरनी पर झपटता है। डरकर हिरनी हिल नहीं पाती और हम चूज़े की तरह हिरनी को पकड़ लेते हैं।"

बरसों पहले मेरा उक़ाब नार एक हिरनी के रंग पर आशिक़ हुआ। वह मँडराता था, मगर झपटता न था। वह हिरनी के रंग का मतवाला हो गया था। वह उसे दौड़ाता और ताकता भर था। शिकार करना भूल गया। मुझे भूल गया। एक सुबह मैंने देखा नार मरा पड़ा है, हिरनी का कहीं पता नहीं। शायद नार को मुर्दा समझ वह भाग गई थी।

"आख़िर हिरनी गई कहाँ होगी?" मैंने पूछा।

"हिरनियों का तो पता है साब, हमेशा अपने रेवड़ के साथ रहती हैं। गई होगी अपने में। जिसके साथ रहती हैं उसी के साथ मरना भी चाहती हैं। बाज़ का क्या कहीं भी मरे क्या फ़र्क़ पड़ता है?"

ज़ियाद अब्द-अल-फ़तह की कहानी 'निकाह' ऐसे दिलचस्प अन्दाज़ से लिखी गई जो यथार्थ के बेहद क़रीब होते हुए भी दोहरावे से दूर नहीं लगती है, बल्कि उन सारे जंगज़दा इलाक़ों की मानसिकता का बयान करती है जहाँ पर लोग हर लम्हा भरपूर अन्दाज़ से जीने के लिए बाध्य होते हैं, क्योंकि उन्हें पता है कि मौत किसी भी पल आकर उन्हें दबोच सकती है। ख़ंदक़ बमबारी में फँसे दो जवान मर्द-औरत कैसे बातें करते-करते यकलख़्त शादी करने का तय कर लेते हैं। लड़का फ़ौज में है। निकाह के दिन बम गिरते हैं, गोलियाँ चलती है। सब परेशान हैं कि दूल्हा कैसे आएगा? शादी को टालना न पड़े? मगर लड़की आँखों में काजल डालते हुए कहती

है कि यह निकाह टलेगा नहीं। यह कहानी ज़ियाद अब्द ने कब लिखी होगी मगर ऐसी बारातें और शादी के बैंड और बम बजते और गिरते होते, उसी में खाने की दावतों के जमावड़े को मैं ईरान-इराक़ के युद्ध के समय दोनों देशों में देख चुकी हूँ।

अकरम हानिए का जन्म 1953 में इरमाल्लाह में हुआ। यह वह जगह है जिसका ज़िक्र बार-बार बमबारी की रिपोर्टिंग के दौरान सुनने को मिलता है। 1987 में सियासी सरगर्मी में लिप्त होने के कारण इन्हें देशनिकाला मिला जिसने उनके दिल में बग़ावत की आग को और भड़का दिया। नतीजा उनकी कृतियों के रूप में सामने आया। उनकी कहानी 'इबारत' छोटी है परन्तु बहुत प्रभावी है, जिसमें स्कूल का गार्ड स्कूल की दीवारों पर लिखे नारों पर प्रिंसिपल के हुक्म से सफ़ेदी पोतता है जिससे न वह ख़ुश होता है न ही प्रिंसिपल। मगर फ़ौज की धमकी है कि यदि नारे देखे गए तो स्कूल बन्द भी किया जा सकता है और लड़के गिरफ़्तार। जाड़े की रात उस गार्ड की ड्यूटी है। इधर नारे नहीं लिखे जा रहे हैं। उसका दिल दुखता है। जब से लड़के गिरफ़्तार हुए हैं इधर कोई नहीं आया। इन्तज़ार से थक वह नाउम्मीदी से भर उठता है। स्टोर से पक्का रंग निकालता है और ख़ुद दीवार पर लिख देता है और बड़बड़ाता है, 'कोई नहीं मिटा पाएगा इस रंग को...हड़ताल क़ैदियों को छोड़ो।'

इस कहानी के बिलकुल विपरीत रस्मी अबुअली की कहानी 'क़िस्सा स्काईलैब का' है जो उस फ़िलिस्तीनी जवान की मनोदशा को दर्शाता है, जिसके पास सार्थक कुछ भी करने को नहीं है सिवाय अरबी में डब अंग्रेज़ी फ़िल्में देखने और उन फ़िल्मों की हीरोइनों पर मर मिटने के। उसकी इस दीवानगी से फ़ायदा उठाते हुए उसका दोस्त कहता है कि स्काईलैब के गिरने और ज़ख़्मी हो जाने पर पाँच हज़ार डॉलर मिलेंगे। तुम पर गिरे और कड़कड़ाते नोट मिले तो तुम सीधे हॉलीवुड चले जाना। इस कैफ़ियत में रहनेवाला जवान कितना बदक़िस्मत हो सकता है, जो अपने पढ़ने, सीखने और नौकरी करने के अधिकार से देश की सियासत के चलते वंचित कर दिया गया है।

यह कहानी छोटी और मज़ेदार है मगर दुख की गहरी खाई का नज़ारा दिखाती है, जिसमें फ़िलिस्तीन की नई पीढ़ी का चेहरा झलकता है।

अरब कहानीकारों में एक बेहद अहम नाम जब्रा-अल-जब्रा का है, जिन्होंने केवल कहानियाँ ही नहीं लिखी हैं बल्कि उपन्यास और आलोचना लेख लिखे और पेंटिंग्स भी की हैं। पटकथा, आत्मकथा, फ़िल्म, व्यंग्य के साथ अनुवाद भी किए हैं।

शेक्सपियर की रचनाओं के अनुवाद से इन्हें ख़ासी शोहरत मिली। उनकी कहानी ग्रामोफ़ोन एक लम्बी कहानी है जो लघु उपन्यासिका तो नहीं कही जा सकती है मगर उसमें उपन्यास के सारे गुण मौजूद हैं। सारांश में उनकी कहानी बयान करना मुश्किल है, क्योंकि उसमें बला का उतार-चढ़ाव और घटना-दर-घटना के नये-नये मोड़ हैं जो कहानी को रस से भर देते हैं और पाठक को अपने को पढ़वा लेने में सफल होती है। इस कहानी के कुछ उदाहरण देती हूँ जो आज हमारी नई पीढ़ी और वर्तमान समय का सच है—

"तुम फिर खाने की जगह पत्रिका ख़रीद लाए? तुम्हें खाने की ज़रूरत है जो आगे चलकर तुम्हें फ़ायदा पहुँचाएगा।"

"मैं तसवीरों और सुर्ख़ियों में ऐसा मशग़ूल था कि मैंने जवाब नहीं दिया मगर एक कान से मैं उसे बकबक करते सुन रहा था।"

"तुम्हारी ख़ुद्दारी तुम्हारी मांसपेशियों में है लड़के! लेकिन औरतें...गोरी साँवली, संगीत, पूरा चाँद, सारी रात बकबक...आह। तुम अभी कमसिन हो लड़के। ऊपरवाला तुम्हें उन रंगे होंठों, काजल लगी आँखों और कमानदार भँवों से बचाए। इससे आगे के संवाद बहुत दिलचस्प हैं, मगर हमारे लिए पूरी कहानी पढ़ना ज़रूरी है वरना बात का सन्दर्भ समझा नहीं जा सकता है सिवाय इसके कि उपदेश देनेवाला ग़रीब बूढ़ा अपनी जवानी और दौलत औरतों पर उड़ाकर कंगाल बना है। क्योंकि औरतें एक-सी नहीं होती हैं बल्कि हर औरत दूसरी से अलग होती है और किसी को भी भुला पाना मुश्किल होता है और किसी एक के साथ टिकना भी।"

नैफ़ीक फ़रयाद का जन्म 1939 में हुआ। बचपन से लिखने का शौक़ चार-पाँच साल जेल में काटे। फिर इज़रायल फ़ौज द्वारा देश निकाला मिला और मजबूरन मिस्र में बसना पड़ा। 1989 में सीरिया पर हुई बमबारी में मृत्यु हुई। इनकी कहानी 'क़ुम-उल-ख़ैर' नाम से पढ़ने को मिली, जिसकी मुख्य चरित्र एक महिला है, जिसके नाम पर कहानी का शीर्षक रखा गया है। जिसका बयान कहानी के आरम्भ में इस तरह किया गया है कि पढ़नेवाला पहली पंक्ति पर नज़र डालते ही उत्सुकता से भर उठता है—

'उसका मुखड़ा एकदम गोल और रंग गोरा था। समय की मार का कोई अक्स उसके चेहरे पर न था। जब वह अपने सफ़ेद बालों पर सफ़ेद दोशाला डालकर निकलती तो किसी यूनानी मूर्ति की तरह हसीन और बाराब लगती थी। जब हँसती तो गालों पर दो छोटे गड्ढे उभर आते। उसकी हँसी पानी की तरह शफ़्फ़ाफ़ थी। होंठों के किनारों पर छुपे बचपन और जवानी के भेदों का पता ही न चलता था। उसके हुस्न ने उसकी उम्र को छुपा रखा था।'

क़ुम-उल-ख़ैर के सारे बदन में साँप के ज़हर से फफोले उभर आए थे। सारा परिवार मर गया। यह कहानी क़ुम-उल-ख़ैर का रूपक बनाकर लिखी गई है जो वतन है और उसका आशिक़ हसन वतनपरस्त फ़िलिस्तीनी है, जो अपनी जान देकर वतन को बचा रहा है। हसन भी सूखते दरख़्त को अपनी कलाई की नब्ज़ काटकर फिर से शादाब कर देता है, जो हरा-भरा होकर पूरे गाँव को ढक लेता है। कहानी ख़ूबसूरत है।

साबिरा आज़म एक ऐसी महिला लेखक हैं जिनके लिए कहा जाता है कि कहानी उनकी रूहानी औलाद है। इन मर्दों के बीच साबिरा की कहानी 'फ़िलिस्तीन' को रख रही हूँ। अव्वल तो लेखिकाएँ और आज भी उस संख्या में नहीं लिख रही हैं जिनको हम इकट्ठा जमा कर उन पर बात करें। दूसरे अरबी नामों में कुछ नाम मर्द-औरत दोनों के होते हैं, इस हालत में अगर अंग्रेज़ी अनुवादक ने लेखक के परिचय में 'हिज़' और 'हर' का प्रयोग नहीं किया है तो सही-सही पता लगाना बड़ा मुश्किल होता है जैसे 'भोर' कहानी के रचनाकार का नाम 'लिआना बद्र' है। नाम से शक होता है कि यह महिला है, मगर शक की बिना पर आप पूरे विश्वास से कुछ कह नहीं सकते हैं।

साबिरा आज़म अक्का (अक़रा) 1921 में पैदा हुईं और जॉर्डन में उनका इन्तक़ाल 1967 में हो गया। बाक़ी लेखकों की तरह ही उनके अनेक कहानी-संग्रह हैं। मौजूदा कहानी महमूद दरवेश की लम्बी कविता पूछताछ के अन्दाज़ में तो नहीं, परन्तु कहानी का गर्ग वही है जो उस कविता का है जो मुँहफट तरीक़े से अपना अरब होना मनवाना चाहता है और यहाँ वही अरब फ़िलिस्तीनी पहचान को एक गाली की तरह रोज़ ढोता है। चाहे वह अपना नया परिचय-पत्र बना लेता है, परन्तु पुराना परिचय-पत्र ही उसका सही शिनाख़्त नामा माना जाता है। कहानी का एक टुकड़ा—

"हालाँकि फ़िलिस्तीन की दुकान भी मोहल्ले के किनारे की दूसरी दुकानों-जैसी ही थी। मगर फिर भी लोग उसको असली नाम से नहीं पुकारते थे, बल्कि फ़िलिस्तीनी के नाम से जानते थे। जब परिचय कराया जाता तो यही नाम लिया जाता और अपमान करते हुए भी यही नाम दोहराया जाता। जैसे उस अर्मनी का जो चालीस वर्ष से मोहल्लेवालों के फटे जूते सिलता, तले बदलता उनकी सेवा कर रहा था, मगर था वह आज भी अर्मनी, उसका भी कोई असली नाम नहीं लेता था।"

नगे कार्ड को पाने के बाद उसका मन सामान बेचने में नहीं लगता। अजीब हाल से गुज़रता है तभी ऊपरवाली महिला अपनी डोलची समान के लिए लटकाती है और पुकारती है मगर वह ध्यान नहीं देता। अन्त में वह महिला सामान वाले से चीख़कर निवेदन करती है—"भाईजान, जाकर फ़िलिस्तीनी से मेरी टोकरी में बोतल रखने के लिए कहने की कृपा करें।"

सबिरा की कहानी दुनिया के जाने कितनों का सच है जो आज भी शरणार्थी की तरह जी रहे हैं। यह एक बेहद पेचीदा मसला होता जा रहा है। जब उन शरणार्थियों के बच्चे दुनिया के किसी कोने में पैदा हों उसको अपना 'जन्मस्थल' मानकर उसके प्रति निष्ठावान् होते हैं। उनको जब स्थानीय लोग विदेशी कहते हैं तो संवेदना के स्तर पर आहत और विचार के स्तर पर चकराना लाज़मी है।

इन कहानियों के बहाने मेरा इरादा यह क़तई नहीं है कि मैं अमेरिकी बनकर फ़ैसला दूँ और बन्दरबाँट की नीति अपनाकर कहीं न पहुँचूँ। मैं एक रचनाकार हूँ और मेरा दिल दुखता है उन मुद्दों पर जो मेरे साथी क़लमकारों को व्यथा के अथाह समन्दर में डुबो रहे हों। यह लेखक कहीं का भी हो, होगा तो क़लमकारों के ख़ानदान का जिसके सदस्य सारे विश्व में फैले हुए हैं। उनकी समस्या को जानना और समझना भी हमारा कर्तव्य बनता है। जाने कितने विदेशी और स्वयं इज़रायली रचनाकार केवल अपना विरोध लिखित ही नहीं बल्कि फ़िल्मों द्वारा भी व्यक्त करते हैं। ज़ुल्म जैसा भी हो और जहाँ भी हो सृजनकर्ता का दिल सबसे पहले पिघलता है। ये सारी कहानियाँ जिनका मैंने ज़िक्र किया है, 'पहल' नामक पत्रिका द्वारा पुस्तक रूप में मौजूद है जिनका अनुवाद दूसरों ने किया है।

मैंने अपनी जिस कहानी का नाम 'ज़ैतून के साये' रखा है, उसमें तौफीक़ के बहाने फ़िलिस्तीन की तारीख़ी एवं सियासी समस्याओं को सामने रखा गया है और एक ऐसे ज़ख़्म को कुरेदने की कोशिश की है जिसकी पपड़ी जब-तब उखड़ जाती है और ज़ख़्म ज्यों का त्यों बना रहता है। तलत सोकैरत की तीन छोटी कहानियाँ हैं जो मैंने अनुवाद की हैं, उसमें उन संवेदनाओं को देखा जा सकता है जहाँ अपनी ही ज़मीन छिनती और छोटी होती जा रही है और यादें पीछा नहीं छोड़ती हैं। ठीक जाड़े की तुलानी रातों की तरह।

कहानी

ज़ैतून के साये

मैं एक पुरानी इमारत ज़रूर हूँ, मगर मेरे सीने पर ख़त-ए-कूफ़ी के अक्षरों का उभार आज भी ज़िन्दा है। मेरा सर वह तारीख़ी गुम्बद है जिसने ज़माने की धूप-छाँव के बाद भी अपना रंग व रोग़न खोया नहीं है। मेरी पेशानी पर यह झिलमिलाता सोने का पंजा देख रहे हो जो आज भी सूरज से आँख मिलाने का हौसला रखता है, जिसके ईमान की गर्मी दिलों में नूर की कन्दीलें रौशन करती है, जिसका दीन इनसान को इनसान से मुहब्बत करना सिखाता है और जिसकी आवाज़ का पैग़ाम सूरज के निकलने से पहले चारों दिशाओं के बन्द दरवाज़े खोलता है, तुम उसे एक वीराना समझ बैठे हो? मैं एक पुरानी तारीख़ी इमारत ज़रूर हूँ, मगर खँडहर हरगिज़ नहीं। तौफ़ीक़ की आँखों में फैली धूप में तड़पती यह सुनहरी इबारत साफ़ नज़र आ रही थी, जिसे पढ़ना इज़रायली कमांडर के लिए कोई मुश्किल काम नहीं था।

"मैं दोस्ती का हाथ तुम्हारी तरफ़ बढ़ाता हूँ हमें तुम्हारे अगले मंसूबों का खुलासा चाहिए...इसे हमारा मुहायदा समझो, दोस्ती की कसौटी जो आगे फल-फूल सकती है...याद रखो दोस्त! हमसे चालाकी नहीं चलेगी। मत भूलो कि तुम निहत्थे हो और हमारी हिरासत में हो।" एक गहरी नज़र इज़रायली कमांडर ने तौफ़ीक़ के चेहरे पर डाली और सिगार का आख़िरी कश खींचकर उसका लाल सिरा ऐश-ट्रे में रगड़ते हुए अपना दाहिना हाथ आगे बढ़ाया जो चन्द सेकंड बाद हवा में झूलता हुआ वापस उसकी पैंट की जेब में चला गया।

"कमांडर! तुम इस तारीख़ी इमारत के अँधेरे तहख़ानों में उतरना चाहते हो? तुम्हारे हाथ में पकड़ा यह जिज्ञासा से भरा चिराग़ चाहे कितना ही रौशन क्यों न हो मगर मेरे अँधियारे तहख़ानों में उजियारा नहीं भर सकता है। इन पेचदार गलियारों की अपनी एक तारीख़ है जो ग़म की रौशनाई और कशमकश के क़लम से लिखी गई है। इस किताबत को तुम्हारी आँखें कभी नहीं पढ़ सकती हैं, जिसे गुज़रते वक़्त ने अपने हाथों से इस इमारत की दीवारों पर लिखा है, जिसके हर लफ़्ज़ में धधकते ज्वालामुखी सोये पड़े हैं।" तौफ़ीक़ की गर्दन उसी तरह तनी रही, जबड़े कसे रहे और होंठ एक-दूसरे पर जमे रहे।

“तुम कमांडर को ख़त्म करने आए थे मगर कमांडर के जाल में फँस अपने साथियों के साथ-साथ हैलिकॉप्टर से भी हाथ धो बैठे...।” कमांडर ने वहशी क़हक़हा लगाया।

“कमांडर! तुम मुझ पर कटाक्षों के जितने तीर चाहो फेंककर अपना तरकश ख़ाली क्यों न कर डालो मगर मैं तुम्हारे उकसाने के बावजूद अपनी ज़बान नहीं खोलूँगा। चाहे मेरे दिल व दिमाग़ में उठता ग़म व ग़ुस्से का यह असीमित समुन्दर मुझे पीना ही क्यों न पड़ जाए। याद रखो, मेरी यह ख़ामोशी निहत्थी नहीं है, इसमें तलव की धार की तेज़ी है जो तुम्हारे सब को चाक-चाक कर तुम्हें दीवाना बना देगी।” तौफ़ीक़ की आँखों की धूप उसके चेहरे पर चमकने लगी।

“यदि तुम कामयाब हो जाते तो हमेशा की तरह तुम्हारे इस गुरिल्ला हमले का जवाब तुम्हारी पूरी बस्ती उजाड़कर दिया जाता, मगर...देखो न, मैं बच गया ...इसका इनाम तुम्हें यक़ीनन मिलेगा। मैं बहादुरों और हौसलामन्दों की बड़ी क़दर करता हूँ। इसलिए तुम्हारी जान बख़्शता हूँ, मगर एक शर्त के साथ कि अब तुम हमारे लिए काम करोगे और अपने संगठन के सारे भेद खोलोगे जिसके एवज़ में हम तुम्हें बाहिफ़ाज़त सरहद पार पहुँचाने का क़ौल देते हैं।” कमांडर के मुस्कराते चेहरे पर एक ख़तरनाक संजीदगी छा गई।

“कमांडर! तुम्हें शायद पता नहीं है कि हमने दुनिया में झंडे गाड़े हैं, इसलिए हमारे उस आब-व-ताब को मत ललकारो वरना मौत की बाज़ी हम ही जीतेंगे। जिन्होंने पैदा होते ही सर पर कफ़न बाँध लिया हो, वे ज़िन्दगी की बख़्शिश क़बूल नहीं करते हैं बल्कि सर का नज़राना पेश करते हैं।” तौफ़ीक़ की बड़ी-बड़ी शरबती आँखों में खिड़की से दिखते ज़ैतून के दरख़्तों का अक्स झूम उठा।

“तुम शायद थके हुए हो। आराम करना चाहते हो। तुम्हें मैं एक बात बताना चाहता हूँ कि एक फ़ौजी की ज़िन्दगी में उसका दाहिना हाथ कितना अहम मुक़ाम रखता है और अफ़सोस...तुम्हारा दाहिना हाथ कन्धे से उखड़ा है और कलाई की हड्डी टूट चुकी है। इलाज न होने पर तुम ज़िन्दगी-भर झूलते हाथ के मालिक बन जाओगे। अपनी ज़िन्दगी को बनाना और सँवारना अब तुम्हारे हाथों में है। वैसे तुम इस हक़ीक़त से आगाह होगे कि लँगड़े घोड़ों को गोली मार दी जाती है, क्योंकि वे फ़ौज के लिए नाकारा साबित होते हैं।” कमांडर धीरे-धीरे मुस्कराता हुआ तौफ़ीक़ की तरफ़ बढ़ा और उसके शानों को हल्के से थपथपाया।

“मेरे ये दोनों कन्धे उस तारीख़ी इमारत के दो छोटे गुम्बद हैं, जिनके अन्दर से ऊपर जानेवाली सीढ़ी बरसात की रात की तरह स्याह है, जिन पर चढ़ने का हौसला तुममें नहीं है। तुम शायद भूल गए हो कि मेरा वजूद वक़्त की तपिश से पिघलकर पहले से ज़्यादा मज़बूत हो गया है, जिसकी बुनियाद फ़िलिस्तीन की धरती में गहरी धँस गई है, जिसको उखाड़ना तुम इज़रायलियों के बस की बात नहीं है।” तौफ़ीक़ की पुतलियों में झूमते दरख़्तों की शाख़ पर बैठे परिन्दे चहचहा उठे।

"तुम जवान हो, समझदार हो। अच्छी तरह से जानते हो कि फ़िलिस्तीन नाम का कोई मुल्क दुनिया के नक़्शे पर बाक़ी नहीं बचा है, फिर उस धोखे में पड़े तुम अपनी जान गँवाने पर क्यों तुले हुए हो? आख़िर तुम यह सब किसके लिए कर रहे हो? अपने गुरिल्ला संगठन के अध्यक्ष के लिए, जिसके पास वापस लौटने का रास्ता भी नहीं बचा है। लेकिन तुम क्यों बन्द गली के सफ़र पर निकल पड़े हो? एक इनसान की ख़्वाहिश कभी भी पूरे समाज की भलाई की बराबरी नहीं कर सकती है। कट रहे हो...मर रहे हो...आख़िर किसके लिए? फ़िलिस्तीन सिर्फ़ एक नाम है हवा में तैरता हुआ, जिसका ज़मीन पर अब कहीं कोई वजूद बाक़ी नहीं बचा है।" नर्मी से समझाते हुए कमांडर अन्त में ज़ोर से क़हक़हा मारकर हँस पड़ा।

"फ़िलिस्तीन को कौन मिटा सकता है कमांडर! फ़िलिस्तीन अज़ीम ताक़तों का फेंका सियासी सिक्का नहीं है, बल्कि धरती का वह जला आबला है, जो ठंडा होकर 'केनानियों' की जन्मभूमि में ढला था। जेरूसलम दुनिया की सबसे पुरानी बस्ती 'अमन का घर' तीनों मज़हबों की पैदाइश की जगह दरहक़ीक़त सभ्यता का दिल है। तुम! अज़ीम ताक़त के मुनादीगो! उधार माँगी वक़्ती बारूदी ताक़त से क्या तारीख़ बदल डालोगे? शताब्दियों से पड़े ख़तों ख़ुतबों पर नया नाम खोद दोगे?" तौफ़ीक़ की आँखों में झूमते ज़ैतून के दरख़्तों पर चहचहाते परिन्दे कमांडर के ख़ौफ़नाक क़हक़हों के शोर से पंख फड़फड़ाकर उड़ गए और तौफ़ीक़ की आँखों की इबारत का सोना झिलमिला उठा।

"आज नहीं तो कल तुम्हें मुँह खोलना पड़ेगा चाहे दोस्ती से और चाहे दुश्मनी से, इसका चुनाव तुम पर छोड़ता हूँ, क्योंकि तुम अपने अध्यक्ष का दाहिना न सही बायाँ हाथ तो हो, यह राज़ तो हम पर खुल चुका है। कल सुबह तक तुम्हें सोचने का मौक़ा देता हूँ।" कमांडर के चेहरे पर फ़ैसले की सख़्ती उभर आई।

"फक़त कल सुबह तक क्यों? बल्कि कल की तरह कई हज़ार सुबह भी कमांडर, तुम इन्तज़ार करो तो भी मेरे हर इनकार पर मेरी एक हज़ार जानें कुर्बान!" तौफ़ीक़ की आँखों में झूमते दरख़्त पक्की ज़ैतूनों को धरती पर गिराने लगे।

"मुझे पूरा यक़ीन है कि तुम एक समझदार नौजवान की तरह वक़्त की नज़ाकत को समझकर मुख़बरी करना मंजूर कर लोगे। बहरहाल कल के फ़ैसले के लिए मेरी नेक ख़्वाहिशात तुम्हारे साथ हैं। अब तुम्हें आराम की ज़रूरत है।" कमांडर की भवों के हिलते ही सन्तरी आगे बढ़े। मशीनगन थामे फ़ौजी तौफ़ीक़ के दोनों तरफ़ आकर खड़े हो गए। तौफ़ीक़ की आँखों में फैले सवालों के जंगल में डूबते सूरज ने आग-सी लगा दी थी। तौफ़ीक़ उसी सूरज को गर्दन पर उठाए कमरे से बाहर निकला।

अधेड़ उम्र का इज़रायली कमांडर तौफ़ीक़ के जाते ही गहरी सोच में डूब गया। चेहरे पर फैली संजीदगी ने उसे उम्र से ज़्यादा बूढ़ा बना दिया। थोड़ी देर वह दीवार पर लगे नक़्शे को घूरता रहा, फिर आगे बढ़कर उसने दराज़ खोला और एक रेखाचित्र मेज़ पर फैला दिया, फिर सोचती आवाज़ में सामने बैठे अफ़सरों से बोला, "कुछ दिनों के लिए हमें अपने दूसरे ठिकाने पर चला जाना चाहिए। यह छावनी ख़तरे की नज़र हो चुकी है। आज से ही कूच करना शुरू कर दो, हिफ़ाज़त का सवाल अहम है।" कहता हुआ कमांडर पेंसिल से काग़ज़ पर निशान लगाने लगा।

मशीनगन की छाँव में जब तौफ़ीक़ चलता हुआ कमरे से बाहर निकलकर खुले में आया तो सूरज डूब रहा था। उसकी विदा होती किरणें दरख़्तों के सायों को धरती पर लम्बाई में फैला रही थीं। रास्ता कच्ची-पक्की ज़ैतूनों से भरा हुआ था। बहुत सँभालकर क़दम रखने पर भी ज़ैतून उसके जूतों के नीचे दब-दबकर अजीब आवाज़ें पैदा कर रहे थे। उनकी इस तरह फटने की आवाज़ को सुन-सुनकर उसे बड़ी तकलीफ़ पहुँच रही थी। एकाएक उसका दिल बच्चों की तरह मचल उठा कि वह भागकर जाए और ज़मीन पर बिखरे ज़ैतूनों को बीन-बीनकर अपने मुँह में डाल ले। उनसे अपनी क़मीज़ का दामन और जेबें भर ले, मगर उसने अपनी इस ख़्वाहिश को रोका। भले ही यह उसकी अपनी धरती है, मगर फ़िलहाल तो वह इज़रायली सरहद के दायरे में है और वह अपने वतन का शहरी न होकर यहाँ एक क़ैदी है। अपने ही इलाक़े में बस एक क़ैदी।

तौफ़ीक़ ज़ैतूनों को देखता हुआ रास्ता तय कर रहा था। तभी अपने चेहरे पर आकर लगे कंकर की चोट से वह चौंक पड़ा—एक-दो-तीन-चार। उसने अचकचाकर अपना चेहरा बचाव के लिए इधर-उधर घुमाया। क़हक़हों को सुनकर उसने नज़रें उठाईं, बैरेक के सामने खड़े चन्द फ़ौजी ज़ैतूनें खाकर उनकी गुठली उसके मुँह पर थूक रहे थे। एक घिनौनी चिपचिपाहट चेहरे से गुज़रती हुई उसके सारे वजूद में सोज़िश की तरह फैल गई, जैसे तेल के कुएँ में पलीता लग गया हो। उनके क़हक़हे उसके कानों के पर्दे फाड़ने लगे। जैसे कह रहे हों, "देखा हमारा निशाना! अचूक है। तभी हम दुश्मन के शहरों को वीरानी में और उनके चेहरों को कूड़ेदान में बदल डालते हैं।"

तौफ़ीक़ के वजूद में बैठा अरबी घोड़ा एकाएक हिनहिनाकर खड़ा हो गया। इससे पहले कि फ़ौजी कुछ समझते तौफ़ीक़ अपनी जगह से उछला और पलक झपकते ही एक सिपाही की गर्दन की नस बाएँ हाथ से दबाकर उसे गिरा दिया। फ़िज़ा हवाई फ़ायरों से गूँज उठी। उनके आपस में गुत्थमगुत्था होने से पहले सन्तरियों ने तौफ़ीक़ को घेर लिया। उस फ़ौजी ने तौफ़ीक़ का दाहिना हाथ मरोड़ दिया।

दर्द का सोता उबल पड़ा। सामने से सिपाही भागकर आए और फ़ौजियों को आगे बढ़ने से रोकने लगे। अपने को सीधा खड़ा रखने की कोशिश में तौफ़ीक़ की जान निकल गई। सारा बदन पसीने से नहा गया।

"यह शोर कैसा था?" कमांडर ने कमरे से निकलते हुए पूछा।

"नये क़ैदी से..." एक फ़ौजी ने इत्तला दी।

"उस नये क़ैदी को किसी तरह की तकलीफ़ न दी जाए। कल सुबह तक वह हमारा मेहमान है।" बीच में ही कमांडर ने रोबदार आवाज़ में सबको ख़बरदार किया और कुछ दूर पर खड़े हैलिकॉप्टर की तरफ़ बढ़ा।

हैलिकॉप्टर के पंखे घूमने लगे। धूल का गुबार उठा। अपने सर के ऊपर से गुज़रते हैलिकॉप्टर को तौफ़ीक़ ने देखा। कमांडर ने पहले अपना अँगूठा उसे दिखाया फिर दो उँगलियाँ अमन का निशान बनाकर दिखाईं। हैलिकॉप्टर पेड़ों से ऊपर उठता दूर आसमान की ऊँचाइयों में पेंगें लेने लगा।

तौफ़ीक़ को पैदल चलते हुए लगभग बीस मिनट गुज़र चुके थे। उसके अन्दर दौड़ता घोड़ा थककर सुस्त पड़ने लगा। झुटपुटा फैल चुका था, जिसमें धीरे-धीरे ज़ैतून के दरख़्त ग़ायब होने लगे और इसी पल-पल बढ़ते अँधेरे में कहीं उसके वजूद का घोड़ा भी गुम हो गया था। अब वह सिर्फ़ तौफ़ीक़ था। ज़ख़्मों से चूर थका-हारा एक फ़ौजी क़ैदी।

"बेचारा फ़िलिस्तीनी! पहली बार आज हमारा मेहमान बना और हम उसे पैदल चलाकर ले जा रहे हैं। फ़ौजी ज़िन्दगी भी कोई ज़िन्दगी है! न अपनों की ख़ातिर मुदारात कर सकें, न उनसे प्यार के दो मीठे बोल ही बोल सकें, सिवाय गोले-बारूद के।" एक सिपाही ने बड़े उदास लहजे से कहा और तौफ़ीक़ के चेहरे पर बहते पसीने को देखने लगा।

"सो तो है। कमांडर का हुक्म है इसलिए मेहमानदारी तो करनी पड़ेगी, चाहे हमारे पास कुछ हो या न हो।" उसी नाटकीय ढंग से दूसरी आवाज़ उभरी।

"इनसान के पास दिल होना चाहिए, दिल!" तीसरे ने सीने पर हाथ मारते हुए जज्बाती लहजे में कहा।

"चल भाई, आगे चल!" कहते हुए दो सिपाहियों ने उसे पीछे से धक्का दिया।

"आ जा मेरे शेर...यह रहा तेरा कटघरा। छोटा है तो क्या यहाँ गुर्राने की पूरी आज़ादी होगी...।" पहले से अन्दर पहुँचे सिपाही की हँसी गूँजी।

"यह तो जन्नत है जन्नत, मेरे यार! थोड़ी देर बाद ही हूरें शराब और शबाब का जाम लेकर आती होंगी। ग़ुस्सा थूक देना और उनकी उडेली आबे-हयात को गटागट पी जाना, फिर देखना जलवा, यह कोठरी महल बन जाएगी और दीवारें

हुक्म की ग़ुलाम...फिर तुम्हारा कोई बाल भी बाँका नहीं कर पाएगा प्यारे!" लम्बे क़द के सिपाही ने सलाख़दार दरवाज़े में ताला लगाते हुए कहा।

"घबराना नहीं मेरे लाल...अभी तुम्हारा बाप भी आता होगा।" मज़ाकिया अन्दाज़ में कहा गया।

"वह क्या आएगा?...अरे, माँग रहा होगा रहम और पैसे की भीख दुनिया से। बड़ा मर्दे-मुजाहिद बना फिरता है!" कहक़हों में गन्दी गालियाँ उलझकर रह गई बूटों की दूर होती आवाज़ के साथ। एक सन्नाटा तौफ़ीक़ के चारों ओर पसरकर बैठ गया।

'यह सब कैसे हो गया?' सोच-सोचकर तौफ़ीक़ का सर दर्द से फटने लगा। जब भी उसका कोई साथी पकड़ा जाता तो वह बड़े विश्वास से कहता, "मैं कभी इनके चंगुल में फँसनेवाला नहीं हूँ। क़ैद का मतलब है, ज़िन्दा मौत यानी लड़ाई ख़त्म। बस, बैठे रहो हाथ पर हाथ रखकर क़ैदख़ाने में...लेनिन क्या कभी जेल गया था? एक इंक़लाबी को हमेशा चौकन्ना रहना चाहिए वरना..."

"यह कैसे मुमकिन है, वह भी गुरिल्ला लड़ाई में, कि आदमी कभी पकड़ा ही न जाए? कभी-कभी एक क़ैदी आनेवाले इंक़लाब का नारा बनकर पूरे समाज की ताकत बन जाता है, जो एक सिपाही अपनी जान की क़ुर्बानी के बाद भी नहीं बन पाता है।" कामरेड असद कहता।

"देखो भाई! मुझे ज़िन्दगी एक मिली है, उसे मैं बैठकर नहीं गुज़ार सकता हूँ—हरकत करना ही मेरी ज़िन्दगी है और मेरी यह जद्दोजहद ही आज के समाज का नारा है।" ऊँचा क़हक़हा लगाता तौफ़ीक़। अपनी आवाज़ की प्रतिध्वनि सुनकर उस पर उदासी छा गई।

सुबह अँधेरे वे तीनों निकले थे। एक मास की लगातार कोशिशों से वह इस हमले में कामयाब हो पाए थे, मगर पल-भर में सबकुछ हो गया। जब उसे होश आया तो अपने को बड़ी-सी चट्टान पर औंधा पड़ा पाया। जैसे ही उसने घबराकर अपना सर ऊपर उठाया, टिड्डी दल की तरह इज़रायली फ़ौजी उसकी तरफ़ लपके। सामने उसके दोनों साथी मुर्दा पड़े थे। हैलिकॉप्टर में आग लग चुकी थी। उसने तेज़ी से हाथ जेब में डाला ताकि कैप्सूल निगल ले, मगर हाथ मुँह तक पहुँचा ही नहीं और किसी फ़ौजी ने उसके कन्धे पर भरपूर बन्दूक़ का कुन्दा दे मारा। कैप्सूल छिटककर दूर जा गिरा और उसका हाथ कुन्दे की लगातार मार से भुर्ता बना दिया गया। वह बेहोश हो गया था। जब होश में आया तो उसकी जेबों की ज़बानें बाहर निकली हुई थीं। उसका परिचय-पत्र, नन्हा-सा चाकू, कमर पर बँधी पिस्टल और चुइंगम का पैकेट ग़ायब था।

रात आधी से ज़्यादा गुज़र चुकी थी। तौफ़ीक़ की आँखों में नींद का कोसों पता नहीं था। नाउम्मीदी की गहरी खाई में वह एकाएक डूबने लगा था। उसे यक़ीन-सा होने लगा था कि जैसे वह इस क़ैदख़ाने से कभी आज़ाद नहीं हो पाएगा।

"अब यह मिट्टी ही मेरा बिछौना है। इस ज़मीन पर मैं घुटनों के बल चला हूँ और इसी मिट्टी को छुप-छुपकर खाने की आदत पर माँ के हाथों मार भी खाई है और इसी सरज़मीन को विदेशी हाथों से छुड़ाने के लिए मैंने हाथ में हथियार भी उठाया था। मेरे संग जाने कितने और हाथ भी उठे थे और वे उठे हाथ लगातार कट-कटकर गिरते गए। जैसे पानी की नहीं, बल्कि हाथों की बारिश हो रही हो जिससे नदी-नाले नहीं भरे, बल्कि मादरे-वतन के सीने पर अपने बेटों के कटे अंगों से बने टीले और पहाड़ बनाए हैं।" सोचते-सोचते तौफ़ीक़ ने अपना दाहिना हाथ सहलाया—दर्द की तेज़ल में दौड़ रही थी। उसने धीरे-धीरे ज़मीन पर फैले अपने जिस्म को समेटा। बड़ी मुश्किल से करवट ली और औंधा ज़मीन पर लेट गया। अपना चेहरा फ़र्श पर टिकाया फिर घुटने इस तरह से पेट की तरफ़ मोड़े जैसे नन्हा-सा बच्चा माँ के सीने से लिपटकर सोना चाह रहा हो।

ऐसे ही किसी डरावनी रात के सन्नाटे में उसका जन्म हुआ था। उसके रोने की आवाज़ से फ़िज़ा पर तनी दहशत की चादर फट गई थी। माँ की दर्दभरी चीख़ों से मुर्दा पड़े गाँव में ज़िन्दगी फिर ख़ून से तर आँचल निचोड़कर उठ खड़ी हुई थी। माँ पूरे दिनों से थीं। उन दिनों गाँव में मर्द नहीं रहते थे; वे मोर्चा सँभालते थे, औरतें घर और बच्चों को...मर्दों का बदला औरतों और बच्चों से चुकाने की इस रस्म में पहले गाँव के सारे नई उम्र के लड़के गोली से भून दिए गए, फिर ऊपर से फेंके बमों से घर, खेत-खलिहान, कुएँ, तालाब सब तबाह कर दिए गए थे। जो चन्द औरतें बच गई थीं, वे झुटपुटे को किसी काम से जंगल की तरफ़ निकल गई थीं। उनमें माँ और दोनों बड़ी बहनें भी थीं। जब वे लौटीं तो गाँव के क़रीब पहुँचकर अपनी आँखों के सामने गिरते गोलों और दम तोड़ते गाँव को देखकर माँ के बदन में ऐसी दहशत समाई कि उनके काँपते वजूद ने वहीं खुले आसमान के नीचे बिना किसी इन्तज़ाम के तौफ़ीक़ को जन्म दिया था। दुश्मनों के न चाहने पर भी उस दिन गाँव में एक लड़के का जन्म हुआ था।

'मुझे कमांडर ज़िन्दगी की भीख देकर ख़रीदना चाहता है। वह क्या जाने कि जिसका जन्म ही दायरों और बन्दिशों के बाहर खुले आसमान के नीचे हुआ हो, और जिसने जुल्म की छाँव में ही आँखें खोली हों, वह आज़ादी का मतलब अच्छी तरह समझ सकता है। उसे कोई बन्धन बाँध नहीं सकता, न कोई लालच उसे ख़रीद सकता है।' तौफ़ीक़ के दिल पर छाए काले बादल छँटने लगे। अँधेरे तहख़ानों में रोशनी के दीये जल उठे।

जब कभी बाबा मोर्चे से थके-हारे लौटते, उस वक़्त घर की रौनक़ देखते बनती थी। माँ ख़ुशमज़ा, ख़ुशबूदार खाना बनातीं, सारे भाई-बहन रंगीन फूलदार कपड़े पहनकर जश्न मनाने के अन्दाज़ से अन्दर-बाहर भागते होते। शाम ढलते घर के हाते में इकलौते ज़ैतून के पेड़ के नीचे बैठकर बाबा तराने गाते और मद्धिम सुरों में दो तारे छेड़ते। हम भाई-बहन उनके साथ कभी-कभी कोरस में गाते और कभी वह नये तरानों को हमें सिखाते जो वह मोर्चे पर सुनकर-सीखकर गाकर आते थे। माँ पूरी गरिमा और संतोष से भरी सबके चाय के गिलास ख़ाली होने से पहले भरतीं और खाने की चीज़ें आगे बढ़ाती जाती थीं। हम दीवाने मौत और ख़ुशी, रोने और गाने के हर मौक़े पर इंक़लाबी गाना गाते थे। यह ख़याल मुझे आज आ रहा है कि अरसे बाद मिलने पर ख़ुशी की जगह हम शहादत की धुनें बजाते थे; शायद इसलिए कि हो सकता है, यह हमारी आख़िरी मुलाक़ात हो। अपना अलविदाई मर्सिया हम ख़ुद पढ़ लें। बाबा के चले जाने के बाद माँ एकदम बदल जातीं। सारे दिन काम में मसरूफ़ रहतीं। आराम उन्हें रात गए नसीब होता था। तब हम तीनों भाई-बहन तारों की छाँव में एक-दूसरे से लिपटे माँ के पास घुसे होते और उस वक़्त वह अपने बचपन की बातें सुनातीं। तौफ़ीक़ को लगा कि वह माँ की कमर में हाथ डाले, अपना बायाँ पैर उनके पेट पर रखे उनके बग़ल और छाती की ख़ुशबू सूँघता उनकी आवाज़ में डूबता जा रहा है...।

“जब दारयासीन गाँव तबाह हुआ तो मरनेवालों में दो सौ चालीस लोग थे, जिन्हें उँगली पर गिना जा सकता था। वह पहला हमला था इज़रायलियों का हम पर...पूरे गाँव की तबाही देखकर ख़ुद यहूदियों ने दाँतों तले उँगली दबा ली थी कि इस क़त्लेआम और नाज़ियों द्वारा यहूदियों के क़त्लेआम में कोई फ़र्क़ नहीं रह गया है। तारीख़ यदि अपने को यूँ दोहराती रहेगी तो इस तरह की तबाहियाँ कभी ख़त्म नहीं होंगी। उस वक़्त मैं दस साल की थी, यह बात मैं 1948 की बता रही हूँ। तब से आज तक हमने आठ-नौ जगहें और ठिकाने बदले हैं। कितनी बार ख़ेमों में रहे, कितनी बार इज़रायली फ़ौजों की निगरानी में बन्दियों की तरह वर्षों गुज़ारे। बस, समझो ख़ानाबदोश न होकर भी हमने घर कन्धों पर रखकर चलना सीख लिया था।”

“मगर माँ, आख़िर हम कब तक यूँ फिरते रहेंगे?” राबिया घबराकर पूछ बैठती।

“यह हमारी नहीं फ़िलिस्तीन की तक़दीर है। जो धरती अट्ठारह बार विदेशी हुकूमतों को झेलकर भी अपनी पहचान को न खोने की क़सम खा बैठी हो, उसका मुक़द्दर तो बस जद्दोजहद करना रह गया है। कल और आज के कशमकश में बुनियादी फ़र्क़ यह है कि पहले फ़िलिस्तीनियों को देश-निकाला नहीं मिलता था बल्कि विदेशी हममें घुल जाते थे और आज विदेशी हुकूमत के साथ फ़िलिस्तीनियों से उनकी अपनी धरती से उनका हक़ भी छीना जा रहा है “बस, यही बदलाव आया है इस लड़ाई में, जो हम शताब्दियों से लड़ते आए हैं।” माँ ठंडी साँस भरकर कहतीं।

"माँ, तुम्हें यह सब किसने बताया?" तौफ़ीक़ बीच में घबराकर उठ बैठता और पलकें झपका-झपकाकर माँ को ताकता।

"बेटे! जिस बदनसीब मुल्क में मदरसे बन्द हो जाएँ, किताबें ग़ायब हो जाएँ, वहाँ माँ-बाप ही बच्चों के मक़तब और उस्ताद होते हैं ये बातें मैंने अपनी माँ से सुनीं और तुम अपनी माँ से सुन रहे हो। ये हादसे तो हमारे सीनों पर लिखी तारीखें हैं जो एक ज़बान से दूसरी ज़बान तक अपना सफर तय करती हुई एक-दूसरे के सीनों में दफ़न हो जाती हैं, कौन जाने ये तारीख़ी सनदें, ये तारीख़ी यादें हमारे वजूद में कब तक फैलती जाएँगी, कौन जाने?" माँ तौफ़ीक़ का माथा चूमकर कहतीं।

"आगे बताओ न!" बेचैनी से तौफ़ीक़ कहता। उसे महसूस होता जैसे माँ की बातें उसके अन्दर कई रास्तों को बना रही हैं। इन राहों से बने डेल्टा के बीच वह उलझकर खड़ा रह जाता और उसे लगता कि आगे सब अँधेरा है। जहाँ उसे जाना है वहाँ सबकुछ स्याही में डूबा हुआ है।

"जब येरूसलम को बाँटा गया, उस वक़्त विदेशी यहूदी तिहाई हिस्से पर क़ाबिज़ हो गए। उस वक़्त उस दीवार से लिपटकर केवल यहूदी पछतावे के आँसू नहीं बहाते थे बल्कि जाने कितनी फ़िलिस्तीनी औरतें रोतीं—उनके घर, उनकी ज़मीन, उनकी यादें दीवार के दूसरी तरफ़ छूट गई थीं। फिर बेचैन दिलों ने दीवार में छेद करने शुरू कर दिए। नई खींची सरहद पर खड़ी वह दीवार छलनी हो गई और उसी से झाँकती प्यासी आँखें घंटों अपने घरों और इबादतगाह को ताकती रहतीं। तुम्हारी नानी आँसू पोंछते-पोंछते, जिनकी आँखें ज़ख़्मों से चूर हो गई थीं, बेनूर आँखें लिए दीवार से सटी बैठी रहतीं जैसे..." माँ की आवाज़ भारी होते-होते उनके गले में फँस जाती।

डरकर तौफ़ीक़ अपनी आँखों पर हाथ रख लेता। तौफ़ीक़ अकसर बीच में ही सो जाता था और सारी रात सपने में येरूसलम, दार, यासीन, पश्चिमी तट और ग़ाज़ा पर घूमता रहता, फिर मशीनगन की आवाज़ से डरकर चीख़ पड़ता और काँपता हुआ माँ के सीने से लिपटकर फफक उठता।

वह बीज जो माँ ने उसके कोमल मन की धरती पर बोया था, वह अब बड़ी भारी कैक्टस की झाड़ में बदल गया था, जिसमें सिर्फ़ प्रतिशोध के काँटे ही काँटे उगे थे। उनके बीच जब कभी सुर्ख़ फूल खिलता था तो तौफ़ीक़ का मन आशा से भर उठता था कि एक दिन वह अपने वतन को आज़ाद करा लेगा। फिर किसी एक दिन गिरते बम, उड़ती-ढहती इमारतें, उजड़ती बस्तियाँ उसके आशा के लाल फूल को मुरझाकर गिरा देतीं और उसे लगता कि वह कभी भी फ़िलिस्तीन की सीमा को दोबारा निर्धारित नहीं कर पाएगा, टुकड़े-टुकड़े हुए फ़िलिस्तीन को कभी नहीं

जोड़ पाएगा अपने खेत कभी नहीं जोत पाएगा। ख़ानाबदोश भटके फ़िलिस्तीनियों को कभी जमा नहीं कर पाएगा और अपने आनेवाले कल में जब बरसों बाद उदास बेघर नस्लें अपनी सोच में सिर्फ़ फ़िलिस्तीन को देख पाएँगी और उसके बाद की आनेवाली नस्लें सिर्फ़ इतिहास की किताबों में फ़िलिस्तीन के बारे में जान पाएँगी जहाँ न ज़ैतून की महक होगी न मिट्टी की गन्ध, वहाँ सिर्फ़ काग़ज़ की फड़फड़ाहट पर काले अक्षर और रंगीन रेखाओं से फ़िलिस्तीन का मुर्दा नक़्शा होगा। उसके अन्दर कँटीली झाड़ी में अटकी सिर्फ़ तार-तार उसकी आत्मा होगी—तौफ़ीक़ ने ठंडी साँस भरी और बाएँ हाथ पर अपने बदन का बोझ डालकर वह उठने लगा।

पौ फट चुकी थी। कोठरी के मुख्खे से फ़ीकी रोशनी की पतली लकीर अँधेरे को चीरने लगी थी। तौफ़ीक़ ने हाथ मुँह पर फेरा। दाढ़ी बढ़ गई थी। उसने ज़ोरदार जम्हाई के साथ पैरों को झटका और दीवार से पीठ लगाकर बैठ गया। थोड़ी देर बाद धूप का नन्हा-सा चकत्ता उसके हाथ पर आकर ठहर गया। पहले वह इस नन्हे से उगे सूरज की गोलाई को ताकता रहा फिर सर झुकाकर उसे चूम लिया। जाने कब तक वह सिज़दे में गिरा रहता, यदि दरवाज़ा खुलने के साथ भारी आवाज़ उसे चौंका न देती।

"बाहर निकलो!"

तौफ़ीक़ दीवार का सहारा लेकर खड़ा हो गया, फिर लड़खड़ाता हुआ-सा आगे बढ़ा। उसका बदन पत्थर की ऊबड़-खाबड़ ठंडी ज़मीन पर लेटने से अकड़ गया था।

"तुम अरब तो बड़े जंगजू मशहूर हो, लड़ते-लड़ते स्पेन तक पहुँच गए थे; मगर यहाँ एक रात में ही कमर के सारे टाँके ढीले हो गए!" फ़ौजी ने उसकी कमर पर धौल जमाई।

"दोग़ला है!" क़हक़हा गूँजा।

यह जुमला सोटे की तरह तौफ़ीक़ की पीठ पर पड़ा। अन्दर बैठा घोड़ा हिनहिनाकर खड़ा हो गया। ख़ून ग़र्दिश में आ गया। कान की लवें गर्म हो गईं। गालों से भाप उठने लगी। दिल चाहा कि अपनी वहशी टापों से दुश्मन का सीना कुचलकर रख दे।

"बैठो!" कमरे में घुसते ही भर्राई आवाज़ गूँजी।

तौफ़ीक़ किसी अड़ियल घोड़े की तरह अड़ा रहा। कान में सिर्फ़ एक झनझनाहट गूँज रही थी और आँखें जैसे ख़ून का कटोरा बन गई थीं। कुछ देर पहले कही गई बात उस पर लगातार कोड़े बरसा रही थी।

"कम सुनता है क्या?" वही आवाज़ उभरी।

"बैठ जाओ।" कहते हुए लम्बे क़द के अफ़सर ने तौफ़ीक़ के शानों को नीचे दबाया। पीछे से फ़ौजियों ने धक्का दिया। तौफ़ीक़ स्टूल पर बैठ गया। चट-चट करके उसके पैर की हड्डियाँ बोल उठीं।

"हाँ, तो तुमने क्या फ़ैसला किया है?" सवाल उभरा।

"फ़ैसला हमारा वही पुराना है। मरो तो शहीद कहलाओ और मारो तो ग़ाज़ी।" तौफ़ीक़ की आँखों में दिखती पत्थर की दीवार उसके सर पर बँधे चारख़ाने के रूमाल की तरह ख़ून में तैर रही थी। होंठ एक-दूसरे पर जमे थे, जैसे सबकुछ ठहर गया हो।

"क्या सचमुच तुमने मरने की ठान ली है?" सामने बैठा हुआ आदमी चिंघाड़ा। "अगर हम चाहें तो तुम्हारी यह ख़ामोशी पल-भर में गुब्बारे की तरह फट जाएगी और तुम्हारी वह आख़िरी चीख़ हमारे ज़ख़्म पर मरहम का काम करेगी।" लाल मुँह वाले अफ़सर ने अपनी ख़ामोशी तोड़ी।

"कोशिश करके देखो।" तौफ़ीक़ का वजूद चुनौती में ढल गया।

"हम भूले नहीं हैं अपने ऊपर हुए जुल्म को, जिसमें सिर्फ़ हिटलर के नहीं, बल्कि तुम अरबों के हाथ भी रँगे हुए हैं। जब हम ज़िन्दा जलाए जा रहे थे। हमारी राख से ज़मीनें ज़रख़ेज़ बन रही थीं। हमारे अर्क़ से साबुन और चमड़े से जूते बनाए जा रहे थे। हमारी नई नस्लों को गैस के चैम्बर में बन्द कर दिया जाता था। उस वक़्त तुम्हारी यह दुनिया कहाँ थी? जब हम इधर-उधर पनाह की तलाश में अपने ही ख़ून से नहाए भाग रहे थे, उस वक़्त ये हमदर्द लोग कहाँ थे जो आज फ़िलिस्तीन से हमदर्दी दिखा रहे हैं? क्या इनसानियत का पैमाना हर इनसान के लिए अलग होता है? अब हम यहूदी हुकूमत की मोहर को न सिर्फ़ अरबों बल्कि दुनिया के सारे ज़ालिमों के दिलों पर ठोंकेंगे कि अब हम "यहूदी सरग़र्दान" नहीं रह गए हैं जिस पर आज तुम सितम तोड़ सको। अब दर-ब-दर की ठोकरें खानेवाली क़ौम का भी अपना मुल्क है जिसका नाम इज़रायल है...।" ताँबे की रंगत वाला अफ़सर नफ़रत से तौफ़ीक़ को देखते हुए बोला।

"अपनी धरती को छोड़कर जगह-जगह बसनेवाले तरह-तरह का नमक चखनेवाले दुष्ट व्यापारी! तुम किस धरती के हक़दार बनने का ख़्वाब देख रहे हो? भूल गए कि स्पेन में हमने तुम्हें जुल्म के चंगुल से आज़ाद कराया था?" तौफ़ीक़ के अन्दर उठता तर्क का तूफ़ान उसके हलक में फँसने लगा।

"पहली आसमानी किताब 'तौरेत' मूसा पर नाज़िल हुई थी। उसमें लिखा है कि ख़ुदा ज़मीन देने के लिए वचनबद्ध है और तुम उस हुक्म के ख़िलाफ़ बन्दूक़ उठाते हो? हम क्यों मिस्र में बसें? हम क्यों कीनिया जाएँ? हमारा मज़हब, हमारी इबादतगाह येरूसलम में है, जहाँ हमने सत्तर साल हुकूमत की है और अब तुम कहते हो कि पुरानी तौरीद जल गई और यह नई तौरीद लिखी गई है, जिसमें हमने

वह सब अपने से लिख दिया है जो हम चाहते हैं। यह मत भूलो कि यहूदी और मुसलमान एक ही आईने के दो रुख़ हैं—झिलमिलाता शफ़्फ़ाफ़ रुख़ वह यहूदी है जो अपने को पहचानता है और दुनिया उसे पहचानती है और तुम मुसलमान अरब आईने का वह अंधा हिस्सा हो जो याक़ूती रंग के बावजूद अपने को न देख पाता है और न पहचान पाता है। तुम हम यहूदियों का विस्तार होकर भी एक भटकी क़ौम हो जो तेरह सौ साल से फ़िलिस्तीन पर अपनी सल्तनत जमाए हुए थी।" वह ताँबे की मूर्ति ग़ुस्से में तमतमा उठी।

"आज तुम्हें हज़ारों साल बाद अपने पूर्वजों का घर याद आ रहा है, नमकहरामो! तुम कैसे साबित करोगे कि तुम ख़ालिस अरब यहूदी हो? क्या भूल गए कि तुम मूसा के साथ उनके मुरीद बनकर हमारी धरती पर आए थे! ख़ैर, पुरानी बहस छोड़ो। आज तक जिस धरती का नमक बरसों से खाते आए हो वह क्यों नहीं तुम्हारा वतन बन पाया? माना तुम्हारा ग़म बहुत बड़ा है, मगर हमारे ग़म से बड़ा नहीं है। यदि सदियाँ गुज़र जाने के बाद नस्लें अपने पूर्वजों के घर आज तुम्हारी तरह ढूँढ़ने और उन स्थानों पर जाकर बसने की ज़िद कर बैठें तो जानते हो, क्या होगा? उस वक़्त यह धरती सिर्फ़ उदास नस्लों का मरघट बनेगी।" तौफ़ीक़ के ख़ूनी कटोरे छलक पड़ने को बेचैन हो उठे।

"तुम ज़ाहिलों के पास आज एक भी नाम ऐसा नहीं है जो पूरी सदी पर छा सके। आइंस्टाइन...दूसरा नाम जिसने दुनिया को एक नया फ़लसफ़ा दिया कार्लमार्क्स। काले सोने के ठेकेदारो! तुम्हारे पास दूसरी दौलत भी इतनी नहीं है जो हमारी तरह तुम अज़ीम ताक़तों को नाकों चने चबवा सको। अगर आज हम महाशक्ति के बैंकों से अपना धन निकाल लें तो उनकी अर्थव्यवस्था चरमरा जाए तुम क्या हो, सिर्फ़ अय्याश! जुआरी! लडाकू! ने अपना सबकुछ अज़ीम ताक़तों के सुपुर्द कर देनेवाले अहमको, मध्यपूर्व के फैले विस्तार में हमारा नन्हा-सा वजूद देखो, कल क्या गुल खिलाता है। देखते जाना समुद्री लुटेरो! देखते जाना।" लाल मुँह वाले अफ़सर ने नफ़रत से एक-एक शब्द चबाकर कहा।

"विलायती ख़यालों के समुन्दर पर किश्ती खेनेवाले विलायती यहूदियो! तुम हम सबको मौत के घाट उतारकर भी किनारे नहीं पहुँच पाओगे, बल्कि जिस गलत धारा पर तुम सवार हो वह तुम्हें हमारे बहे ख़ून में डुबो देगी—फ़िलिस्तीन तो एक ऐसा चौराहा था जिसका महत्त्व स्वेज़ नहर के खुलने से पहले भी विलायती समझता था, क्योंकि उसे हिन्दुस्तान को क़ब्ज़े में करना था। तेल तो आज निकला है। जब तेल नहीं था उस वक़्त से बाहरी ताक़तें हमें ग़ुलाम बनाने के लिए बेचैन थीं। क्या तारीख़ भी नहीं जानते तुम? क्या यह भी नहीं समझते कि हमारे दिनों और वर्षों को किस तरह तबाह किया जा रहा है, ताकि हमारा उज्ज्वल अतीत ख़ूनी वर्तमान में डूब जाए? हमें तुम ही तो फूट डलवाकर बिखेर रहे हो। सदी और सरहदों पर छा

जानेवाले दिमाग़ों को नस्ल के दायरे में मत बाँधो...उससे तुम्हारे गुनाह सवाब में नहीं बदल पाएँगे। सुनो यहूदी कंजूस! अपना घर दूसरों की ज़मीन पर बनाओगे तो वे अपना हक़ माँगेंगे और तुम नाहक़ बेघर होने का ग़म झेलोगे। ताक़त के ज़ोर पर कही बात ज़रूरी नहीं तथ्यपूर्ण भी हो और सच्ची भी।" तौफ़ीक़ के ख़ामोश चेहरे पर उसकी बोलती आँखें बिजली की तरह तड़पने लगीं।

सामने का दरवाज़ा खुला। एक लम्बा-चौड़ा अफ़सर दाख़िल हुआ। सबसे सलाम-दुआ करके वह एक तरफ़ सोफ़े में धँस गया। उसके पीछे ही क़हवे की सेनी उठाए फ़ौजी दाख़िल हुआ और सैल्यूट के बाद उसने सेनी सबके आगे बढ़ाई।

"कुछ बताया?" नये आए अफ़सर ने पूछा।

"नहीं।" ताँबे के चेहरे वाले ने नफ़रत से कहा।

"हमारा दोस्ती का मुहायदा सुबह दस बजे तक था। अब ग्यारह बज रहे हैं।" घड़ी देखते हुए नये आए अफ़सर ने कहा।

"नम्बर पाँच?" लाल मुँह वाले ने पूछा।

"अभी नहीं।" नये अफ़सर ने क़हवे की ख़ाली प्याली रखते हुए कहा।

"तुम्हारा अगला मंसूबा क्या है?" नये आए अफ़सर ने खड़े होकर तौफ़ीक़ से पूछा।

"तुम लोगों की तबाही।" तौफ़ीक़ के ख़ामोश कसे होंठ आपस में बिंध गए।

"तुम्हारा अध्यक्ष कहाँ है?" लहजा इस बार सख़्त हो गया।

"एक जगह हो तो बताऊँ...जब पूरी क़ौम बिखर गई हो तो उसका अध्यक्ष क्या एक जगह रह सकता है?" तौफ़ीक़ की आँखों में चट्टानों की सख़्ती उभर आई थी।

"बताओ..." कहकर एक झन्नाटेदार चाँटा तौफ़ीक़ के मुँह पर पड़ा।

ख़ून की पतली लकीर होंठों के कोने से निकलकर क़मीज़ पर टपकने लगी।

"अच्छी तरह ख़ातिर करके इसकी लाश को सरहद पर टाँग देना, ताकि चील-कौओं की दावत के साथ दूसरे बेवाकिफ़ भी अपने अंजाम को जान सकें।" कहता हुआ अफ़सर तौफ़ीक़ को घूरने लगा।

"तुममें से कोई भी शख़्स इस तारीख़ी इमारत के अँधेरे तहख़ानों में उतर नहीं सकता है...यह जगह इज़रायलियों के बीच वर्जित है। इन राहदारियों में सिर्फ़ फ़िलिस्तीनी सफ़र कर सकते हैं, जिनकी मंज़िल आज़ादी है, जिनकी पहचान फ़िलिस्तीन है।" सामने दीवार पर टँगी राइफलों का क्रॉसचिह्न तौफ़ीक़ की पुतलियों पर अंकित हो गया।

कल दोपहर से तौफ़ीक़ की हर दो घंटे बाद पेशी होती और पूछताछ का भयंकर अज़दहा मुँह खोलकर उसके सामने बैठ जाता था। अपने तेज़ नुकीले दाँतों से

उसकी ख़ामोशी को तोड़ने की नाकाम कोशिश में वह तौफ़ीक़ की मांसपेशियों के चिथड़े-चिथड़े कर देता था और तौफ़ीक़ अपने को मज़बूती से पकड़े रहने की कोशिश में मर-मरकर जीता और हर बार सोचता...

ये लोग मुझे मौत से क्या डराएँगे जिसने दस साल की उम्र में अपने बाप को फाँसी पर चढ़ते देखा हो। जिनके मुँह से उबलते ख़ून को ज़मीन पर लोटती अपनी माँ और बहन के चेहरे पर टपकता देखा हो। उसी दिन से मेरे अन्दर ग़ुस्से का उफनता समुन्दर हिलोरें ले रहा है। जैसे मैं एक ताक़तवर अरबी घोड़े में बदल गया हूँ जो एक दिन अपनी वहशी टापों से दुश्मन का सीना कुचल देगा। अपने मज़बूत दाँतों से दुश्मनों की गर्दन चबा जाएगा। तब से अब तक पूरे बीस साल से मैं एक दीवाने वहशी घोड़े की तरह दौड़ रहा हूँ। हर बार थककर शाम को लौटते हुए महसूस होता था कि मैं मंजिल से बहुत दूर हूँ, मगर हर सुबह सूरज की पहली किरण फिर क़ासिद की तरह मेरा दरवाज़ा खटखटाकर पैग़ाम दे जाती कि...

'उठो! माँ को आज़ाद कराओ। उसका जिस्म दुश्मन अपनी ज़ंजीरों में बाँध रहे हैं।' और मैं सबकुछ भूलकर सरपट मैदाने जंग की तरफ़ भागता।

'कल सुबह का सूरज मुझे क्या पैग़ाम देगा? मौत का? मौत से अब क्या डरना?' सोचता हुआ वह आगे बढ़ा और कोठरी के मुख्खे के नीचे जाकर खड़ा हो गया। बाहर गूँजता शोर धीरे-धीरे करके कम हो रहा था, शायद आधे से ज़्यादा सिपाही कूच कर गए थे।

'काश! यह मुख्खा थोड़ा बड़ा होता।' सोचता हुआ थका-थका-सा तौफ़ीक़ चबूतरे पर बैठ गया।

राबिया और समीरा उसकी बड़ी बहनें थीं और रूया सबसे छोटी। बाबा के फाँसी चढ़ने के ठीक तीन मास बाद पैदा हुई थी। तीनों के चेहरे तौफ़ीक़ के सामने एक-एक करके कौंध गए। जब समीरा के सामने के दाँत टूटे थे तो वह अपना चेहरा आईने में देख-देखकर ख़ूब रोती थी। बड़ी मुश्किल से उसे यकीन आया था कि दाँत दोबारा निकल आएँगे। समीरा का ख़याल आते ही उसके चेहरे पर मुस्कराहट फैल गई। अपनी पीठ पर पड़ते दनादन घूँसों का ख़याल आया जो हर बार खेल में हारने के बाद समीरा उसे मारती थी कि तौफ़ीक़ ने बेईमानी की है।

तौफ़ीक़ के चेहरे की मुस्कराहट ग़ायब हो गई। पीठ पर पड़ते घूँसों का दर्द तपकन बनकर सीने में फैल गया, जहाँ रूया का चेहरा खिल उठा था। दो साल की रूया, सफ़ेद चेहरा और सुनहरे बालों वाली रूया! एकाएक हमेशा के लिए आँखें बन्द करके माँ की गोद में सो गई थी। बमबारी में पार्क में खेलते-दौड़ते बच्चे एकाएक ठहर गए थे। उनमें रूया भी थी। उसके दोनों पैर

झुलस गए थे। वह बाबा की दूसरी तसवीर थी। माँ उसकी लाश दफ़नाने के बाद एकदम से टूटकर बिखर गई थीं, जैसे बाबा उनसे इस बार सचमुच हमेशा के लिए बिछुड़ गए हों—

तौफ़ीक़ की आँखों में बस्ती का आँगन फैल गया, जहाँ गलियाँ थीं, घर थे, दीवारें थीं, छत और ज़मीन थी। जहाँ दरख़्तों के झुंड थे। जहाँ पकी अंजीरों को तोड़कर खाने का मुकाबला होता था। जहाँ खेल-कूद, मार-पीट के साथ 'मिल्ली' और 'कुट्टी' होती। यही सबकुछ बोलता था, चहकता था, मगर कोई सुस्त बैठकर इस तरह गुज़री बातों को सोचता नहीं था,बल्कि सब ज़िन्दगी के बहाव में बह रहे थे।

मौत किसी वक़्त भी आ सकती है। उसकी अचानक आमद का ख़ौफ़ ज़िन्दगी से ज़्यादा मोहब्बत करना सिखाता है, तभी हर लमहे उमंगों से भरपूर सब एक-दूसरे के दुख-सुख में डूबे एक-दूसरे के लिए हँसते-मुस्कराते थे। उनके लिए अपना-पराया कुछ नहीं रह गया था। अभी तौफ़ीक़ जाने कब तक सोच में डूबा रहता, यदि सन्तरी ने उसे पुकारकर जँगले से उसकी तरफ़ रोटी उछालकर न फेंकी होती।

कल की रोटी भी पड़ी सूख रही है। वह क्यों इनका दिया अनाज खाए? उसे तो यहाँ से निकल भागना चाहिए सुबह से पहले इनकी पहुँच से दूर। तौफ़ीक़ ने चारों तरफ़ नज़रें घुमाईं, जैसे अन्दाज़ा कर रहा हो कि कैसे भागा जा सकता है।

घुड़म-घड़ाम...घड़...हवाई जहाज़ शोर करते गुज़र गए। बम के गिरते गोलों से धूल और बारूद के कण मुख्खे से अन्दर कोठरी में आने लगे। तौफ़ीक़ के अपनी आज़ादी की तलाश में पत्थर टटोलते हाथ एकाएक जम गए। वह ठिठका-सा रह गया, फिर ख़ुशी के मारे उसका दिल जोरों से धड़कने लगा। उसके हमवतन आख़िर आ ही गए—दूसरे ही लमहे वह उचका और मुख्खे में अपना मुँह डालकर बाहर झाँकने की कोशिश करने लगा। मगर वही मुट्ठी भर आसमान, दो शाख़ें जो धूल के गुबार में धुँधला गई थीं।

जहाज़ गुज़र चुके थे। छावनी बर्बाद हो चुकी थी। अब सिर्फ़ सन्नाटा था। जैसे भी सहमकर ठिठक गई हो।

'मैं कैसे बच गया?' ताज्जुब और ख़ुशी से तौफ़ीक़ ने अपने चारों तरफ़ ताका, जैसे यकीन नहीं आ रहा हो...।

'मुझे सुबह गोली से उड़ानेवाले थे। ख़ुद उड़ गए सब के सब।' तौफ़ीक़ उठा और मुख्खे की तरफ़ बढ़ा। उसका सीना इस वक़्त नये हौसलों से चौड़ा हो गया था। उसके चेहरे पर नई उमंग का रंग बिखर गया था।

'यह क्या?' एकाएक उसकी नज़र छत पर टिक गई। पता ही न चला कब कोठरी का कोना बम के किसी टुकड़े से उड़ गया था। ऊपर दिखते छेद से नीला आसमान और ज़ैतून की शाख़ें झाँक रही थीं। धूल बैठ गई थी, मगर बारूद की गन्ध अभी बाक़ी थी।

'आह! नीला आसमान!' तौफ़ीक़ का दिल ख़ुशी के मारे धड़कने लगा।

छत का छेद इतना बड़ा था कि वह उससे आसानी से बाहर निकल सकता था, मगर वहाँ तक पहुँचे कैसे? पैर टिकाने में पत्थर की दीवार ने घुटने और उँगलियों को छीलकर रख दिया था। अभी वह हिम्मत नहीं हारा था। उसे पूरी उम्मीद थी कि वह यहाँ से निकल भागेगा। ख़ुशी से वह उछला और कोठरी के कोने में रखे मटके की तरफ़ बढ़ा। अन्दर झाँका, पानी ऊपर तक भरा था।

'इसका पानी बाहर निकालकर अगर मैं मटके को घसीटकर सुराख़ के नीचे रख दूँ तो छत तक पहुँच सकता हूँ।' चमकती आँखों से तौफ़ीक़ ने सोचा और बर्तन अन्दर डालकर पानी निकालने लगा। तभी उसकी नज़र मटके के नीचे जाकर टिक गई।

"नहीं!" मायूसी से डूबी आवाज़ निकली, मटका पत्थर की थाल में गोलाई से जड़ा हुआ था। तौफ़ीक़ ने लम्बी साँस खींची और नज़रें छत पर गाड़ दीं।

सूरज धीरे-धीरे ऊपर आ रहा था। छत के छेद से फूटती रोशनी कोठरी में उजाला भरने लगी। वह मुख्खे में मुँह डालकर चिल्लाया :

"फ़िलिस्तीन ज़िन्दाबाद...।"

वह पूरे दम से चीख़ा मगर...? सिर्फ़ हवा साँप की तरह रेंगकर मुख्खे के बिल में घुसी और उसके लफ़्ज़ निगल गई। उसने मुँह नीचे किया। गूँ-गूँ...गाँ जैसी गरगराहट के अलावा उसके गले से कोई आवाज़ नहीं निकली। उसने सारी ताक़त जमा करके पुकारा, "मदद...मदद...!"

'क्या वह गूँगा हो गया है? क्या उसकी बोलने की ताक़त जाती रही? हो सकता है, वह गूँगा नहीं बहरा हो गया हो? क्या हो रहा है उसे?' तौफ़ीक़ पसीने से सराबोर हो गया। इतना तन्हा, इतना कमज़ोर, इतना बेचारा उसने अपने को पहले कभी महसूस नहीं किया था। उदासी के गहरे भँवर में डूबने से पहले फिर एक बार वहशत से चीख़ा। मगर बाहर हवा का चलना और उसके अन्दर बढ़ता ख़ामोश सन्नाटा साँय-साँय करता हुआ उसकी चेतना पर छाने लगा।

'मेरे साथी मुझे ढूँढ़ने आएँगे। माना यह हिस्सा छावनी से बहुत दूर है, तो भी वे मुझे ढूँढ़ लेंगे...कोई-न-कोई आएगा ज़रूर।' नीले धुले आसमान को धीरे-धीरे अँधेरे में घुलते देखकर तौफ़ीक़ ने अपने को दिलासा दी।

इस कोठरी में तौफ़ीक़ का आज सातवाँ दिन है। भूख से उसकी अन्तड़ियाँ ख़ुद अपने को खाने लगी थीं। कोठरी में रखे घड़े का पानी काफ़ी कम हो गया था। सूखी रोटियों के ढेर पर बारूदी गोले ने गिरकर मलबे का ढेर बना दिया था, वरना तौफ़ीक़ सारा मान-सम्मान छोड़कर ज़िन्दा रहने के लिए ज़रूर वह सूखी रोटी चबाकर कुछ दिन अपनी आज़ादी की उम्मीद का दीया जलाए रखता। आख़िर दुश्मनों से घिरकर जब 'तक़इया' की इजाज़त दीन देता है तो फिर मजबूरी में दुश्मन की रोटी तो खा ही सकता था। और अब यह ताक़तवर बदन भी तो पिछले सात दिन में घुल-घुलकर तौफ़ीक़ को पानी के बलबूते पर सँभाले हुए है। मगर यह सब कब तक चलेगा?

एक दिन तेज़ हवा ने बचे दरख़्तों की किसी एक शाख़ से पक्के काले ज़ैतून को उड़ाकर मुख्खे की ढाल पर रख दिया था। रोशनी में चमकता काला ज़ैतून तौफ़ीक़ को दुनिया की सबसे बड़ी नियामत लगा था। वह अपनी सारी ताक़त बटोरकर उठा और इससे पहले कि उसका हाथ मुख्खे तक पहुँचता, हवा के दूसरे झोंके ने उसे झटके से बाहर की तरफ़ गिरा दिया। तौफ़ीक़ दिल मसोसकर रह गया। पपड़ी पड़े होंठों पर सूखी ज़बान फेरता हुआ वह वहीं चबूतरे पर बैठ गया। थोड़ी देर तक हारा-सा बैठा रहने के बाद वह चबूतरे पर लेट गया और पत्थर की दीवारों को ताकता रहा।

'आजकल मुझे खाने के सिवा कुछ भी याद नहीं आता...। आख़िर मुझे होता क्या जा रहा है? सोता हूँ तो, जागता हूँ तो माँ के हाथों से बने पकवान...।'

माँ का ख़याल आते ही उसे अपना घर याद आने लगा। ख़बर सुनते ही वह भागा-भागा गया था। आधा शहर ऊँची-ऊँची इमारतों के साथ ढह गया था। वह कैसी काली रात थी। बारिश की बूँदों ने मलबे को धो डाला था। एम्बुलेंस, फ़ायर ब्रिगेड और रेडक्रॉस की भागती गाड़ियों की हैडलाइट में मलबों पर थरथराती बूँदें चमक उठती थीं। फ़ायर ब्रिगेड स्टोर की आग पर काबू पा चुकी थी। मलबे पर चलते हुए सड़क नाम की चीज़ टूटी खिड़कियों, दरवाज़ों, दीवारों, सामानों के ढेर में कहीं गुम हो गई थी। इसी मलबे के ढेर पर चलकर उसे अपना घर ढूँढ़ना था।

अभी थोड़ी ही दूर चला था कि पैरों के नीचे कुछ नर्म-सी चीज़ आ दबी। सारे बदन में झुरझुरी-सी दौड़ गई। माथे पर पसीना छलक आया। किसी मृत देह का कोई अंग...यह उसी का मोहल्ला है, होगा कोई जान-पहचान वाला या साथी-संगी। एक लम्बी साँस लेकर उसने टॉर्च रौशन की। उसके जूते के नीचे रबर की बहुत बड़ी-सी गुड़िया थी। ठीक रूया जैसी सुनहरे घुँघराले बाल। उसने झुककर गुड़िया उठा ली।

पानी से भीगी गुड़िया मुस्करा रही थी। जाने किस जज़्बे के तहत उसने गुड़िया को सीने से लगाकर ज़ोर से भींच लिया। फिर उसके गालों और बालों पर बेतहाशा प्यार करने लगा।

उसका घर क़रीब आ चुका था। उसने बहन का लाया उपहार जेब में टटोला। डिबिया मौजूद थी। बड़ी मुश्किलों से कई जगह कई दुकानें देखकर वह इस बार उसकी फ़रमाइश पूरी कर पाया था। नाज़ुक ज़ंजीर में क़ैद परिन्दा उड़ने को बेचैन था। बहन की सफ़ेद गर्दन पर लटकता यह परिन्दा उसे हमेशा अपने फ़र्ज़ की याद दिलाएगा। मगर वह गर्दन...सबकुछ...आगे का सबकुछ टूटते सितारों में बदलने लगा।

तौफ़ीक़ का घर सामने साबुत खड़ा था।

'एक बार गाँव तबाह हुआ तो मैं पैदा हुआ, मगर हमारे खेत हमसे छिन गए। दोबारा जब हमारा आधा शहर उजड़ा तो मेरा ख़ानदान मुझसे बिछुड़ गया और आज जब दुश्मनों की छावनी पूरी की पूरी उजड़ गई तो मैं अपनी ही धरती पर बन्दी बना अपनों से दूर पड़ा हूँ। क्या यहाँ से मैं कभी आज़ाद हो पाऊँगा? मुझे यहाँ कोई लेने आएगा? इन अँधेरी सुरंगों का सफ़र कब ख़त्म होगा? हम फ़िलिस्तीनी कब गुफ़ाओं से निकलकर इनसानों की तरह धरती को जोतेंगे, बोएँगे, फ़सलें उगाएँगे?

इससे तो कहीं अच्छा था कि मैं उसी यहूदी अफ़सर के हुक्म से गोलियों से बींध दिया जाता। कम-से-कम उस मौत में कोई मक़सद तो होता...इस तरह से बेमतलब एड़ियाँ तो न रगड़ता—भूख, ख़ौफ़, तन्हाई, ख़ालीपन कैसे बाँझ दिन गुज़र रहे हैं!

तौफ़ीक़ के अन्दर सुस्त पड़ा घोड़ा एकाएक उछलकर खड़ा हो गया। उसकी नसों में दौड़ता ख़ून पछाड़ें खाने लगा। तौफ़ीक़ ने दरवाज़े को पूरी ताक़त से झँझोड़ा। उस पर दीवानगी-सी छा गई थी। उसने सलाखों पर सर दे मारा, मगर बेसूद सामने पत्थर की दीवार मुँह खोले खड़ी थी। उसके अन्दर तड़पते-उफनते तूफ़ान से बेपरवाह। तैश में आकर वह कोठरी की दीवार पर अपनी बँधी मुट्ठी मारने लगा।

मजबूरी...बेबसी उसके वजूद पर छा गई। साँसों के गर्म अलाव ने आँखों से सोते बहा दिए। आँखों पर रखी हथेली का ख़ून खारे पानी में मिलकर चेहरे से टपक-टपककर क़मीज़ में जज़्ब होने लगा।

अभी सूरज ऊपर नहीं आया था कि आसमान गड़गड़ाहटों से भर गया। एक के बाद एक जहाज़ गुज़रने लगे। तौफ़ीक़ ने झट अपनी कमीज़ उतारी और मुख्खे से बाहर हाथ निकालकर हिलानी शुरू कर दी। उम्मीद की लहर उसके सारे बदन में थरथराती दौड़ रही थी...सारे जहाज़ गुज़र गए। उसका हाथ ढीला पड़ने लगा। आँखों के सामने तारे टूटने लगे। नामुराद, नाउम्मीद वह चकराता-सा चबूतरे पर बैठ गया।

'मेरा अतीत आज फिर मुझे आवाज़ दे रहा है। अपनी स्याह बाँहें फैलाकर मेरे वजूद को अपनी आग़ोश में भरना चाहता है, जो भविष्य की तरफ़ भागना चाहता है, जहाँ आज़ादी की चाँदी बरस रही है जहाँ ज़िन्दगी का कोलाहल बिखर रहा है मुझे इतनी जल्दी मौत की आरामगाह नहीं चाहिए बल्कि एक ऐसा सूरज चाहिए जो मुझे रोशनी से नहलाए ताकि मेरे अँधियारे तहख़ानों की तारीख़ी इबारत का सोना फिर से झिलमिला उठे, मगर इस क़ैदख़ाने में सूरज की किरणें भी नहीं पहुँच पाती हैं, ऊपर से यह बन्दिशों का घेरा जो जीते-जी मेरा मक़बरा बन गया है।'

उसके हलक में काँटे-से चुभने लगे। बदन में ठंडी-सी सनसनाहट। थकन उसकी रग-रग में टपक रही थी। बड़ी मुश्किलों से उठकर किसी तरह वह मटके तक पहुँचा, बर्तन अन्दर डाला, तल में पानी की बूँद भी नहीं बची थी। बर्तन ख़ाली मटके से टकराता, आवाज़ करता उसके हाथ से छूट गया और उसका सर घड़े के उभार पर टिक गया।

तौफ़ीक़ के अन्दर का मौसम बदल रहा था। वजूद के अन्दर छिटकी धूप का लावा ठंडा पड़ते-पड़ते सख़्त चट्टानों में बदलने लगा था, जहाँ बहाव और टकराव की जगह ठहराव ने अपना डेरा जमा लिया था। हर नया दिन पुराने दिन को निगलता हुआ तेज़ी से उसके बचे सालों को दुगुनी रफ़्तार से खाए जा रहा था।

"यह मैं हूँ?" सूखे डंठल जैसे कमज़ोर हाथ को देखकर तौफ़ीक़ जैसे अपने से पूछता, फिर वीरान आँखों से पत्थर की नंगी दीवारों को ताकने लगता।

"वह मैं था?" हाँ, वह मैं ही तो था ताक़त और जोश से भरा आबशार, जिसे कोई भी हादसा न रोक सकता था, न बाँध सकता था। वह जवान होता लड़का मैं ही तो था, जो रोटी कमाने के लिए इज़रायल जाने लगा था और एक दिन थकन से चूर जब वह सरहद पार न कर सका और वहीं रास्ते में पड़ गया तो इस जुर्म में सीमा सुरक्षा पुलिस के जूतों और लातों की ठोकरों से उसे फुटबाल में बदल दिया गया था। थकन कहीं भाग गई थी और वह लुढ़कता हुआ अँधेरी रात को पार करता घर पहुँचा था। फिर उस लड़के की माँ ने उसका बाहर निकलना बन्द कर दिया था। भुखमरी, ग़रीबी, बेकारी, महँगाई...कैसे बुरे दिन थे, तो भी वह लड़का मुरझाकर टूटा तो नहीं था?

उस वक़्त फ़िलिस्तीन की ज़मीन पर रहकर भी हमें वोट डालने का हक़ नहीं था, न सरकारी सम्मेलनों में बैठने और बोलने का हक़ था। जिनके पास इल्म था, उन्हें कुछ लिखने के जुर्म में जेल काटनी पड़ती या फिर इज़रायल को स्वीकार न करने के दंड में जलावतन का दर्द सहना पड़ता। फिर एक दिन इन सारी लड़ाइयों और कशमकश से घबराकर ख़ामोशी से यह तय पाया कि फ़िलिस्तीन की धरती से

बाहर निकलकर जंग करने में ज़्यादा जान है...बेरूत, लेबनान सब आग में जल उठे और महसूस हुआ कि जो वतन से निकला वह कहीं का न रहा।

मेरा ख़ून अब उबलता क्यों नहीं है? ये पुरानी यादें भी रगों में अंगारे नहीं भर पाती हैं...मेरे अन्दर की जलती आग राख में क्यों बदल रही है? यह क़सूर मेरा है या इस चहारदीवारी का है? मेरे वजूद का घोड़ा हिनहिनाना, टापें मारना, दौड़ना क्यों भूल गया है? इस तरह से मुँह डाले सुस्त क्यों पड़ा है काश! मैं इस अपाहिज घोड़े को गोली से उड़ा सकता!

मशीनगन की लगातार तग-तग-तग तौफ़ीक़ का पीछा कर रही थी। वह भागता हुआ ढाल की तरफ़ लपका। माँ का दिया आटे का थैला उसने कसके बग़ल में दबा लिया और ढलान पर अंगूरों की बेलों के नीचे रेंग गया तो भी एक गोली उसके बाज़ू को छीलती हुई निकल गई। ख़ून की पतली धार दर्द से फूटकर थैले को भिगोने लगी। दूसरे हाथ में थैला लेकर वह बाज़ार की तरफ़ लपका। परचूनिया उसकी यह हालत देखकर चीख़ा...

तौफ़ीक़ चौंककर उठ बैठा। उसके कानों में अब भी आवाज़ें गूँज रही थीं, दिल धड़क रहा था। हलक में काँटे चुभ रहे थे और ज़बान सूखकर तालू से जा लगी थी। कमज़ोरी के मारे उसका बुरा हाल था।

कोठरी से बाहर रात पत्थरों पर पसर गई थी। तौफ़ीक़ के अन्दर छाया अँधेरा गहराने लगा था। एक घुटन उसके अन्दर घुमड़ने लगी थी।

'मैं आज किसी से बातें करना चाहता हूँ। अपना दिल ख़ाली करना चाहता हूँ। मगर बातें किससे और कैसे करूँ? पत्थर की ये बेजुबान दीवारें मुझे दिलासा भी नहीं दे सकती हैं, न मेरे टूटते वजूद का सहारा बन सकती हैं। यह मुख्खा—अँधेरे की आँख—इस पर आज तक कोई परिन्दा आकर नहीं बैठा है—मेरा रिश्ता हर जानदार से टूट चुका है और हर बेजान चीज़ मेरी साथी बन चुकी है।

'जब मैं जंग के मैदान में मौजूद था तो सबका था, आज उस बहाव से छिटक गया तो कोई मेरा हमदम, कोई मेरा दोस्त न रहा। मुझे सब भूल गए अपने भी, पराए भी—सच है, अब मुझे मौत के अलावा किसी का बुलावा नहीं आएगा, कोई मुझे आवाज़ नहीं देगा कोई मुझे लेने नहीं आएगा।'

रात ख़ामोश क़दमों से पत्थरों पर पैर जमाती सुबह की तरफ़ बढ़ रही थी। ऐसे वीराने में, दिन, तारीख़, महीने, साल को कौन गिनता है? यहाँ क़ुदरत का पहिया ख़ामोशी से इन्हें निगलता घूमता रहता है। बस, घूमता रहता है...

इस बीच कितनी बार सूरज उगा, कितनी बार डूबा, तौफ़ीक़ को कुछ याद नहीं। हाँ, काल-कोठरी ने भूली-बिसरी बहुत-सी बातों को फिर से दोहराया जिन्हें न वह भूल चुका था, बल्कि यह सबकुछ उसकी ज़िन्दगी में होते हुए हादसों तले दब गया था। मगर आज उसे फिर याद आकर ज़िन्दगी का एक नया नज़रिया समझा रहे थे।

'कल जब इज़रायली फैलाव और अरब राष्ट्र एकता का बुख़ार दिमाग़ों से उतर जाएगा उस समय क्या बचेगा? सिर्फ़ लोग बचेंगे मगर कहाँ के लोग? कौन-सी सरहद? सरहदें तो आदिकाल से तलवार की झंकार के साथ अपना रुख़ बदलती आई हैं, मगर ज़मीन पर रहनेवाले लोग तो वही पुराने रहते हैं जिनकी पैदाइश का स्रोत एक है, जो एक ही तरह से गढ़े जाते हैं। फिर यह रोज़ नई बनती सरहदें... धर्मयुद्ध...क्या सचमुच पुराने को मिटाकर नया कुछ आता है और हर इंक़लाब अपने ही बच्चों को निगलने लगता है?...

'एक इज़रायली जो तेल अवीब में यहूदी माँ-बाप से पैदा हुआ हो और पोलैंड का पनाहगीर हो...एक लड़का जो अरब माँ-बाप से ग़ाज़ा में पैदा हुआ हो और ज़ाफ़ा का पनाहगीर हो...क्या इनका कुछ भी नहीं पीछे छूटता? इज़रायल का वजूद मिट गया तो फिर यह विदेशी यहूदी दोबारा लौटकर कहाँ जाएँगे? तब क्या फिर किसी और सरज़मीन पर टैंकों के दहाने अंगारे उगलेंगे, लाशों का अम्बार लगेगा और सरहदों का नया दायरा नापा जाएगा?...

'फ़िलिस्तीन मोर्चा संगठनों का अभिन्न शाख़ों में बँट जाना, फिर आपसी विचारों के बिखराव में अपनों से टूटकर मुख़ालिफ़ देशों से मिलकर अपने ही उद्देश्य के ख़िलाफ़ अपने लोगों के विरोध में खड़ा हो जाना, यह किस बात की तरफ़ इशारा करता है?

'मान लो, कल हमारा प्यारा फ़िलिस्तीन हमें वापस मिल जाए और सारी दुनिया में बिखरे ख़ानाबदोश फ़िलिस्तीनी अपने वतन की तरफ़ लौट आएँ तो क्या उस नई नस्ल की याद का हिस्सा लेबनान, ट्यूनिस, जॉर्डन, बेरूत नहीं रहेंगे, जहाँ वह पैदा हुए, पले-बढ़े और जवान हुए? दूसरी तरफ़ अरब भाईचारे के बावजूद इस चोट को सहते आए कि वह फ़िलिस्तीनी पनाहगीर हैं। क्या वह अपने वतन फ़िलिस्तीन की अजनबी धरती से जुड़ सकेंगे, जिससे वह बरसों दूर रहे और पहली बार उस सरज़मीन पर क़दम रखेंगे? दिल और दिमाग़ के बीच होती जंग उन्हें बार-बार यह समझाएगी कि सरहदों की भी अपनी ज़बान होती है। क्या इनसान की पहचान अहसास और फ़िक्र न होकर सिर्फ़ सरहदों का गुज़रनामा-भर होती है?'

तौफ़ीक़ के दिमाग़ की खिड़की खुल गई थी जिससे सरहदों का उलझा जाल उसे ज़िन्दा सवालों पर बिखरा नज़र आ रहा था। पूरी दुनिया निगाहों में

इस तरह से खुलकर घूम रही थी,जैसे जमशेद का 'जामे जहाँनुमा' उसके हाथों में आ गया हो और वह उस प्याले में झाँककर दुनिया की असलियत का नज़ारा देख रहा हो।

नीम बेहोशी में तौफ़ीक़ की आँखों के सामने एक पुराना शहर फैला हुआ है। चलती ट्रेन रुकती है और वह उस गाड़ी से उतरता है। बड़े-बड़े बूढ़े दरख़्तों के साये में रेल की पटरी तन्हा ख़ामोश रह जाती है। वह पटरी पर बिखरे पत्थरों को फिर दरख़्तों के साये में बढ़ते अँधेरे को फैलता देखता है। माहौल का जादू उसे अपनी बाँहों में भींचने लगता है। वह एक अजनबी की तरह क़दम आगे बढ़ाता है।

दूर मीनारों से फूटती रोशनी गुम्बद पर सुनहरा रंग फैला रही है। वह सहरज़दा-सा उस तरफ़ खिंचता चला जाता है। सामने पुराना बाज़ार फैला है जहाँ अजीब शक्ल के बर्तन, मूर्तियाँ और मोटी-मोटी किताबें भरी हैं। एक दुकान में दाख़िल होकर जब वह किताब उठाता है और उसे खोलता है तभी ख़त-ए-कूफ़ी की लिखावट से भरा वह ख़स्ता काग़ज़ उसके हाथों के छुलते ही नन्हे-नन्हे टुकड़ों में बदल जाता है। वह घबराकर किताब वापस रखता है। काग़ज़ की बोसीदा महक उसके नथुनों में सनसनाने लगती है।

गलियाँ कच्चे मकानों से भिंची अपने में दुबकी-सहमी-सी खड़ी थीं। वह उनके अन्दर दाख़िल होता है। सोचता है कि ईसा भी 'जुलजुता' तक अपनी सलीब पर लटकने के लिए इसी किसी घर से निकालकर ले जाया गया होगा। यहीं आसमान के नीचे उसका शिकवा गूँजा होगा कि ख़ुदा, क्या तू भी मुझे भूल गया? यहीं इसी धरती पर सुकरात ने ज़हर का प्याला पीकर अल्फ़ाज़ का दरिया बहाया था और हल्लाज ने रूह की किस गहराई में डूबकर 'अनलहक़' का नारा लगाया था।

सामने ऊँची मीनारें इस तंग गली से भी नज़र आ रही थीं। मुझे वहीं पहुँचना है। तौफ़ीक़ घुमावदार गलियों की भूलभूलैया में खो गया। इसी कूफ़ा की ज़मीन पर हुसैन पानी से भरी दज़ला और फरात नदियों के बावजूद क्यों प्यासे शहीद हुए? इन सबकी निगाहें कौन से वक़्त पर किस नुक्ते पर टिकी थीं? हक़ की लड़ाइयाँ लड़कर उन्होंने कौन-सी क़दरें और मर्यादाएँ हमें दी हैं?

अब तंग गली खुले मैदान में आकर ख़त्म हो गई, जहाँ मिट्टी, मिट्टी को खा रही थी और उससे वक़्त की महक का पुरानापन फूट रहा था। गिरती-ढहती बादामी भूसा हुई इबादतगाहों के बीच धूल के गुबार के परे नई ऊँची इबादतगाहों की नई तराश नज़र आने लगी। ख़स्ता इमारतों के बीच घूमते हुए तौफ़ीक़ को याद आया कि इसी सरज़मीन पर तौरेत, बाइबिल, क़ुरान—तीन आसमानी किताबें नाज़िल हुई

थीं, तीन फ़िक्र, तीन मज़हब, तीन समाजी बदलाव...बड़े-बड़े धर्मयुद्ध का फैलता दायरा...। फिर साम्यवाद व साम्राज्यवाद की रस्साकशी। वक़्त ने हमेशा इनसान से उसके जीने की क़ीमत माँगी है। किसी ने अदा की और किसी ने क़र्ज़ा छोड़कर अपनी आँखें मूँद लीं।

नई इबादतगाहों की कशीकारी और फ़ानूस से जगमगाती मेहराब के नीचे आकर तौफ़ीक़ रुक गया। शीशेकारी और ग़चबरी की नक़्क़ाशी और जाली के गुलबूटे पर उसकी नज़र ठहर गई।

'क्या मेरा वक़्त भी मुझसे मेरे जीने की क़ीमत माँग रहा है?' तौफ़ीक़ नींद से चौंककर उठ बैठा। आँखें फाड़-फाड़कर चारों तरफ़ देखा, पुराना शहर ग़ायब था। नई इमारतें ग़ायब थीं,बस सामने पत्थर की दीवारें थीं।

बूँदाबाँदी शुरू हो गई थी। बड़ी-बड़ी बूँदें धरती पर पहुँचने से पहले ही हवा के डोले पर सवार होकर दरख़्तों की शाख़ों से लिपटकर झूम उठती थीं।

तौफ़ीक़ के अहसास की दुनिया अभी मरी नहीं थी। उसके कान अपने चारों तरफ़ छाए माहौल की मुख़्तलिफ़ आवाज़ों के सुर व ताल को पकड़ने की क्षमता रखे थे। इस वक़्त बिना देखे ही उसे सबकुछ नज़र आ रहा था कि हवाएँ पक्की ज़ैतूनों को धरती पर गिरा रही हैं। टप...टप...टप...तालू से लगी सूखी ज़बान नर्म-सी पड़ने लगी थी।

"ख़ुदा तुझे इतनी तौफ़ीक़ दे कि तू हमारी खोई मंज़िल को पा सके...इसी उम्मीद पर मैंने तेरा नाम तौफ़ीक़ रखा है।"

माँ की आवाज़ के साथ सीना कूटती, बैन करती औरतें काले कपड़ों और सफ़ेद स्कार्फ़ के साथ दिल की सुरंग से होकर गुज़र जाती हैं। महसूस होता है कि ज़ैतून के साये उस पर चारों तरफ़ से झुक आए हैं। शाखों के डोलने में माँ के हाथों का लम्स है। एक गर्मी भरी महक के गुबार में तौफ़ीक़ डूबने लगा। गिरते ज़ैतून उसके मुर्दा होते बदन को ढाँक रहे हैं। मौत की आगवानी में...तौफ़ीक़ के माथे पर मौत का पसीना छलक आया। आँखें दुलकने लगीं। हाथ-पैर ढीले पड़ने लगे।

'क्या इस गुनाहगार सरज़मीन को फिर किसी नये पैग़म्बर की आमद का इन्तज़ार है?'

बाहर तूफ़ान का झक्कड़ तेज़ हो गया था। बौछारें छत के सुराख़ से तौफ़ीक़ तक पहुँच रही थीं। उसके बालों, दाढ़ी और भवों पर बिखरी नन्ही-नन्ही बूँदें अलमास की तरह झिलमिला रही थीं।

आसमान से गिरती बारिश की लड़ियों को चीरती आवाज़ वक़्त के रथ पर सवार शताब्दियों का सफ़र तय करती किसी पैग़ाम की तरह चहारसू के दरवाज़े

खोलती है। मुक़द्दस क़िबले के आगे झुके सिजदे ने अँधियारे तहख़ाने में नूर की कन्दील रौशन कर दी। ख़त-ए-कूफ़ी के सुनहरे अक्षरों के फैलते हाले से रूह का परिन्दा, अमन की फ़ाख़्ता की तरह चोंच में ज़ैतून की शाख़ पकड़े मुख्खे से इस तरह उड़ा जैसे नोह* को ख़ुश्की का पता चल जाए।

---

* इस्लामी रिवायत के मुताबिक़ ख़ुदा के हुक्म से पैग़म्बर नोह ने साल का पौधा लगाया था, फिर उस पेड़ से तीन सौ गज लम्बी, पचास गज चौड़ी और तीस गज गहरी तीन मंज़िला किश्ती बनाई थी। जब दुनिया पानी के तूफ़ान में घिर गई थी, उस वक़्त हज़रत नोह अपने परिवार के साथ उस किश्ती में सवार हो गए और बच गए। उनके परिवार में इनसान, जानवर और परिन्दे शामिल थे। उस वक़्त फाख्ता ने उन्हें ख़ुश्की का पता बताया था। अरब विश्वास है कि आत्मा परिन्दे में बदल जाती है। दूसरे मध्यपूर्वी देशों में ज़ैतून न केवल जीवनदायिनी स्रोत है बल्कि फ़िलिस्तीन के संघर्ष व राष्ट्रीयता का निशान भी है। फ़ाख़्ता की चोंच में ज़ैतून की शाख़—यह चित्र इस देश के लिए बहुत पवित्र है।

तलत सोकैरत

पंख
माँ
नारंगी की ख़ुशबू

तलत सोकैरत 1953 में त्रिपोली लेबनान की ओर वाला में पैदा हुए। दमिश्क़ में उनकी शिक्षा हुई। 1979 में उन्हें विश्वविद्यालय की तरफ़ से सम्मानित भी किया गया। सोकैरत पेशे से पत्रकार और मन से लेखक हैं। इनके दो उपन्यास हैं, 'धुँधली यादों के साये' (1979) और 'मसूद की बातें' (1984)। इनके कहानी-संग्रह हैं—'ख़ेमा' (1987), 'चाक़ू' (1987), 'क़दबान' (1996), 'इमकानात' (1998) आदि। तलत सोकैरत की विशेषता है कि वह लघु नहीं, बल्कि अति लघु कहानियाँ लिखने में माहिर हैं।

पंख

उसने दीवार पर 'फ़िलिस्तीन' लिखा और शरणार्थी शिविर से लगी सड़क पर दौड़ती चली गई। क़ाबिज़ पुलिस ने गोलियाँ चलाईं। जब वह घर पहुँची तो बुरी तरह हाँफ रही थी।

"क्या बात है नजवा?" माँ ने पूछा मगर उसने कोई जवाब नहीं दिया। चुपचाप लकड़ी की कुर्सी पर जाकर बैठ गई। कुछ पल बाद वह अपनी रंगीन चॉक को डिब्बे में सजाने लगी।

"हाथ धोकर आओ, खाना लग गया है।" माँ की आवाज़ उभरी। नजवा ने चाक़ू को उँगलियों से हलके से थपका फिर हँस पड़ी। उसका दिल चाह रहा था कि काश वह कैम्प की दीवारों को उस शब्द से भर देती जिसके लिए उसके दिल में प्यार-ही-प्यार है। मगर जाने कहाँ से शैतान की औलादें आन टपकीं और उसे भागना पड़ा। उसे याद आया वह लड़का जिसका नाम उर्वा था। जो इनके आने के बाद भी दीवार पर लिखता रहा और भागा नहीं था। उसे उन्होंने मार डाला। उसी ने तो सिखाया था फ़िलिस्तीन के झंडे को रंग से बनाना। वह उसे यादकर रो पड़ी।

बहते आँसुओं के बीच, उर्वा का धुँधला चेहरा उभरा जो किसी परिन्दे की तरह कैम्प में उड़ रहा था। वह उसके पीछे भागी। उसका दिल चाहा कि वह भी वैसे ही उड़े।

"तुम्हारे पास पंख होना चाहिए यदि तुम उड़ना चाहती हो।"

"कैसे?" उसने व्याकुलता से पूछा मगर उसने कोई जवाब नहीं दिया और इन्तेफ़ादा (नवजागरण) के लड़कों को पत्थर फेंकता देखता रहा।

"तुम मुझे अपने पंख उधार दे दो।" उसकी बात सुन उर्वा ने अपनी चोंच से एक पत्थर उठाया और उसके हाथों में थमाया। वह ख़ुश हो गई और उसने पत्थर हवा में फेंका ठीक किसी मिसाइल की तरह जो एक सिपाही के चेहरे पर लगा और वह ज़मीन पर औंधा गिर गया।

एकाएक वह साँप बन गया और उसका पीछा करने लगा। उसकी साँस तेज़ चलने लगी। साँप जैसे ही पास आया उर्वा ने लपककर नजवा को अपने पंखों पर बिठा लिया। साँप ने ज़हर उगलना और गोली बरसाना शुरू कर दिया।

"नजवा," माँ की आवाज़ गूँजी, "मैंने तुमसे कहा था कि हाथ धोकर आओ।"

"क्या उर्वा चिड़िया की तरह उड़ सकता है?" नजवा ने माँ से पूछा। माँ हाथ का काम छोड़ बेटी के पास आई और उसने बेटी को ताज्जुब से घूरा।

"उर्वा शहीद हो चुका है—उसकी याद तुम्हें कैसे आई?" माँ ने बेटी को टटोलती नज़रों से देखा।

"वह कैसे उड़ सकता है?" नजवा ने पूछा।

"बच्चे स्वर्ग के परिन्दे होते हैं।" माँ इतना कह काम में लग गई मगर नजवा को हाथ धोने के लिए कहना न भूली।

"क्या मैं उसकी तरह बन सकती हूँ।" नजवा ने माँ की बात नहीं सुनी। उसका दिमाग़ तो इस भेद को समझने में उलझा हुआ था। वह फिर अपने से बुदबुदाई, रोज़ मैं उसे कैम्प में उड़ता देखती हूँ सुन्दर पंखों के साथ। उसने रंगीन चॉक पर नज़र गाड़ी और सोचा।"

"मैं पहले झंडा रँगूँगी फिर अपने गीत लिखूँगी और इसके बाद हवा में उड़ूँगी।" यकायक उसके दिमाग़ में एक विचार कौंधा जो उसे पसन्द आया।

"क्यों न मैं बड़ा पंख बनाकर रंग डालूँ?"

नजवा अपनी जगह से उठी और कैम्प के सामनेवाली सड़क पर दौड़ गई। माँ पुकारती रह गई। दीवार के पास पहुँचकर पहले उसने लिखा 'मुझे परिन्दों और बच्चों से प्यार है।' इसके बाद उसने पंख बनाना शुरू कर दिया और उसमें इस तरह डूबी कि वह सबकुछ भूल गई। एक के बाद एक पंख वह बनाती चली गई और फिर बड़े ध्यान से उसमें रंग भरने लगी।

'मुझे उर्वा की तरह उड़ना चाहिए।' उसने सोचा। 'हम मिलकर इस दुनिया को गीतों से भर देंगे।' इतना कह उसने चॉक से भरे हाथों को झाड़ा, फिर दूसरी चॉक के लिए उसने जेब में हाथ डाला ताकि वह दूसरा पंख बनाना शुरू करे।

एकाएक उसके कानों में नारों और साथ ही बूटोंवाले पैरों के दौड़ने की आवाज़ आई। शोर बढ़ गया। उसने उधर ताका जिधर से हंगामे की आवाज़ आ रही थी। कैम्प से बच्चे बाहर निकल इधर-उधर दौड़ने लगे। क़ाबिज़ फ़ौजी फ़ोर्स ने हवाई फ़ायर करना शुरू कर दिया था। पत्थर चारों तरफ़ से आ-जा रहे थे। गोलियाँ अब बच्चों पर बरसनी शुरू हो गई थीं। पत्थर, गोली, पत्थर, उसके मन में इच्छा जागी कि इस पंख को पूरा कर वह भी अपने पत्थरों के साथ सिपाहियों पर टूट पड़े। उसने कल्पना में देखा कि वह कैसे अपनी चोंच में पत्थर उठाए उड़ रही है। उसे यह दृश्य बहुत भाया। उसके हाथ तेज़ी से पंख में रंग भरने लगे। उधर लड़के भाग रहे थे, इधर पंख बढ़ रहे थे और उन्होंने एक बड़ा आकार ले लिया था।

गोलियाँ बारिश की तरह बरस रही थीं। उर्वा उसके सर पर गोल चक्कर लगाने लगा, उसके पंख ज़ोर-ज़ोर फड़फड़ा रहे थे। फ़ौजी क़रीब आए। बच्चे भी नज़दीक

पहुँचे। पंख की आकृति लम्बी हो गई। यह देख नजवा मुस्कराई और उसने अपने दोनों हाथ पंख की तरह फैलाए।

गोलियों की आवाज़ का शोर बढ़ गया। एक बच्चा ज़मीन पर गिर पड़ा। चिड़िया के पंख ख़ून से नहा गए। वह चीख़ पड़ी और चाक़ू से ख़ून में डूबी दीवार पर लिखने लगी, 'ज़िन्दाबाद फ़िलिस्तीन'।

इससे पहले कि वह अपनी कल्पना में और उड़ान भरती एक गोली ने पेवस्त हो उसे एक ठंडी लाश की तरह ज़मीन पर गिरा दिया।

माँ

बच्चा मगन हो दूध पी रहा था।

माँ के मुलायम स्तन, जो प्यार और ममता की गर्मी से भरे हुए थे उसे अपने नन्हे हाथों से पकड़े दूध पीते हुए कभी वह अपने बिना दाँतोंवाले मसूड़ों से निप्पल को काटता भी था। माँ की आँखें उसकी हर शरारत पर चमक उठतीं फिर दरवाज़े की तरफ़ टिक जातीं—अपने शौहर के इन्तज़ार में, जो रोज़ की तरह ख़ुशी से भरा घर में दाख़िल होगा और किसी शरीर लड़के की तरह बच्चे को गोद में लेकर उछालेगा और कमरे में गोल-गोल घूमेगा।

उसने एक बार फिर बच्चे से नज़र हटा दरवाज़े को ताका।

अचानक फड़ के दरवाज़े के पट खुले और बाहर का अँधेरा अन्दर घुसा। बच्चे ने चौंककर निप्पल छोड़ा और सर घुमा दरवाज़े की तरफ़ देखा और दूसरे पल वह फिर स्तन थाम दूध पीने लगा।

अँधेरे से निकले चेहरे प्रतिशोध से सुलग रहे थे। पलक झपकते ही वह समझ गई और डर से चीख़ी। तत्काल दोनों बाज़ुओं के घेरे में बच्चे को छुपाया जो लगातार निपिल चूस रहा था।

वे हाँफते हुए आगे बढ़े। उसने आँखें बन्द कर लीं। एक साथ कई गोलियाँ सनसनाईं और बच्चे पर झुके सर में धँस गईं। बाज़ुओं में जकड़ा और सर के बीच फँसा बच्चा दूध पीता रहा।

वे क़रीब आए चाक़ू निकाला और मुलायम स्तन को काट दिया। निप्पल चूसता बच्चा ख़ून और दूध पीता रहा।

यह देख उन्होंने बच्चे को चाक़ू से गोद दिया। जब तक गोदते चले गए जब तक बच्चे के होंठों ने ख़ून नहीं उगला जिसमें गर्म दूध की मिलावट थी।

नारंगी की ख़ुशबू

कोई न हिसाब लगा पा रहा था और न समझ पा रहा था, उसकी बची हुई साँसों को और न उसकी आँखों से लगातार बहते आँसुओं को, जो उसके गालों पर फैल रहे थे। सिर्फ़ अब्दुल ख़ैर स्वयं महसूस कर रहा था कि अब उसकी ज़िन्दगी के कुछ पल ही बचे हैं। जबकि डॉक्टरों ने उसकी पत्नी को आश्वासन दे रखा था कि वह जल्द ही ठीक हो जाएगा। अब्दुल ख़ैर गहरी सोच में डूबा हुआ था। उसकी ज़िन्दगी के पेड़ की पत्तियाँ झड़ चुकी थीं, आख़िरी पत्ती भी डाल छोड़नेवाली थी। यह उसे साफ़ नज़र आ रहा था। वह किसलिए रो रहा था, उसको बयान करना बचे हुए लम्हों में कठिन था।

अब्दुल ख़ैर ने अपनी आँखें बन्द कर लीं। पत्नी, बच्चों और रिश्तेदारों की शक्लें धुँधली पड़ने लगीं। वह धीरे से बुदबुदाया।

"तुम में से कौन है जो मेरे लिये नारंगी ला सकता है?"

"लेकिन बाबा..." सभी उसकी इच्छा सुनकर चकित रह गए। केवल बड़ा बेटा हिम्मत करके बोला तो उसकी बातबीच में ही काटकर उसने कहा, "मैं जानता हूँ कि यह नारंगी का मौसम नहीं है लेकिन मुझे नारंगी चाहिए। मेरे लिए बिना नारंगी के मरना मुश्किल है।"

सभी ने गर्दन और हाथ हिलाए और नहीं समझ पाए कि सत्तर वर्ष के इस बुज़ुर्ग को नारंगी क्यों चाहिए। उसकी बीबी उम्मअलख़ैर ने मन-ही-मन सोचा कि उसका पति मरने से पहले कुछ ख़ास बात करना चाहता है शायद, सो वह पति के चेहरे पर झुककर धीरे से पूछने लगी, "तुम कुछ कहना चाहते हो, लिल्लाह कुछ बोलो, जो तुम्हारे दिल में है साफ़-साफ़ कह डालो।"

उसने अपनी आँखें खोलीं। पत्नी के चेहरे पर नज़र डाली मगर पानी भरी आँखों ने पत्नी का चेहरा धुँधला दिया। वह धीरे से बुदबुदाया, "आह! उम्मअलख़ैर! मैं वहीं मरना चाहता हूँ। तुम तो जानती हो मेरी इस ख़्वाहिश को जो हमेशा से मेरे दिल में मचलती रही है अपने गली-कूचों और नारंगी के बग़ीचे से दूर?"

अब्दुल ख़ैर के मुख से ये शब्द किसी बम की तरह बेटों, रिश्तेदारों के दिल व दिमाग़ पर गिरे। जाने कब से रुके आँसू उम्मअलख़ैर की आँखों से उबल पड़े

और वह हिचकियाँ ले रो पड़ी। मृत्युशैया पर पड़े उस बूढ़े आदमी ने मुस्कराना चाहा, उसकी आँखों के सामने से सड़कें, घर, अपने शहर। गाँव के लोगों के चेहरे गुज़रने लगे और हज़ार तरह की बातें याद आने लगीं। उसे विश्वास नहीं हो रहा था कि ये सारे वर्ष किस शीघ्रता से गुज़र गए। उसने अपनी प्रिय सड़क पर ख़ुद को मटरग़श्ती करते देखा। सन्ध्या गीत में उसने विशेष महक को महसूस किया।

सच पूछा जाए तो कुछ वर्षों तक उसने महसूस ही नहीं किया था कि वह अपने वतन फ़िलिस्तीन से दूर है। तब वह आँखें बन्द कर लेता और जब चाहता अपने प्यारे वतन में दाख़िल हो जाता था। मगर कुछ वर्षों बाद उसे फ़िदाईन मोर्चों में हिस्सा लेना पड़ा। जब कभी वह देश की सीमा-रेखा के समीप पहुँचता तो उसका पूरा वजूद विरह की आग में सुलग उठता था। उसका मन करता कि वह मौत को गले लगा ले ताकि इसी बहाने से वह अपनी सरज़मीन का स्पर्श कर सकता है। वह अकसर यह वाक्य दोहराता रहता था कि फ़िलिस्तीन से दूर मरना दो बार मरने के बराबर है।

फ़िलिस्तीन से दूर मरने की कल्पना ने उसमें विचित्र-सी शक्ति भर दी। वह तेज़ी से उठकर बैठ गया और जूतों में पैर डालने लगा। उसे लगा उसके हाथ-पैर उसके दिल में छुपी इच्छा को पूरा करने का बल रखते हैं। उसमें आई स्फूर्ति को देख पलंग के चारों तरफ़ खड़े लोग हतप्रभ हो उसकी तरफ़ लपके।

"तुम लोग नहीं समझ सकते हो मैं वहाँ जाकर मरना चाहता हूँ।" अपने को छुड़ाते हुए वह बोला।

"ख़ुदा के लिए तुम सब लोग इन्हें अकेला छोड़ दो," उम्मअलख़ैर ने रोते हुए कहा।

अब्दुल ख़ैर बड़ी मुश्किल से अपने बिस्तर से उठ पाया और लड़खड़ाते हुए आगे बढ़ा। बच्चों ने आगे बढ़कर उसे सहारा देना चाहा मगर उसने मना कर दिया। उसने डगमगाते क़दम से आगे बढ़ दरवाज़ा खोला और लम्बी साँस खींच वह किसी बच्चे की तरह ख़ुशी से चीख़ा, "ख़ुदा की क़सम मैंने नारंगी की ख़ुशबू को महसूस किया है।"

सड़क लम्बी थी। वह चलते-चलते रुका। उसका दिल बहुत ज़ोरों से धड़क रहा था, उसका साँस लेना कठिन हो रहा था, उसकी मांसपेशियाँ शिथिल पड़ रही थीं, उसकी आँखें मुँदने लगीं और वह गिर पड़ा।

"पल बड़े लम्बे हैं," उसने हाँफते हुए कहा।

पत्नी के आँसू रुक गए। उसने अपनी आँखें खोलीं और पत्नी का हाथ हाथों में लेकर धीरे से कहा, "हम मिले थे वहाँ, पहली बार, हम साथ ही वहाँ लौटेंगे।"

उम्मअलख़ैर को लगा कि उसका हाथ गर्म है। फिर एकाएक लगा कि ठंडा पड़ गया है। वह समझ गई कि वह निकल पड़ा है चहलक़दमी के लिए सुदूर रास्तों में से एक रास्ते पर।

साक्षात्कार

नाज़िया हसन

योद्धाओं से बड़ी माँ की भूमिका

नाज़िया हसन पी.एल.ओ. वीमेन डेलिगेशन की हेड के रूप में एक अहम पदवी सँभाले हुई थीं। उनसे मुलाक़ात करते समय अनेक सियासी सवाल भी दिमाग़ में उभर रहे थे। उस सियासत से औरत कितना आहत होती है यह मुद्दा मेरे लिए बाक़ी प्रश्नों से कहीं महत्त्वपूर्ण हो उठा था! नाज़िया के चेहरे पर जो सन्तोष का ठंडापन फैला हुआ था उसको देखकर यह कोई नहीं कह सकता था कि यह औरत पिछले पचास वर्ष से अपने वतन को ख़ाक व ख़ून में लिथड़ा देख रही है। उनके स्वर में उत्तेजना की जगह धैर्य था। आँखों और स्वर में एक गहरा विश्वास था। इस सबके बावजूद कहीं-न-कहीं से एक दुख का साया उनके मुख से होकर बड़ी ख़ामोशी से उनकी हँसी में छुप जाता था।

योद्धाओं से बड़ी माँ की भूमिका

नासिरा शर्मा : पिछली आधी सदी से फ़िलिस्तीनी समाज युद्ध की विभीषिका झेल रहा है, ऐसी स्थिति में औरत का सहयोग और योगदान क्या है?

नाज़िया हसन : औरत के सहयोग के बिना इस संघर्ष का दो क़दम चलना भी मुश्किल था। औरत की क़ुर्बानी से ही मर्द को शक्ति मिलती है। वह बच्चा पैदा करती है और उसको पाल-पोसकर बड़ा इस आशा में नहीं करती है कि वह उसके बुढ़ापे की लाठी बनेगा बल्कि इसलिए करती है कि वह रणक्षेत्र में जाकर शहीद हो और बूढ़ी माँ तब उसकी क़ब्र पर सिर पटक-पटककर रोये। यह दृश्य और व्यथा हमारी रोज़ की ज़िन्दगी में इस तरह शामिल हो गई है कि हमको इसकी आदत-सी पड़ गई है।

नासिरा शर्मा : ऐसी हालत में उन बच्चों की मानसिकता पर क्या प्रभाव पड़ता होगा जो बम के धमाके, पिता-चाचा के जनाज़े और बड़े भाइयों के शव देखते होंगे?

नाज़िया हसन : यहीं तो फ़िलिस्तीनी औरत के धैर्य एवं हिम्मत की दाद देनी पड़ती है कि वह किस संयम और अनुशासन से बच्चों को पालती है कि वे सहज और निरोग बढ़ें और अपने समाज, जीवन-लक्ष्य, विश्व स्तर पर होती राजनीति को समझते हुए अपने विरोध में उठे अन्याय के कोलाहल में अपना योगदान देने से न झिझकें और न ही उसकी भर्त्सना करें। माँ की भूमिका आज फ़िलिस्तीन के लिए लड़ते योद्धाओं से भी अधिक महत्त्वपूर्ण है।

नासिरा शर्मा : इस संग्राम में 'पान अरब' की भूमिका?

नाज़िया हसन : पान अरब अर्थात् अरब देशों की एकता! अरब एकता हर मुद्दे पर एक नहीं हो सकती है। अलग-अलग राष्ट्र की अपनी-अपनी समस्याएँ हैं। कभी वे सब किसी एक मुद्दे पर एक हो जाते हैं कभी नहीं।

नासिरा शर्मा : आपको नहीं लगता कि इससे आपके संघर्ष को धक्का लगा है?

जो युद्ध-विराम या शान्ति सुरक्षा बहुत पहले इस इलाक़े को मिल जानी चाहिए थी वह पाँच दहाई से ज़्यादा खिंच रही है?

नाज़िया हसन : आपका कहना सही है मगर हमने किसी के भरोसे यह जद्दोजहद शुरू नहीं की थी। जो अरब देश हमारा साथ दे रहे हैं उनके प्रति हम कृतज्ञ हैं परन्तु जो नहीं हैं हमारे साथ उनके बारे में कुछ कहना उचित नहीं है। उसके कारण अनेक हैं और वह जगजाहिर हैं।

नासिरा शर्मा : इस युद्ध का सिलसिला जो लगातार चल रहा है उसमें किशोरियों की मन:स्थिति क्या होगी?

नाज़िया हसन : जैसा कि मैं पहले भी बता चुकी हूँ कि सारे भय, ख़ून और मौत के बावजूद औरतों ने ज़िन्दगी की लय को तोड़ा नहीं है। उन्होंने बच्चे पैदा करने बन्द नहीं किए हैं। उसी तरह लड़कियों ने अपनी नाजुक अनुभूतियों को दफ़न नहीं कर दिया है। उनके दिल धड़कते हैं, उनमें प्यार-अनुराग के अंकुर फूटते हैं। वे अपने आसपास के वातावरण से पूरी तरह चौकस रहती हैं। जहाँ पढ़ने की सुविधा है पढ़ती हैं। जहाँ नहीं है वहाँ परिस्थितियों से जूझती हैं। भले ही संसार की अन्य लड़कियों की तरह उनका जीवन समान गतिविधि का न हो तो भी वे सहज एवं सन्तुलित रहती हैं।

नासिरा शर्मा : फ़िलिस्तीन का भविष्य?

नाज़िया हसन : उज्ज्वल है। हमारा संघर्ष हमको हमारे लक्ष्य तक एक दिन ज़रूर पहुँचाएगा। फ़िलिस्तीन में शान्ति होगी और हम नॉर्मल जीवन व्यतीत कर पाएँगे। (हँसी)

नासिरा शर्मा : मेरी शुभकामनाएँ आपके साथ हैं।

[अप्रकाशित, 1983, अन्तर्राष्ट्रीय महिला सम्मेलन]

इज़रायल : राजनीति, समाज एवं साहित्य

इज़रायल के फैलते क़दम फ़िलिस्तीन में

फ़िलिस्तीन और इज़रायल की आपसी मुठभेड़ों, ख़ूनी वारदातों और लाशों के उठते क़ाफ़िलों के बारे में पढ़कर एवं टेलीविज़न पर आँखों द्वारा देखे नज़ारे जहाँ एक ओर थकाने लगे हैं, तो वहीं बमों के धमाके और विलाप सुन-सुनकर मन-मस्तिष्क में दुख की सीमा को पार करता विरोध दूसरी ओर न चाहते हुए भी प्रकट हो जाता है।

"यह सब कब तक चलता रहेगा? कान पक गए हैं—पिछले साठ-सत्तर वर्षों से एक ही पाठ पढ़ते-पढ़ते।"

भारत में बुद्धिजीवियों के अतिरिक्त आम नागरिकों की जिन्हें अन्तरराष्ट्रीय समस्याओं में रुचि है, उन सबकी हमदर्दी फ़िलिस्तीनियों के प्रति है। मगर अरब देशों से हटकर फ़िलिस्तीनी शरणार्थी, जिन देशों में पनाहगुज़ीर हैं, वहाँ पर लोग उनके साथ हुई ऐतिहासिक ज़्यादतियों से प्रभावित न होकर उनके रोज़ के व्यवहार से रुष्ट नज़र आते हैं। कुछ का विचार है कि इनके आने से हमारे यहाँ महँगाई बढ़ी है। चाहे वह मकान का किराया हो या खाने-पीने की चीज़ें। इन्हीं आलोचनाओं के बीच स्थानीय लोगों और फ़िलिस्तीनी शरणार्थियों के बीच प्यार भी हुआ और प्रेम-विवाह भी। इस तरह का विवाह यक़ीनन इज़रायल और फ़िलिस्तीन के जवान लड़के-लड़कियों के बीच भी पनपा होगा। जिसे लिखने की जुर्रत ज़रूर हुई होगी भले ही ऐसी फ़िल्में और कहानियाँ हम तक पहुँच न पाई हों।

200 4 में जब सीरिया गई थी, वहाँ पूछा गया था कि आप कभी इज़रायल गई हैं? यही सवाल दूतावास में भी ज़रूर हुआ होगा। शायद यही कारण है कि अकसर पत्रकार जो अपनी रिपोर्टों के द्वारा एक पक्ष से जाने-अनजाने गहरे जुड़ जाते हैं वे फिर चाहने के बावजूद इज़रायल का रुख़ नहीं कर पाते, मगर कब तक? यह समस्या स्वयं इज़रायली दूतावास ने हल कर दी कि पासपोर्ट पर वह इज़रायल में दाख़िले की मोहर की जगह अलग से पत्र देते हैं। इस तरह यह मामला हल हुआ। इसी के साथ भारतीय सरकार ने अपने बन्द दरवाज़े भी इज़रायल के लिए खोल दिए। यासिर अराफ़ात और श्रीमती गांधी अब इस दुनिया में नहीं हैं। हमारी विदेशी नीतियों में बदलाव भी ज़रूरी है। जब सोवियत संघ ही बिखर गया। तो अमेरिका

के प्रति भारत ने अपना दृष्टिकोण भी लचीला बना लिया। इन सबके बावजूद अभी तक बौद्धिक आदान-प्रदान इज़रायल और भारत के बीच साहित्य में उस तरह नहीं हो पाया जितना दूसरे कार्यक्षेत्रों में बढ़ा है।

इज़रायली या कहें यहूदी जब अपनी वाणिज्य-प्रतिभा के चलते यूरोपियन देशों के दर्दे सर बने तो उन्हें उखाड़ना ज़रूरी समझा गया। अन्तरराष्ट्रीय स्तर पर सियासत की बदलती करवटें आम इनसानों के लिए बहुत भारी पड़ती हैं। हिन्दी साप्ताहिक 'संडे आब्ज़र्वर' (1990) में छपे। अपने एक लेख 'एक नई यहूदी बस्ती' की कुछ पक्तियाँ यहाँ देना चाहूँगी ताकि पाठक मेरी कही बात को वर्तमान परिप्रेक्ष्य में रखकर देख सकें।

"अन्तरराष्ट्रीय स्तर पर हो रहे विरोध के बावजूद इज़रायल के पुनर्वास मंत्री डेविड लेवी ने 14 मार्च को पूर्वी यरुशलम के अरब आबादीवाले इलाक़े में एक नई यहूदी बस्ती बनाने की आधारशिला रख दी। इस अवसर पर डेविड लेवी ने खुले शब्दों में कहा कि सम्पूर्ण यरुशलम पर यहूदियों का अधिकार है। इसलिए यरुशलम के किसी भी कोने में बसने की उन्हें पूरी आज़ादी है।

"नई यहूदी बस्ती बनाने के पीछे इज़रायल सरकार का बाकू से भागे यहूदी शरणार्थियों को पनाह देने का तर्क है। जबकि सोवियत संघ ने फ़रवरी मास में इस बात की निन्दा करते हुए कहा था कि सोवियत-फ़िलिस्तीन सम्बन्धों को ख़राब करने में इज़रायल सरकार का यह एक ख़तरनाक प्रहार है। 13 मार्च को एक बार फिर सोवियत संघ ने अरब फ़िलिस्तीन क्षेत्र में यहूदी बस्ती बसाने की कड़ी आलोचना की है।

"इस नई यहूदी बस्ती में तीन हज़ार घर 1991 तक बन जाने की सम्भावना है। दूसरी योजना में आठ हज़ार घर ठीक फ़िलिस्तीनी गाँवों के सामनेवाली ज़मीन पर बनाए जाएँगे, जहाँ पर सारे संसार से आकर बसनेवाले यहूदियों को सारी सुविधाएँ उपलब्ध कराई जाएँगी। इस योजना पर सीरिया के राष्ट्रपति का कहना है कि इस बहाने इज़रायल फ़िलिस्तीन सीमा को कम करना चाहता है।"

कुछ अन्य लेखों से उठाए गए टुकड़े देखें :

"ट्यूनिस में गुटनिरपेक्ष देशों की सभा में फ़िलिस्तीन के राष्ट्रपति यासिर अराफ़ात ने गुटनिरपेक्ष देशों से अनुरोध किया है कि वे इस 'ग़ैरक़ानूनी हरकत' के विरोध में आवाज़ उठाएँ और संयुक्त राष्ट्र संघ से ठोस क़दम उठाने के लिए कहें। पन्द्रह मार्च को संयुक्त राष्ट्र की बैठक जो अरब देशों के अनुरोध पर नई यहूदी बस्ती समस्या पर रखी गई थी, यह अनिश्चित काल के लिए स्थगित कर दी गई है। जिसके बारे में संयुक्त राष्ट्र संघ में कुवैत के स्थायी प्रतिनिधि का कहना है कि संघ के पाँच स्थायी सदस्य इस गम्भीर समस्या पर गूढ़ता से विचार-विमर्श कर रहे हैं। इसी बीच अलजीरिया के राष्ट्रपति ने अरब देशों का शिखर सम्मेलन बुलाने

का सुझाव रखा है जहाँ सारे अरब राष्ट्र अन्तरराष्ट्रीय स्तर पर बदलते राजनीतिक परिप्रेक्ष्य को समझने के साथ फ़िलिस्तीन के भविष्य का निर्णय ले सकते हैं।

"फ़िलिस्तीन के राष्ट्रपति ने संयुक्त राष्ट्र संघ से लिखित अनुरोध किया है कि फ़िलिस्तीन समस्या धीरे-धीरे करके एक न सुलझानेवाली गुत्थी की तरफ़ बढ़ रही है। जबकि इस समस्या का हल होना मध्य पूर्वी देशों एवं उसके आसपास के इलाक़े में शान्ति एवं सुरक्षा की स्थापना के लिए अत्यन्त आवश्यक है।

"कुछ समय पहले अमेरिका के स्टेट सेक्रेटरी जेम्स बेकर के कहने पर इज़रायल प्रधानमंत्री शमीर ने उसूली तौर पर शान्तिवार्ता में फ़िलिस्तीनियों के शामिल करने की बात मान ली थी मगर अपने ही उप-प्रधानमंत्री शीमोन, जो लेबर पार्टी के नेता हैं, ने उनकी इस बात पर आलोचना की कि वे उन लोगों का पक्ष ले रहे हैं जो फ़िलिस्तीन समस्या के समाधान के समर्थक हैं। यह मतभेद पिछले दिनों इतना बढ़ा कि पन्द्रह महीने पुरानी मिली-जुली इज़रायल सरकार उस समय गिर गई जब प्रधानमंत्री ने उप प्रधानमंत्री शीमोन पेरेस को पदच्युत कर दिया और इसी के साथ लेबर पार्टी के अन्य मंत्रियों ने भी अपने त्याग-पत्र दे दिए। प्रधानमंत्री शमीर की लिकुड पार्टी का कहना था कि पूर्वी यरुशलम से फ़िलिस्तीनियों को शान्तिवार्त्ता में शामिल करना यानी यरुशलम से अपने अधिकार को कम करने के साथ ही इज़रायल राजधानी यरुशलम के महत्त्व को भी घटाना है।

"लेबर पार्टी के नेता शीमोन पेरेस का कहना है कि वह अब विरोधी कम्युनिस्ट एवं धार्मिक पार्टी को साथ लेने में नहीं झिझकेंगे, जबकि प्रधानमंत्री शमीर का कहना है कि मैं न अपनी और न दूसरी पार्टी के किसी मंत्री के दबाव में आनेवाला हूँ। बहरहाल प्रधानमंत्री शमीर को त्यागपत्र देना पड़ेगा और ऐसा अनुमान लगाया जा रहा है कि जब 3,600 सदस्यों की लिकुड पार्टी अपना नया प्रधानमंत्री चुनेगी तो उस समय चुनाव में खड़े होनेवाले सदस्यों में विदेश मंत्री एवं पुनर्वास मंत्री डेविल लेवी का नाम अवश्य होगा।

"मध्यपूर्वी देशों में इराक़ फ़िलिस्तीन का सबसे बड़ा समर्थक है जहाँ पर पिछले सप्ताह ब्रिटेन के अख़बार 'आब्ज़र्वर' से सम्बन्धित एक पत्रकार को जासूसी करने के सिलसिले में मृत्युदंड दिया गया है। जिसने इस बात को क़ुबूल किया है कि वह इज़रायल के लिए जासूसी कर रहा था। ब्रिटेन की प्रधानमंत्री माग्रेट थैचर ने इराक़ के इस व्यवहार को जंगलीपन की संज्ञा दी है। हक़ीक़त जो भी हो मगर यह तय है कि ग्रेटब्रिटेन के सम्बन्ध ईरान-इराक़ दोनों से ही बिगड़ चुके हैं और शत्रुता का एक नया अध्याय आरम्भ हो गया है जो फ़िलिस्तीन समस्या के समाधान में नई रुकावटें भी ज़रूर लाएगा।

"इस बीच पी.एल.ओ. ने राष्ट्रपति बुश से अनुरोध किया है कि वह फ़िलिस्तीन की शान्ति सुरक्षा के लिए कोई क़दम उठाएँ। मगर हक़ीक़त यह है कि पिछले

चालीस वर्ष से इज़रायल ने अरब देशों एवं उनके समर्थकों द्वारा डाले गए दबाव की परवाह इस सिलसिले से नहीं की है।

जब सियासत ने नया मोड़ लिया तो फ़िलिस्तीन के कुछ क़ब्ज़ेवाले हिस्से इज़रायल को फ़िलिस्तीन को लौटाने पड़े। उस इलाक़े में बसते हुए वर्षों पहले यहूदियों ने नाक-भौं चढ़ाई थी फिर बन्दूक़ से डर वे वहाँ रचने-बसने लगे। उन बस्तियों में जब मोहल्ले अपनी सारी सहूलियतों के साथ बस गए और कई पीढ़ियों ने जन्म ले उस इलाक़े को अपना वतन समझा, तब उनकी इच्छा के विरुद्ध उनके जवान माँ-बाप और उन माँ-बाप के बूढ़े माँ-बाप को इज़रायली फ़ौजों ने खदेड़ा। ये यहूदी थे, फ़िलिस्तीनी नहीं थे फिर भी उनकी व्यथा एक-सी थी। अपनी जगह से उजड़ने की पीड़ा। यहूदियों ने इस तरह की पीड़ा हिटलर के दौर में भी सही थी। उस दौर का साहित्य, इतिहास और फ़िल्में देख पाठकों के रोंगटे ही नहीं खड़े होते हैं बल्कि पत्थर दिल भी पिघल उठते हैं। 'दी पियानिस्ट' फ़िल्म ने तो मुझसे 'ज़ीरो रोड' नामक पूरा उपन्यास लिखवा डाला।

ख़ुद इज़रायल के कुछ नेता और जागरूक बुद्धिजीवी अपनी सरकार की नीतियों से ख़ुश नहीं हैं। यह रस्साक़शी ख़ुद इज़रायल के अन्दर और बाहर अन्य देशों में बुरी तरह पिछले कई वर्षों से चली आ रही है। वक़्त के साथ नये चुने नेता भी इस समस्या को कभी जटिल बनाने और कभी सरलतापूर्वक हल करने की कोशिश करते रहे हैं मगर हासिल 'पूर्ण शान्ति' के रूप में कहीं नहीं हुआ है। राकेट से हमले बदस्तूर चलते हैं। नाकाबन्दी होती रहती है और आज यह हाल है कि फ़िलिस्तीन के अस्पताल दवा और बाज़ार खाद्य पदार्थों से अकसर ख़ाली होते हैं। बुश ने अपने दस वर्ष के कार्यकाल में समस्या को कितना सुलझाया? उनके पिता का क्या योगदान रहा है, ज़रा 1990 में 'संडे आब्ज़र्वर' में छपे मेरे लेख के टुकड़े देखें।

"क़ाहिरा में पिछले दिनों इज़रायल के सुरक्षा और मिस्र के विदेशमंत्री के बीच हुई बातचीत से अमेरिका के विदेशमंत्री बेकर ख़ुश नहीं हैं। उनका कहना है कि फ़िलिस्तीन की समस्या के समाधान का रास्ता लम्बा ज़रूर है, मगर उसको हल के क़ाबिल न समझकर छोड़ा नहीं जा सकता है। जो बात इस मुलाक़ात में तय होनी थी वह थी, फ़िलिस्तीन प्रतिनिधिमंडल की शिरकत और दूसरा कार्य करने की शुरुआत की आज्ञा, मगर लेबर पार्टी के नेता पेरेस ने यह कहकर बात समाप्त कर दी कि इस मुद्दे पर हम पहले एक फ़ैसला ले चुके हैं।

"इज़रायल के प्रधानमंत्री शमीर ने साइंस मंत्री इसार बीजमैन पर यह आरोप लगाया कि उनके सम्बन्ध गुप्त एवं ग़ैरक़ानूनी रूप से पी.एल.ओ. से हैं। लेबर पार्टी के नेता पेरेस ने शमीर की आलोचना करते हुए कहा है कि वह शीघ्र ही संसद में इसार को वापस ले और साथ ही उन्होंने इस बात पर ज़ोर दिया है कि प्रधानमंत्री पी.एल.ओ. से किसी भी तरह के वार्तालाप पर प्रतिबंध लगाएँ वरना सुरक्षामंत्री

राबिन की भविष्य में पी.एल.ओ. से होनेवाली बातचीत किस खाते में डाली जाएगी? इज़रायली नेताओं के आपसी झगड़े इस बात पर भी हैं कि जो पी.एल.ओ. के नेता या अनुयायी निर्वासित जीवन व्यतीत कर रहे हैं वे इस वार्तालाप बैठक में शामिल हो सकते हैं या नहीं? बहरहाल दूसरी तरफ़ इज़रायल सेना ग़ाज़ा पट्टी, वेस्ट बैंक के बहुसंख्यक अरब आबादीवाले इलाक़ों में क्या सितम फ़िलिस्तीनियों पर तोड़ रही है। पहली जनवरी को इज़रायल सेना ने 'अल फ़तह' दिन के अवसर पर ग़ाज़ा पट्टी पर अनिश्चित समय का क़र्फ़्यू लगा दिया ताकि यासिर अराफ़ात द्वारा इज़रायल विरोध आन्दोलन की पच्चीसवीं सालगिरह न मनाई जा सके। इस तरह से 6,00,000 अरब फ़िलिस्तीनी अपने घरों में क़ैद होकर रह गए। यासिर अराफ़ात के अल फ़तह आन्दोलन का उत्सव न मनाया जाए इसके लिए अधिक फ़ौजें बुलाई गईं जो ग़ाज़ा और वेस्ट बैंक के गली-कूचों में भर गईं। इसके बावजूद कुछ उत्साहित क्रान्तिकारी बाहर निकल आए और 50 के लगभग फ़िलिस्तीनी देखते-देखते भून डाले गए। उस दिन यासिर अराफ़ात बग़दाद में एक कॉन्फ्रेंस में अल फ़तह दिन को वर्ष का आरम्भ बताते हुए फ़िलिस्तीनियों से पहले से अधिक संगठित होने का सन्देश देते हुए बोले कि हमारी विजय क़रीब है।

जनवरी के दूसरे सप्ताह के अन्त में फ़िलिस्तीन स्वतंत्रता-संघर्ष 'इन्तेफ़ादा' के समर्थक फ़ैसल अल हुसैनी की गिरफ़्तारी पर राष्ट्रपति बुश ने इज़रायल सेना की निन्दा की है। पचास वर्ष के फ़ैसल अल हुसैनी पर आरोप है कि वह उन इज़रायलों के समर्थक हैं, जो फ़िलिस्तीन समस्या का समर्थन करते हैं। अल हुसैनी की तीन नस्लें फ़िलिस्तीन मुक्ति संघर्ष में रत हैं। उन पर बिना मुक़दमा चलाए और जुर्म साबित हुए उन्हें २ वर्ष के कारावास की सज़ा दे दी गई है। बुश का कहना है कि इस तरह से अल हुसैनी फ़िलिस्तीन संघर्ष के सम्बल बन जाएँगे।

जनवरी के मध्य में अमेरिका में रहनेवाले फ़िलिस्तीनियों ने राष्ट्रपति भवन व्हाइट हाउस के सामने इज़रायल एवं फ़िलिस्तीन सीमा-रेखा को साफ़ दर्शाने पर प्रदर्शन करते हुए फ़िलिस्तीन एक देश है, की अपनी माँग दोहराई।

जनवरी के तीसरे सप्ताह में सोवियत संघ ने अपने देश में स्थित फ़िलिस्तीनी प्रतिनिधि दफ़्तर को दूतावास एवं प्रतिनिधि का राजदूत मानने की घोषणा कर दी। इन सारी बातों के बावजूद हक़ीक़त यह है कि बुनियादी तौर पर फ़िलिस्तीनी अरब सुरक्षित नहीं है। मानवाधिकार संस्था 'एमनेस्टी इंटरनेशनल', लंदन की एक रिपोर्ट के अनुसार अरब क़ब्ज़ावाले इलाक़े में सेना द्वारा 560 फ़िलिस्तीनी मारे गए हैं। गोली चलने से चपेट में आनेवाले 70 व्यक्ति हैं और 65 वे सियासी क़ैदी हैं जो मार की ताब न लाकर दम तोड़ गए हैं। यह केवल जनवरी माह की रिपोर्ट है, जिसके बारे में इज़रायल विदेश मंत्रालय ने यह कहकर मानव अधिकार के पत्र का उत्तर दिया है कि यह केवल आरोप है।

जनवरी के अन्तिम दिनों में यरुशलम शहर में रहनेवाले २5 फ़िलिस्तीनियों ने वहाँ स्थित पश्चिमी कूटनीतियों में लिखित विनती की है कि बाकू से भागे हुए यहूदियों को अरब आबादीवाले इलाक़े में न बसाया जाए। इज़रायल प्रधानमंत्री शमीर ने बाकू से भागकर जानेवाले यहूदियों के स्वागत में देश का दरवाज़ा खोलकर कहा है कि वे जहाँ चाहे अपनी मर्ज़ी से बस सकते हैं। अभी तक बाकू से भागकर आनेवाले यहूदियों की संख्या 400 के लगभग बताई जा रही है।

अमेरिका ने इज़रायल के इस क़दम की निंदा करते हुए कहा है कि इस तरह से मध्यपूर्वी देश में स्थापित की जानेवाली शान्ति एवं सुरक्षा की इच्छा को गहरी ठेस लगेगी।

सोवियत संघ ने इज़रायल प्रधानमंत्री के वक्तव्य की आलोचना करते हुए कहा है कि यदि वह सोवियत से भागे यहूदियों को अरब आबादीवाले क्षेत्र में बसाने की कोशिश करेगा तो यह समझ लेना चाहिए कि इज़रायल सोवियत-फ़िलिस्तीन सम्बन्ध को बिगाड़ना चाह रहा है। साथ ही वह फ़िलिस्तीन राज्य की स्थापना की कोशिश में भारी रुकावट डालेगा। प्रधानमंत्री शमीर के इस क़दम को एक 'ख़तरनाक प्रहार' का नाम सोवियत संघ ने दिया है।

पुराने लेखों के इन टुकड़ों से वर्तमान में होती घटनाओं को लेकर पाठकों को एक परिदृश्य मिलेगा जिससे वे अन्य राष्ट्रों की भूमिका और नीतियों को समझेंगे। ऐसी स्थिति में जीते हुए सृजनात्मक वर्ग का क्या हाल होता होगा? उनकी कृतियों से कौन-सी व्यथा निकलकर आती होगी? ख़ासकर तब जब इज़रायल अतिवादी हमलावर अमेरिका का पिट्ठू तो कहलाता है, साथ ही स्वयं पुराने यहूदी जो विदेश में हैं उनका विचार है कि मौजूदा इज़रायली नीतियों से उनका दूर का रिश्ता भी नहीं है।

इज़रायली बारूदी ज़मीन पर कहानियों की खेती

यहूदी कौम ख़ासी पढ़ी-लिखी और ख़ूबसूरत है। हज़रत इब्राहीम की महिमा से किसी को इनकार कैसे हो सकता है। इतिहास जितना भी साझी हो मगर वर्तमान उतना ही उलझा और दुखदायी है। तभी ईरान के राष्ट्रपति अहमदियान बड़े पुरज़ोर तरीक़े से इस बात से इनकार करते हैं कि यहूदियों पर कभी ज़ुल्म भी तोड़े गए थे। मौजूदा परिस्थितियों से इनसान इतना संकीर्ण हो उठता है कि ऐतिहासिक परिप्रेक्ष्य में स्थितियों को देखने का समय नहीं निकाल पाता है। चीज़ें उलझती चली जाती हैं। मुझे याद है 1996 के आस-पास जब एक इज़रायली कवि घर आए थे जिनका नाम ज़हन में नहीं रह गया मगर उनकी सुनाई वटवृक्ष की कुछ पक्तियाँ धुँधली-सी ज़हन में मौजूद हैं। तब उन्हें देखकर हैरत के साथ झिझक महसूस हुई थी। दरअसल वह राम से मिलने आए थे जो ज्योपालिटिक्स विषय के प्रोफ़ेसर थे। उनसे कुछ इस कवि के सवाल थे। जाते-जाते वह इज़रायल आने की दावत दे गए थे। दूसरी मुलाक़ात इज़रायली प्रेस कौंसलर से हुई थी जो ठीक हिन्दुस्तानी औरत की तरह कमर पर अपना बेटा लिये मेहमानों से बड़ी सहजता से बातें कर रही थीं। काले घुँघराले बाल, प्यारा-सा मासूम चेहरा। फिर अरसे बाद इज़रायली लेखिका नूरित ज़ारकी से मुलाक़ात हुई। इंटरव्यू भी लिया और फिर उन्हीं दिनों राजू शर्मा द्वारा इज़रायली महिला कथाकारों की श्रेष्ठ कहानियाँ स्टार पब्लिकेशन द्वारा छपी पढ़ने को मिलीं। कहानियाँ अंग्रेज़ी से हिन्दी में अनुवाद हुई थीं या हिब्रो से। अनुवाद किसने किया अनुवादक का नाम राजू शर्मा ने नहीं दिया, परन्तु अनुवाद पढ़ते हुए कहानियों का जो रस था वह कहीं अवरुद्ध नहीं हुआ। मैंने नूरित ज़ारकी की एक कहानी 'बेकार ही उसे पाया' अंग्रेज़ी से हिन्दी में बहुत पहले अनुवाद की थी। राजू शर्मा ने उनकी कहानी और वह जोज़फ़ है का अनुवाद किया है जिसके बारे में वह इंटरव्यू में थोड़ा-बहुत बोली थीं। नूरित ज़ारकी से वर्षों पहले लेखन में आनेवाली नोगा ट्रेविस हैं जो यरुशलम में पैदा हुईं और अंग्रेज़ी साहित्य और रंगमंच के अध्ययन में लग गईं। हिब्रो विश्वविद्यालय में रचनात्मक लेखन के अध्यापन में संलग्न रहीं। उन्होंने वरमोंट में टेक्स्स विश्वविद्यालय से भी डिग्री ली थी। इसी के साथ कहानियाँ और उपन्यास लिखे। उनकी कहानी 'नकारों का उपवास' के चन्द उदाहरण प्रस्तुत हैं—

"अन्तिम रात के आख़िरी पहर वह साथ गुज़ार रहे थे। वह चाहती थी उसे अपने बारे में कुछ ख़ास बताना। इस ख़याल से उसने ज़बान खोली, 'मालूम है मेरी दादी हर साल छह दिन और छह रात को रोज़ा रखती है। जो उसने वर्तमान में किया है उसका प्रायश्चित्त हो सके।' इतना कह वह हँस पड़ी और अपनी हँसी पर शर्मिन्दा भी हुई।"

"उनका भी बाक़ी कबलियों की तरह विश्वास था कि इस धरती पर उनका कर्तव्य उन चीज़ों का पुनर्निर्माण करना है जो ख़त्म हो चुकी हैं। यहाँ कहना मुनासिब होगा कि कबली दुनिया बदलने या उसके तरीक़े बदलने पर यक़ीन नहीं रखते, मगर किसी-न-किसी को बीज के नष्ट हो जाने की क़ीमत चुकानी पड़ेगी। बीज जो समुद्र के किनारे की रेत के समान या स्वर्ग के सितारों की तरह अनगिनत हैं। वे बीज जो धर्मात्माओं के और अनजाने के भ्रष्ट आचरण में या आनंद के लिए, अय्याशी के चक्कर में बंजर जगहों में गिरकर नष्ट हो जाते हैं।"

यह कहानी यहूदी सोच के गहरे बैठे विश्वास की तरफ़ इशारा करती है। जहाँ रोचक है वहीं अपने समाज की गहरी सोच की पर्तों को खोलती है और जो हो रहा है उसकी परछाया का आतंक भी दर्शाती है। यह कहानी अपनी शैली, भाषा, अभिव्यक्ति में जहाँ उत्कृष्ट है वहीं पर इस बहस से कोसों दूर कि यह लेखक के द्वारा या फिर लेखिका द्वारा लिखी है। यह रचना है और अपनी कला की कसौटी पर पूरी उतरती है। इसी तरह की अन्य कहानी जो अपने विषय में बिलकुल अलग है मगर इज़रायल के सामाजिक गलियारों की ख़बर देती हुई। एक साथ अवसाद, दुख, घृणा और भागती ज़िन्दगी की सौदेबाज़ी की तरह गहरी मानसिक उत्तेजना के साथ उत्सुकता भरती है। यह कहानी व्हाइट यानी सफ़ेद के नाम से 'लेहएनी' द्वारा लिखी गई है, जिसमें एक औरत अपने गोद लिये बच्चे की रस्म के लिए कपड़ा सिलवाने जाती है। बच्चा कमज़ोर है, औरत के पास पैसा नहीं है। वह वेश्या है और सूट, कपड़े व सिलाई की आधी पेशगी रक़म वह दर्जी को अपने शरीर द्वारा चुकता करती है। पूरी कहानी पढ़कर आदमी जहाँ बेबाक़ी से कहे सच की नैतिकता से अचम्भित होता है, वहीं रोज़ इनसानों के बीच घटती घटनाओं की सच्चाई से हिल जाता है।

कपड़े के गोदाम में वह सदा की तरह बक्से पर बैठा था। उसने अपनी पतलून उतार रखी थी। उसके हाथ आगे-पीछे हो रहे थे। आँखें मुँद-सी रही थीं। तभी दरवाज़े पर दस्तक होती है। उसकी लज़्ज़त भरी सिसकारियों का सिलसिला थम जाता है।

"इतनी देर क्यों की तुमने? लाइट जली है और तुम लापता हो? ऐसे क्या देख रहे हो मुझे?" उस औरत ने कहा।

...

"मैं मैं नहीं कर सकता इस बच्चे के रहते हुए।"

"यह सब उसी के लिए है" वह भदद्देपन से फुसफुसाई, "जानती हूँ तुम्हें ज़रूरत है।"

...

"सुनो, सुनो।" वह चीख़ा।

"अरे हाँ, तुम तो वह दर्जी हो।" फिर ठहरकर बोली, "देखो वह लड़का मर गया। वैसे भी वह मेरा नहीं था। मैं पाल रही थी। तुम भी भूल जाओ वैसे भी सौदा तुम्हारे मुनाफ़े का रहा," वह हँसी, "तुम सूट बेच सकते हो।"

माप का फ़ीता अब भी उसके गले में लटक रहा था जैसे किसी ने गुनाह के बाद कमज़ोर हाथों से वह फ़ीता गर्दन पर कसा और कसता गया। अपनी चीख़ से चौंका और अपने सफ़ेद हाथों से मुँह ढाँप लिया।

यह कहानी कुछ नुक़्तों को छूती है। वह बहुत-सी पर्तदार संवेदनाओं को खोलती है। साथ ही, किसी भी विमर्श से आगे निकल इनसान की परिस्थितियों और व्यथा का सियापा कुछ इस अन्दाज़ से करती है कि पाठक समझ नहीं पाता है कि वह किसे शोषित समझे, किसे अत्याचारी? इस कहानी की लेखिका लेहएनी 196२ में तेल अवीब में जन्मीं। पहले कविता में मन रमा। कविता के दो संग्रह भी छपे। पत्रकारिता कुछ समय तक की फिर तेल अवीब के पास बाक़ी समय लेखन को समर्पित किया। इन्हीं की तरह दूसरी लेखिका 'सेव्यों लीब्रेख़्त' है, जो 1948 में जर्मनी में पैदा हुई। ठीक उस वर्ष जब इज़रायल-फ़िलिस्तीन समस्या आरम्भ होती है। माँ और पिता 'होलोकॉस्ट' में शरणार्थी थे। तेल अवीब विद्यालय से दर्शनशास्त्र में और भाषा-साहित्य में डिग्री ली। कहानियों के तीन संकलन छप चुके हैं। उनकी कहानी 'मुंडन' उनकी आपबीती की तरह लगती है, मगर अपने समय का गहरा घाव जो आज भी यादों के स्तर पर भरा नहीं है। वह किसी एक का सच नहीं है। इस पूरी कहानी को पढ़कर महसूस होता है कि तारीख़ अपने को बार-बार क्यों दोहराने बैठ जाती है।

"पापा देखो! दादी माँ ने क्या किया?"

लेन्या कुर्सी से उठी और अपने को किसी बच्चे की तरह सम्बोधित करते हुए बोली, "ज्वीका मेरे साथ चलो, मैं तुम्हें कुछ दिखाना चाहती हूँ।"

"माँ तुम्हें क्या हो गया है? इस बार तो तुमने हद कर दी?"

"देखो, क्या लिखा है यहाँ?" माँ उसे खींचकर ले गई और पर्चा उसे थमाते हुए बोली, "ज्वीका इसके सर में जूँ है।"

"मुझे मालूम है।"

"मालूम है क्या मतलब? लोग बातें बनाएँगे। जो लोग मुझे जानते हैं जब मैं यहाँ नहीं थी?" दादी की तेज़ आवाज़ सुन पोती बाप की टाँगों से लिपट रो पड़ती है।

"देखो क्या हाल बना दिया? इसकी सुनहरी लटें जो स्कूल भर में सबसे प्यारी थीं, जिन पर तुम्हें भी नाज़ था माँ?"

"मैंने कहा था। इसको मत बुलाओ। तुम्हारी माँ पागल है। जो गुज़र गया बहुत पहले वह उसी में डूबी रहती है।" आज लड़की का बर्थडे था और ज्वीका की पत्नी मिरी आपे से बाहर थी। "इसे पागलख़ाने ले जाओ। आज की पार्टी रद्द करनी पड़ेगी।" मिरी फफक पड़ी। चीख़-पुकार शुरू हो गई।

"यह बच्ची जानती है कि जब कैम्प में लोग मरते थे तो जुएँ क्या करती थीं। क्या चार साल की लड़की को यह सुनाना चाहिए था। मैं चाहती हूँ कि मेरी बच्ची सिंड्रैला की कहानी सुने, आंशविट्स के बारे में नहीं।"

यह कहानी तीन पीढ़ियों की मानसिक यातना की कहानी है केवल, मगर हमें बेचैन करती है कि इस बीच जाने कितनी पीढ़ियाँ विरासत में मिली इस पीड़ा से मुक्त हो पाई होंगी?

देवारी बैरन (1887) में जन्मीं। 1911 में इज़रायल पहुँचीं। पहले युद्ध के दौरान मिस्र में थीं। 1956 में तेल अवीब में उनका देहान्त हुआ। उनकी कहानियों में सियासत से उपजी पीड़ा का गहन बयान रहता है, जो पढ़नेवालों को प्रभावित करता है। अन्य लेखिकाएँ ओरली कास्टेल-ब्लूम (1960) रुथ आलमोगा (1936) अमालिया कहाना कारूमून और शुलेमिथ हरेविन आदि की कहानियों में उनका अनुभव-संसार अलग रंग में खुलता है जिसमें दुखों और अधिकारों की कोई ख़ानाबन्दी नहीं है। इज़रायली ख़बरें जितना दुख और घृणा भरती हैं उसके मुक़ाबिल इज़रायली साहित्य पढ़कर जहाँ सुखद आश्चर्य होता है वहीं पर साहित्य की कसौटी पर कसी नई कहानियों की छटा देख गहरे संतोष का भाव उभरता है कि रचनाकारों ने अपनी कृतियों में हिसाब नहीं चुकाया है, बल्कि जीवन की मूल लय और मर्म को पकड़ने की अथाह कोशिश की है।

शेली ओरिया लॉस एन्जेल्स में पैदा हुईं लेकिन उनकी सहानुभूति हमेशा इज़रायल की प्रति रही। वह ख़ुद को इज़रायली इंगलिश राइटर कहती हैं। उनका चर्चित कहानी-संग्रह 'न्यूयॉर्क, तेल अवीब' नाम से है जिसमें 18 कहानियाँ हैं। उनमें प्रेम है और ज़िन्दगी को बहुत सी पेचीदगी है, जो एक लम्बी लड़ाई के बयान से दूर नई और कोरी अनुभूतियों को लेकर लिखी गई है।

डोरिट राबिनयान ईरानी ज्यूरा लेखिका हैं, 'ऑल द रिवर्स' उनके उपन्यास का नाम है जिसको जेसिका कोहेन ने अंग्रेज़ी में अनुवाद किया है। उसमें कहानी कुछ इस तरह से है। जाड़े का मौसम है और न्यूयॉर्क शहर है जहाँ इज़रायली लड़की और फ़िलिस्तीनी लड़के के बीच प्यार हो जाता है। पुस्तक छपने के एक वर्ष बाद इज़रायली शिक्षामंत्री ने उपन्यास पर बैन लगा दिया और उसे हाईस्कूल पाठ्यक्रम की सूची से हटा दिया गया। इसके बाद राबिनयान चर्चा में आ गईं। 'न्यूयॉर्क टाइम्स'

में उन्होंने लिखा, "मेरा यह उपन्यास ज्यूश से संवाद करना चाहता है जिन्हें अपनी पहचान अरबों के बीच गुम हो जाने का भय सताता रहता है।" फिर उन्होंने बैन लगने पर एतराज़ करते हुए लिखा कि "इसको एक बाग़ी की पुस्तक समझकर न पढ़ें बल्कि एक-एक ऐसे रिश्ते के बारे में पढ़ें जो आपके दिलों में प्यार, इनसान के लिए मरता है।" उनका यह उपन्यास उस समय और महत्त्वपूर्ण हो जाता है जब पाठकों को पता चलता है कि यह लेखक, राबिनयान की अपनी ज़िन्दगी है।

फ़िलिस्तीनी चित्रकार हसन हूरानी से उनका प्रेम सम्बन्ध बना सारी दुश्मनी और सियासत के बीच।

शानी बोआनजिउ का अंग्रेज़ी में लिखा उपन्यास 'The people of forever are not afraid' में उन्होंने तीन इज़रायली औरतों के बारे में लिखा है जो इज़रायली डिफेंस फौज में हैं। जिनको औरत होने के कारण किस तरह मुश्किलें पेश आती हैं। शानी 'न्यूयॉर्क टाइम्स' में अपने उपन्यास की रचना-प्रक्रिया के बारे में बताते हुए लिखती है कि अंग्रेज़ी में उपन्यास लिखते हुए मैं बहुत सावधान थी। एक-एक शब्द सँभालकर लिखती थी।

कहानी

नूरित ज़ारची

बेकार ही उसे पाया

नूरिट ज़ारची 1941 में यरूशलम में पैदा हुईं। वे कवयित्री भी हैं और बच्चों के लिए उनका लेखन बहुत महत्त्वपूर्ण है। बच्चों के लेखन के लिए उन्हें इज़रायल का हर सम्मानित पुरस्कार मिल चुका है जिसमें महत्त्वपूर्ण 'जी इव' पुरस्कार भी शामिल है! बच्चों के लिए चालीस से अधिक पुस्तकें पद्य-गद्य में छप चुकी हैं। कुछ पुस्तकों का हिब्रू भाषा से अंग्रेज़ी में अनुवाद भी हुआ है। प्रयोगधर्मी नूरिट महिला अधिकारों की पक्षधर हैं।

बेकार ही उसे पाया

होता यही आया है कि लोग ख़रीदारी के लिए दाम अदा करते हैं, लेकिन जो आदमी सामने खड़ा बीयर की बोतलों को टकटकी बाँधकर देख रहा था, उसके पास अदा करने के लिए फूटी कौड़ी भी न थी। इस बात का अन्दाज़ा उसके फटे जूतों, गन्दे कपड़ों और चेहरे पर उभरे भाव से बख़ूबी लगाया जा सकता था कि यह या तो पागल है या नशे में है।

"मैं उसे चन्द बोतलें दे चुकी हूँ, ऐसे शख़्स को लेकर बेकार की बहस में मुझे नहीं पड़ना है।" आंटी हैसी ने उस शाम अंकल बेन से कहा।

"हम्म!" अंकल बेन ने बात टालने के लिए सिर्फ़ इतना कहा। दरअसल ख़बर सुनते हुए उन्हें किसी तरह की बाधा पसन्द नहीं है।

"आदमी ने कहा था कि वह आएगा और दाम अदा कर देगा।" आंटी हैसी बोली, "क्यों नहीं", अंकल बेन बोले, "मैं तुम्हारी जगह होता तो क्षण-भर के लिए भी चिन्तित न होता।"

"मैं उस पर भरोसा नहीं कर रही हूँ। यह ज़रूरी भी नहीं है कि हर बार क़ीमत अदा हो।" आंटी हैसी ने कहा।

मैगी उनकी इस बात से सहमत थी।

उन्होंने उसके बदले में क्या पाया था?

मैगी हक़ीक़त में इन दोनों की बेटी नहीं थी। मैगी उस बाप की औलाद थी जो उसकी पैदाइश से पहले विदेश भाग गया था। उसकी माँ उसे ढूँढ़ने उसके पीछे गई तो पलटकर आज तक नहीं आई। आंटी हैसी का ख़याल था कि उसकी छोटी बहन बड़ी लापरवाह निकली। कोई और चारा न देखकर उन्होंने मैगी को सहारा दिया।

स्कूल की दीवार पर लगे पोस्टर की कविता की पंक्तियाँ—

बारिश की टपकती बूँदें चट्टान पर गिरें या फुटपाथ पर
किसी भी हाल में अंकुर नहीं फोड़ सकती हैं।

खाना खाते हुए मैगी इस पोस्टर को लगातार ताकती, मगर इस कविता का अर्थ उसे पूरी तरह समझ में नहीं आता था।

लेकिन बोतलवाला आदमी दूसरे दिन दोपहर में अचानक आ गया। जब अंकल बेन फ़ैक्टरी गए थे। आंटी हैसी भी उनके साथ थीं। वे दोनों वहाँ एकाउंट विभाग में काम करते थे। उसने दरवाज़ा खटखटाया। उसे देखकर मैगी डरती इससे पहले ही उसने अपने कोट की बड़ी-बड़ी जेबों से दो कलहंस के चूज़े उसकी तरफ़ बढ़ा तो दिए थे, मगर वे कलहंस ज़रा भी प्यारे नहीं लग रहे थे। उनके गंजे बदन पर परों का फुटाव नज़र आ रहा था। उनके चेहरे के बीच में उनकी चोंच कुछ ज़्यादा ही लम्बी लग रही थी।

"तुमने सोचा नहीं होगा कि मैं लौटकर आऊँगा।"

मैगी ने उसके मुँह पर दरवाज़ा बन्द किया और चाबी घुमाई।

"तुम्हें इन्हें नहीं लेना चाहिए था।"

मैगी अपने पैर फैलाए आरामकुर्सी पर बैठी थी और वे दोनों कुर्सी के हत्थों पर बैठे डगमगाते से चीख़ रहे थे।

"मुझे इस तरह के जीव बिलकुल पसन्द नहीं हैं, देखो इन्होंने घर का क्या हाल बना रखा है?"

मैगी की आँखों के सामने उभरे दृश्य ने सबकुछ कह दिया। उसने आंटी-अंकल के आने से पहले घर इस तरह साफ़ किया कि उन दोनों को ज़रा भी सन्देह न हो।

"इन्हें मैंने नहीं लिया है। उस आदमी ने ख़ुद दिया है।"

"तुम्हें ऐसी चीज़ों को स्वीकार नहीं करना चाहिए जो तुम्हें कोई यूँ ही दे दे।"

"ठीक! चाहे वह बच्चा ही क्यों न हो।"

"जाओ उसे जाकर ढूँढ़ो और उसे वापस करके आओ।"

बाहर अहाते में बियर की गन्ध फैली हुई थी। अगर गिरी हुई पत्तियों को उठाकर कोई मसले तो उसमें भी बीयर की गन्ध फूटेगी। यह गन्ध सड़क पार कर दूर पहुँच समन्दर के नमकीन पानी में मिल जाती है।

"क्या कर रही हो लड़की, रास्ते पर इस तरह इन कलहंसों के साथ दौड़ रही हो, ध्यान दो छोटी। अभी इनमें से कोई एक मेरे पैरों के नीचे आ लगभग कुचलनेवाला था।"

"मैं कुछ नहीं...यह भी नहीं।" मैगी ने कलहंसों को हँकाया।

"चलो, घर आओ सुना तुमने घर।"

कलहंसों ने मैगी को इस तरह देखा जैसे वे उसकी भाषा समझ नहीं रहे हों, यहाँ इनका घर कहाँ है? बेहतर है मैं उस आदमी को ढूँढ़ूँ ताकि ये दोनों अपनी माँ के पास जा सकें।

सड़क पर चलनेवाले लोग काफ़ी थे, मगर किसी के पास न बड़े जेबोंवाला कोट था न कोई वैसा जूता पहने थे। हो सकता है वह आदमी सड़क के दूसरी तरफ़ मिल जाए।

मैगी ने सड़क पार की और कलहंस ठीक उसके पीछे ट्रैफ़िक के बीच से भागे। मैगी तेज़ी से फुटपाथ पर चढ़ी। जो भी वह करे मगर उसे लौटना तो घर ही पड़ेगा।

'इन दोनों का क्या होगा तब?' मैगी ने सोचा, 'कोई और रास्ता नज़र नहीं आता सिवाय इसके कि ये दोनों मेरे साथ घर चलें'। उसने मन-ही-मन कहा, 'अगर तुम इन्हें प्यार करती हो तो यूँ मुँह न बनाओ बल्कि इनके लिए कोई दरबा तलाश करो।'

अहाते ने अँधेरे की चादर ओढ़ ली थी। रात हो गई थी। दोनों भूखे थे। ये दोनों अभी बच्चे थे।

"मैगी...मैगी कहाँ हो तुम? फ़ौरन घर लौटो।" आवाज़ बीयर गोदाम पहुँची जो अहाते में ही था। दोनों कलहंस अपना सर उसकी जाँघ पर टिका सो गए थे। यदि वह हिली तो वे जाग जाएँगे।

"मैगी!" अब अंकल बेन की आवाज़ सुनाई पड़ी। फिर दोनों बातें करते हुए गोदाम की तरफ़ आते महसूस हुए।

"इसको हमारे साथ रहते हुए पाँच माह हो गए हैं। मैं इसको जब भी प्यार से घर में बसाने और अपनाने की कोशिश करती हूँ यह भाग लेती है।"

"जानती तो हो वह कहाँ से आई है। मनोचिकित्सक ने क्या कहा था कि हमको इस बच्ची के साथ धैर्य से काम लेना होगा।"

"क्या तुम कलहंस घर लाई थीं? बताओ फ़ौरन बताओ।"

"मैगी!"

कलहंस जाग चुके थे। अंकल बेन और आंटी हैसी गोदाम के दरवाज़े तक पहुँच चुके थे। आंटी हैसी बोली, "कलहंस यहाँ रह सकते हैं।"

मैगी ने उन्हें डबलरोटी के टुकड़े दिए, जो उन्होंने लपककर खाए फिर पानी पिया और सो गए। दूसरे दिन मैगी ने स्कूल जाने से पहले उन्हें नाश्ता कराया। दोपहर को जब लौटकर उसने खाना उन्हें देना चाहा तो आंटी हैसी ने कहा,

"सचमुच यह सूअर है।"

"मगर उस आदमी ने तो कहा था कि यह कलहंस है?" मैगी बोली।

"क्यों नहीं। मुझे किसी तरह का मज़ाक़ नहीं करना चाहिए। अच्छा यह बताओ, तुमने सारे दिन स्कूल में क्या किया?"

"कुछ भी नहीं। मुझे लगता है इन्हें कोई नाम देना चाहिए।"

"नाम? मैं समझी नहीं, कैसा नाम?"

"ताकि उनको आपस में मिला न दे।" मैगी बोली।

"क्या मिला न दें?"

"इन दोनों का एक-सा होना!"

"तुम मुझे इस तरह काहे घूर रही हो? क्या यह मेरी ग़लती है जो यह मज़ाक़िया दिख रहे हैं? कलहंस तो ख़ुद एक-दूसरे के हमशक्ल दिख रहे हैं। लेकिन अंकल बेन का भी ख़याल है कि इनको नाम न दिया गया तो ये काफ़ी चकरा देंगे। हम लोग इन को रोमूलुस और रीमुस के नाम से पुकारेंगे। वे जुड़वे बच्चे जिन्होंने रोम खोजा था। क्या तुम...तुम जानती हो कि एक बार हंस ने नगर को बचाया था?"

"हंस भला क्या बचा पाएगा?"

"क्यों नहीं। हमने इतिहास से जाना है। हंसों को अगर ट्रेंड करो तो वे ऐसे होशियार अंगरक्षक बन जाते हैं कि जो अपने मालिक तक किसी को पहुँचने नहीं देते हैं।"

"रोमूलुस और रीमुस नाम तो अच्छे हैं। अगर इन कलहंसों में से एक मादा निकला और दूसरा नर तो?"

"अभी देख लेते हैं।" इतना कह अंकल बेन ने दोनों बच्चों को देखा तो पता चला कि वे सचमुच रोमूलुस और रीमुस हैं।

स्कूल का खेल का मैदान। जहाँ लड़के चहारदीवारी पर बैठ रहे हैं।

"मैग हैग।"

मैगी ने पलटकर नहीं देखा।

"हैगी मैगी।"

हेडमास्टर बुकटाम पहुँचे तो चहकते बच्चे चुप हो गए।

"गुडमॉर्निंग बच्चो!" मरी-सी आवाज़ से हेडमास्टर बोले।

"गुडमॉर्निंग सर।" बच्चों का जवाब था।

"पहले हम सीखेंगे कि एक साथ मिलकर अपनी पहली कक्षा में कैसे गुडमॉर्निंग कहते हैं।"

"गुडमॉर्निंग पहली क्लास।" हेडमास्टर की आवाज़ गूँजी।

"मैगी, तुमने क्यों नहीं हमारे साथ सुबह का अभिवादन किया?"

"क्या?"

मैगी क्लास की आख़िरी बेंच पर जाकर पीछे की क़तार में बैठ गई। वह न सिर्फ़ लम्बी और सूखी थी बल्कि उम्र में बड़ी थी। उसे यह कहना मूर्खतापूर्ण लगता था कि गुडमॉर्निंग पहली क्लास, जबकि ब्लैक बोर्ड पर दूसरी कहानियाँ पढ़ना ज़्यादा रुचिकर लगता।

कोई नहीं जानता था कि मैगी पढ़ना जानती है। अगर जान लेता तो समझ जाता कि उसे एक क्लास कम में दाख़िला मिला है। क्लास दो में सारे विद्यार्थी पढ़ना जानते हैं और दाख़िले के वक़्त बताया गया था कि कोई भी सीट कक्षा दो में ख़ाली नहीं हैं। मैगी चिन्तित नहीं थी। मिस्टर बुकटाम ने कहा कि बेहतर है कि एक-एक पाठ को बार-बार दोहराया जाए ताकि सबक़ अच्छी तरह से याद हो जाएँ।

इसके बाद क्लास ख़त्म हुआ। इस कमरे में दूसरी कक्षा के बच्चे बैठनेवाले थे।

"तुमने स्कूल के बारे में कुछ नहीं बताया।"

"वहाँ क्या खाते हैं सब?"

"पहले बताओ स्कूल में क्या हुआ?"

"वही दूध डबलरोटी की जगह सब सालन और डबलरोटी खाना पसन्द करते हैं।"

सुनकर आंटी हैसी ने गहरी साँस ली।

"क्या है हमारा भाग्य जो कलहंसों का शोरबा खाने को मिलता।"

"रोमूलुस...रीमुस..." पकपक करते कलहंसों ने अपने पीछे मैगी को दौड़ने पर उकसाया। उनकी लम्बी गर्दन आगे को खिंची हुई थी। मैगी ने उन्हें ग़ौर से देखा।

वे दोनों जुड़वाँ-जैसे लगे मगर पहचान में आनेवाले जुड़वाँ नहीं। रीमुस का सर कुछ छोटा था। उनके बदन पर पंख बड़े हो रहे थे। दो डैने अब रोमूलुस के दोनों तरफ़ फड़फड़ा रहे थे। वह देखने में ऐसे लग रहे थे जैसे दो काग़ज़ के टुकड़े उसके बदन पर चिपक गए हों। रोमुलुस और रीमुस मैगी के साथ सड़क पार जाते जब वह आइसक्रीम लेने जाती। उनके शरीर में बीयर की तेज़ गन्ध उठती जो समन्दर की गन्ध से भी हलकी नहीं हो पाती थी।

"छोटी लड़की तुम वहाँ खड़ी-खड़ी क्या कर रही हो? अपने कलहंसों को लेकर हटो तो मैं वहाँ पर क्रेट्स रखूँ।"

रोमूलुस और रीमुस क्रेट्स के चारों तरफ़ चोंच खोल हवा पी रहे थे और काम करनेवाले कर्मचारी को आगे बढ़ने नहीं दे रहे थे। रोमूलुस और रीमुस समझ रहे थे कि यह गोदाम उनका घर है।

अहाते से कुछ दूर पर ऐलिवेटर की फ़ैक्टरी थी। एक बार वहाँ पहरा देता कुत्ता भाग गया था। वह कुत्ता भैंस के बच्चे के बराबर काले रंग का था। उसकी

आँखों के चारों तरफ़ लैंप की तरह हलके भूरे रंग के छल्ले थे। वह एक बार अहाते में घुसा था।

"तुमने देखा था, कलहंसों ने कैसे उसका पीछा किया था और वह दुम दबाकर भागा था।"

"तुमने बताया नहीं, बेन मैं समझी कि शायद मैगी कुत्ते को पसन्द करती है।"

"तुम मुझे इस तरह क्यों घूर रही हो, मैगी?"

मैगी के पास कोई जवाब न था। वह जो जानना चाहती थी, चाहकर भी पूछ नहीं पा रही थी।

"ये किस तरह के हँस हैं? रोमूलुस और रीमुस क्या ऐसो कलहंस हैं जो उड़ सकते हैं?"

"सचमुच मैं नहीं जानता। ये बहुत भारी हैं। मैं पुस्तक में पढ़कर बता सकता हूँ।" अंकल बेन ने कहा।

स्कूल का आधा रास्ता जब मैगी ने पार कर लिया तो उसकी नज़र अपने पीछे आते रोमूलुस और रीमुस पर पड़ी। उसे वापस लौटना पड़ा।

"इस समय अहाते में तुम क्या कर रही हो?"

"ये रोमूलुस और रीमुस जो अहाते के जँगले से निकल मेरे पीछे हो लिये थे।"

"यह प्लेग है प्लेग...कलहंस प्लेग।"

"मैगी...मैगी!"

मैगी सर इस तरह ऊपर उठाए रही जैसे उसने कुछ सुना ही नहीं। टीचर दोबारा ब्लैकबोर्ड की तरफ़ मुड़ी।

"कौन बताएगा चार और पाँच मिलकर कितने हुए?"

"मैं पीछे से नहीं शुरू कर सकती मैगी, फिर देर मत करना अब अपनी जगह पर वापस आओ।"

"मैगी...मैगी!"

मैगी अब भी फुसफुसाहट को सुन रही थी जो डेस्क और आख़िरी पंक्ति के बीच उठ रही थी।

आज मैगी ज़रा जल्दी सोकर उठ गई। इससे पहले कि आंटी हैसी उसका नाश्ता तैयार करतीं, वह मेज़ पर बैठ चुकी थी।

किचन के दरवाज़े पर रखे प्याले में दूध और डबलरोटी भीगी रखी थी जो रोमूलुस और रीमुस के लिए नाश्ता था।

मैगी गोदाम की तरफ़ गई और दरवाज़ा खोला। दोनों हंस पंख फड़फड़ाते दौड़ते से मैगी के पीछे आए।

मैगी ने देखा कि अहाते में न अंकल बेन न आंटी हैसी नज़र आ रही हैं। तीनों स्कूल की तरफ़ बढ़े। पहले मैगी, उसके पीछे रोमूलुस और रोमूलुस के पीछे रीमुस।

रास्ते में उन्होंने पहले फ़ैक्टरी, फिर कुकिंग प्लांट और फिर कम्यूनिटी सेंटर पार किया। इसके बाद स्कूल था, जो दूर से साफ़ दिख रहा था। वहाँ बच्चे भी नज़र आ रहे थे जो चहारदीवारी के पास जमा थे।

"मग, हग।"

यह दूसरा मौक़ा था जब बच्चों ने मैगी के पीछे काले हंसों को आता देखा था।

"रोमूलुस, रीमुस।" फुसफुसाई मैगी। उसी के साथ दोनों आगे बढ़े।

"यह पागल है। कलहंसों को स्कूल लाती है।"

"चलो, इसके रास्ते में मत आना वरना इसके पागल कलहंस हमें काट सकते हैं।"

"ये पागल हैं, ध्यान दो, दौड़ पड़ी है...ओह माँ!"

"तुम अपने लिए कुछ कहना चाहोगी। क्या कहेगा जो भी इन कलहंसों के बारे में सुनेगा कि ये स्कूल में हैं?"

"मैं तुम्हारे जवाब के इन्तज़ार में हूँ मारग्रेट?" मिस्टर बुकटोम ने कहा।

"बस! यूँ ही।"

"तुम कलहंसों को स्कूल लाती हो ताकि वे तुम्हारे साथियों को काटें और तुम कहती हो। बस यूँ ही।"

"नहीं...हाँ क्योंकि ये समझते हैं कि मैं रोम हूँ और ये मेरी हिफ़ाज़त करेंगे।"

"तुम रोम हो...रोम?"

"हलो!" मिस्टर बुकटोम ने फ़ोन उठाया जो तत्काल बज उठा था। "बजट पास हो गया है। शुक्रिया। अरे नहीं, यह हमारे लिए सम्मान की बात है...बिलकुल जनाब! धन्यवाद।"

"क्या कहा तुमने?"

"रोमूलुस और रीमुस बाहर कारीडोर में राह देख रहे हैं।"

"कारीडोर में? यहाँ स्टाफ़ रूम में? ये कौन से कलहंस हैं?"

"हाँ, क्योंकि वे अकेले घर लौट नहीं सकते हैं। टीचर के कहने पर मैं इधर आप से मिलने आ गई।"

"एक मिनट के लिए तुम बाहर जाओ।" मारग्रेट टीचर-जैसी ने कहा, "मुझे

तुम्हारे बारे में मिस्टर बुकटोम से बात करनी है।"

इस बीच रोमूलुस और रीमुस ने स्टाफरूम में लगे गमलों के पत्तों को खा लिया था। यह देख मैगी ने जल्दी से कहा—

"भागो! इससे पहले किसी की नज़र पड़े तुम्हारी इस हरकत पर।"

"क्या हम कलहंस तक जा सकते हैं, ये काटेंगे तो नहीं?'

इससे पहले कि मैगी अलान को देख पाती जो चहारदीवारी के जँगले पर लटका था, मैगी उनके प्रश्न का क्या जवाब देती जो कक्षा तीन के विद्यार्थी थे।

"हाँ"

"हाँ, यह हमला कर सकते हैं, नहीं, ये हमला नहीं कर सकते।"

बिना कोई जवाब दिए मैगी तेज़ी से कलहंसों को लेकर स्कूल के पीछेवाले गेट की तरफ़ बढ़ी। लौटते हुए उन्हें उन्हीं रास्तों से लौटना था मगर इधर से जाते हुए उन्हें सिर्फ़ कूलिंग प्लांट गेट से गुज़रना था।

रोमूलुस और रीमुस को वहाँ रहनेवाले काले कुत्ते से डर लगता था। इधर जब कुत्ता दौड़ा तो मैगी तेज़ी से लिफ़्ट की तरफ़ बढ़ी और जिस बटन पर 'सी' लिखा था उसे दबाया। यह बटन लिफ़्ट को समन्दर तट के स्तर पर ले जाता था जहाँ से सामान लेकर कोई भी बिना गिराए उसे छत तक ले जा सकता था। लिफ़्ट उन्हें ऊपर छत पर ले गई जहाँ से पूरा इलाक़ा नज़र आ रहा था। घर, सड़क, पेड़ और समन्दर, समन्दर पर नावें और जहाज़।

दोबारा बटन कलहंस ने दबाया था। जब वह छत पर पहुँचे तो लम्बी फैली छत से कलहंस भी लम्बी गर्दन ऊँची तानकर नीचे का नज़ारा करने लगे।

"यह समन्दर है और ऊपर आसमान। दोनों नीले हैं। मगर दोनों का नीला रंग एक नहीं है।"

"छत आसमान से क़रीब है। सच पूछो तो छत आसमान पर ही है।"

तीसरी बार कूलिंग प्लांट के किसी आदमी ने उन्हें देख लिया।

"छोटी लड़की! तुम्हारा दिमाग़ तो सही है? चलो जाओ यहाँ से और अपने कलहंसों को अपने साथ ले जाओ।"

आज स्कूल से फिर नोटिस आया है कि कलहंसों के क़िस्से को जल्द-से-जल्द ख़त्म किया जाए।

"जब भी मैं न्यूज़ देखने बैठता हूँ तुम यह अहसास दिलाती हो कि और भी ज़रूरी चीज़ें हैं सुनने के लिए?"

अंकल बेन ने अपनी आँखें पल भर के लिए बन्द कर लीं।

"लेकिन," बेन हैसी ने कहा, "बिलकुल हैं। प्लांट की सालाना पार्टी को

सिर्फ़ पन्द्रह दिन ही बचे हैं। कलहंस स्वादिष्ट होते हैं। दोनों बड़े हो गए हैं, तुम क्या कहते हो, बेन?"

"नहीं रोमूलुस रीमुस रुको, रोमूलुस...रीमुस..."

रोमूलुस और रीमुस मुलायम प्लास्टिक के पैक को फाड़कर एक के बाद एक छोटी मछलियाँ निगल रहे थे।

उसके आंटी और अंकल कलहंसों को खाना चाहते थे, इसलिए वह उन्हें छुपाने आई थी।

"हम यहाँ छुपने आए हैं, न कि चीज़ों को बर्बाद करने।"

तभी गार्ड आ गया और उसने रँगे हाथों तीनों को पकड़ लिया। मैगी के बताने और ख़ुशामद करने पर कि वह मिस्टर बेन और आंटी हैसी की बेटी नहीं है, उसके माँ-बाप नहीं हैं तो भी उस गार्ड ने पुलिस को बुला लिया।

"यह छोटी लड़की तुम्हारी है?"

आंटी हैसी ने अंकल बेन को देखा और उन्होंने मैगी को, जो ज़मीन पर नज़रें गाड़े खड़ी थी।

"क्यों आप लोग अँधेरे में इस बच्ची को बाहर घूमने देते हैं जिसके कारण नुक़सान भी होता है? अगर आपने इस पर रोक नहीं लगाई तो अगली बार जुर्माना अदा करना होगा।"

"मुझे यूँ धमकाओ मत कॉन्स्टेबिल?"

"तुम इस लहजे से पुलिस से बात नहीं कर सकते।"

दोनों हंसों ने पहले अपने इधर-उधर देखा फिर दोनों एकाएक पुलिसमैन पर झपट पड़े।

"रोमूलुस...रीमुस नहीं यह मत करो।" मैगी ने उन्हें रोका मगर वे दोनों आंटी हैसी की सुरक्षा करने आगे बढ़ चुके थे।

"ये सोचते हैं कि तुम..."

"रोमूलुस, रीमुस फ़ौरन पीछे हटो।" अंकल बेन ने कहा। इससे पहले कि पुलिसवाला जाने से पहले हवा में अपना डंडा घुमाता, अंकल ने पहले ही कलहंसों को दरबे में हंका गोदाम का दरवाज़ा बन्द कर दिया।

दूसरे दिन, रोज़मर्रा की तरह रोमूलुस और रीमुस के खाने का प्याला रखा था। मगर आज उसमें पनीर के टुकड़े और दोपहर के खाने के बचे आलू के कतले भी पड़े थे।

"यह आंटी हैसी की तरफ़ से होगा। सच वह अब तुम दोनों को पसन्द करने

लगी हैं क्योंकि तुम उनकी हिफ़ाज़त के लिए आगे बढ़े थे। रोमूलुस और रीमुस तुम दोनों बड़े होशियार हो।"

मैगी आज घंटी बजने से पहले ही स्कूल पहुँच गई। उसने दूसरे बच्चों के साथ सबक़ याद किया।

पतझड़ की ऋतु आ पहुँची
पेड़ों की पत्तियाँ हो गईं कत्थई

टीचर मैगी को देखकर मुस्कराई तो मैगी भी जवाब में मुस्करा पड़ी, लेकिन जब वह लौटी और उसने गोदाम का दरवाज़ा खोला तो देखा, रोमूलुस और रीमुस दोनों उससे मिलने दौड़े नहीं। कलहंस अपनी गर्दन ताने और दोनों टाँगें खोले, उनके डैने इस तरह बेजान पड़े थे जैसे दरी के टुकड़े, वह चीख़ पड़ी।

"आंटी हैसी आपने मेरे कलहंसों को मार डाला। मेरे कलहंसों को मार डाला।"

"लड़की ने क्लास में इस तरह चीख़ मारी जैसे वह गहरे दुख में हो। जबकि मैंने वायदा किया था कि मैं उन दोनों को छुऊँगी भी नहीं। फिर वह कैसे समझ सकती है कि यह सब मैंने किया है?"

"तुम ऐसा क्या करोगी जिससे वह गोदाम से बाहर निकले?"

"मैं नहीं जानती, वह उन्हें छोड़ना ही नहीं चाहती है।"

"मैगी, मैगी..."

लेकिन मैगी ने अपने घुटनों से सर नहीं उठाया।

"मैगी तुम भूल रही हो, तुम्हें कुछ खाना भी है।"

"नहीं।"

"तुम इस तरह यहाँ कब तक बैठी रहोगी? मैं जानती हूँ कि तुम इन्हें बहुत प्यार करती हो, ये हैं भी बहुत प्यारे।"

मैगी ने कोई जवाब नहीं दिया।

"मैगी।"

मैगी ने कोई जवाब नहीं दिया।

"अगर तुम दो दिन तक इसी तरह बैठी रहीं तो भी इनमें जान नहीं आनेवाली है।"

कलहंस मैगी के पैरों के पास लेटे थे। इस तरह पड़े थे जैसे दो ख़ाली थैले हों। अंकल बेन कुछ नहीं बोले न मैगी ने कोई जवाब दिया। अचानक मैगी बोल पड़ी—

"वे बिलकुल अच्छे नहीं थे, क्योंकि वे मेरी रक्षा करते थे।" बिना देर किए

हुए वह फफक पड़ीं। रोते हुए वह कह रही थी—

"वे दोनों...वे दोनों...रोमूलुस और रीमुस..."

"हाँ, तुम सही कह रही हो," इतना कहकर, अंकल बेन ने मैगी के सर को थपका।

"मैं आपसे चाहती हूँ" मैगी ने कहा, "आप उन्हें उठने और चलने को कहें।"

"मैं नहीं कर सकता," अंकल बेन ने कहा, "तुम जानती हो कि मैं ऐसा नहीं कर सकता हूँ।"

"अगर सिर्फ़ यही कर सकते हैं तो मैं इनसे फ़ौरन यह काम करवाती हूँ।" आंटी हैसी इस बीच लौट आई थीं। वह फ़ौरन बोल पड़ी।

"सच?" मैगी ने पूछा।

"तुम्हें शक है क्या?" आंटी हैसी बोलीं, "बहुत हुआ बच्चे! बहुत रो लीं। अंकल बेन इनके लिए अहाते में क़ब्र खोद देंगे और उन्हें आराम से गाड़कर उस पर तख़्ती लगा देंगे", 'यहाँ दफ़न हैं, बहादुर रोमूलुस और रीमुस'। तुम भी लिख सकती हो, लिखोगी न? तुम जानती हो मैगी आराम से इनके डैनों से इनके पंख निकालो जिनसे तुम्हारे लिये दो मुलायम तकिये बन जाएँगे जो 'यादगार' की तरह होंगे। क्या सोच रही हो?"

"अंकल बेन, हैसी आंटी जल्दी आओ।"

मैगी गोदाम की ज़मीन पर पड़े नंगे कलहंसों को देख रही थी। रीमुस ने हलके से अपना सर हिलाया, रोमूलुस ने भी, मैगी धीरे-धीरे दबे पाँव उनके पास आई और उन पर झुक गई।

यह क्या, रोमूलुस और रीमुस अपनी गर्दनें उठा रहे थे। क्या वह सपना देख रही है या फिर सचमुच वे अपनी लम्बी गर्दन तान रहे हैं और साथ ही डैने भी हिला रहे हैं?

'आंटी हैसी अंकल बेन, जल्दी आओ! देखो तो यह क्या हुआ, रोमूलुस और रीमुस जाग उठे हैं।'

दोनों कलहंस मैगी की और अंकल-आंटी के दरवाज़ा खोलने की आवाज़ सुनकर उठने की कोशिश करने लगे। वे उठते और गिरते। हर बार इस तरह करने से वे अपनी कोशिश में कामयाब हुए और अपने पैरों पर खड़े हो गए।

"छोटे नशेड़ी," अंकल बेन ने कहा, "तुम मरे नहीं थे बस नशे में थे, क्यों है न?"

"इन्होंने ज़रूर बीयर का तलछट खाया था जिसने इनको गहरे नशे में डुबो दिया।" आंटी हैसी ने कहा, "सूअर, मैंने कहा नहीं था कि ये सूअर हैं।'

लेकिन अब क्या होगा? मैगी नहीं समझ पाई। रीमुस ने अपनी चोंच से अपने

नंगे शरीर को टटोला। पूरे शरीर पर केवल डैने बचे थे।

"अब मैं क्या जानती थी कि ये जी उठेंगे? मैंने तो यही सोचा था कि कम-से-कम इनके पंखों से बना तकिया ही मैगी के लिए एक यादगार होगा।"

"मुझे यूँ मत देखो मैगी। इनके नंगे बदन पर नोचे पंख हम दोबारा चिपका तो नहीं सकते हैं।"

"लेकिन उन्हें जाड़ा लग रहा है", मैगी बोली।

"मेरे पास गोदाम में कुछ पुराने कपड़े रखे हैं जो मैं किसी को देना चाहती थी।" आंटी हैसी ने कहा, "इधर मैगी, तुम्हारे पीछे रखे झोले में।"

"बढ़िया!" अंकल बेन ने कहा, "मैगी आओ हम इन कपड़ों से कलहंसों को सजाते हैं।"

"पतझड़ आ गया है।"

पत्तियाँ कत्थई हो गईं।

बच्चे स्कूल में और घर के अन्दर गाते। जब लोग नींद में डूब जाते तो समन्दर की आवाज़ इस तरह गूँज उठती जैसे भूखे पेट में चूहे कूद रहे हों।

मैगी, आंटी हैसी की सामानों की सूची थाम पास की दुकान से सामान ख़रीदने गई। उसके पीछे-पीछे कलहंस भी गए।

"देखो, देखो नंगे कलहंस कपड़े पहने हैं।"

मैगी ने पलटकर नहीं देखा और उसी तरह आगे बढ़ती गईं।

"छोटी बच्ची। क्या तुम इन कलहंसों को कपड़ा पहनाकर इनसान बनाना चाहती हो?"

"अरे छोटी लड़की! यह क्या, तुमने कलहंसों को पायजामा पहना रखा है? क्या तुम इन्हें सर्कस में ले जा रही हो?"

"मैगी!" स्कूल के सहपाठी ने पुकारा। जब से कलहंसों ने स्कूल में कुछ लड़कों पर हमला किया था तब से मैगी ऐसे बदमाशों से दूर रहती थी।

"तुम्हें नमकीन मछली लेनी है?" पंचूरिया ने पूछा।

"मम्म..."

"तुम्हें यक़ीन है कि आंटी हैसी ने इसके लिए इजाज़त दे दी है।"

मैगी का पूरा ध्यान कलहंसों की तरफ़ था कि वे अपने क़द की ऊँचाई पर रखे बिस्कुट, चिप्स के पैकेटों में अपनी चोंच न डालें।

"हाँ, और मेरे लिये स्ट्राबेरी लाली देना।"

"ठीक है मैं निकालता हूँ मगर इन दोनों को पहले दुकान से बाहर निकालो ताकि ये समान न बिखेर दें।"

आज रोमूलुस और रीमुस बड़ा अजीब व्यवहार कर रहे थे। उन्होंने हमेशा की

तरह अपने मछलियों के पैकेटों से चिपके बिल को चोंच से नहीं नोचा और न ही कुछ और गड़बड़ी की।

"तुम लोगों को आज क्या हुआ है?"

मैगी ने उनके कपड़े ठीक किए। हो सकता है इनको जाड़ा लग रहा हो। दुकान घर की अपेक्षा समन्दर के ज़्यादा क़रीब थी। समन्दर की गुर्राहट आज ट्रैफ़िक के शोर में भी साफ़ सुनाई पड़ रही थी।

'पतझड़ का मौसम आ गया है।

पेड़ों की पत्तियाँ हो गईं कत्थई।'

अहाता आ गया था। मगर कलहंसों के व्यवहार में यहाँ भी तब्दीली दिखी। वे दौड़कर गोदाम की तरफ़ नहीं भागे। उन्होंने अपनी लम्बी गर्दनें आसमान की तरफ़ तानीं और ज़ोर-ज़ोर से काँ-काँ कर उठे। क्या हो रहा है उनके लिए ऊपर आसमान पर? हाँ-हाँ पक्षियों की एक बारीक़ पंक्ति ठीक कमान की तरह आसमान पर उभरी नज़र आई। चोंच और डैनों के साथ सन्धिरेखा बनाते जैसे हवा के समन्दर में तैर रहे हों। अहाते में कोई नहीं था सिवाय मैगी के। फ़ैक्टरी खुली थी। मशीनों की आवाज़ साफ़ सुनाई पड़ रही थी।

आंटी हैसी एकाउंट डिपार्टमेंट में थीं।

"रोमूलुस, रीमुस", कहती मैगी उनका चेहरा देखने के लिए झुकी।

"तुम्हें क्या चाहिए?"

पंछियों का झुंड अहाते में नीचे उतरा। इतना नीचे कि वे रीमुस और रोमूलुस के सरों के बिलकुल नज़दीक हो गए।

वे सब चीख़ रहे थे। उनकी चीख़ का जवाब रोमूलुस और रीमुस ने भी काँ-काँ करके दिया। वे आपस में अपनी ज़बान में एक-दूसरे से कुछ कह रहे थे।

वे सब कलहंस थे। रोमूलुस और रीमुस ने एक-दूसरे की तरफ़ देखा फिर उन्होंने अपनी गर्दन झुका मैगी को ताका। दो कलहंस इतने नीचे उतरकर आ गए कि उन्हें आसानी से छुआ जा सकता था। वे अधीर थे, जल्दी-जल्दी कुछ कह रहे थे और उसी को बार-बार दोहरा रहे थे। मैगी को कुछ ऐसा ही महसूस हो रहा था।

रोमूलुस और रीमुस ने कोई उत्तर नहीं दिया। वे अपनी गर्दनें झुकाए खड़े रहे। कुछ देर बाद ऊपर से और कलहंस नीचे उतरे और चीख़ने लगे। उनकी चीख़-पुकार से माहौल हिल गया था। पूरा अहाता उनके पंखों की फड़फड़ाहट से भर उठा था।

कलहंसों के झुंड ऊपर से तेज़ी से दायरे में चक्कर लगा रहे थे। नीचे रोमूलुस

और रीमुस मैगी के दोनों तरफ़ सर झुकाए खड़े थे। मैगी की पोलका डॉट वाली फ्रॉक का किनारा खींचते हुए।

साफ़ पता चल रहा था कि वह मैगी को साथ ले जाना चाह रहे हैं। दोनों ने अपने मुँह मोड़े और गेट की तरफ़ क़दम बढ़ाए। उनकी चाल में विश्वास था कि उन्हें कहाँ जाना है।

इस बीच बाक़ी कलहंस ऊपर चक्कर लगाते रहे।

रोमूलुस और रीमुस गेट से निकलकर पड़ोस का अहाता पार कर कूलिंग प्लांट में दाख़िल हुए। वहाँ पहुँच उन्हें कुत्ते से डर लगा तो वे सीधे लिफ़्ट की तरफ़ बढ़े। लिफ़्ट का दरवाज़ा मैगी ने बन्द किया। समन्दर का रंग नीला था। ठीक आसमान की तरह। हो सकता है समन्दर का रंग आज ज़्यादा गहरा हो। मैगी ने आसमान को ताका तो उसे वह नीला मैदान लगा। तीन तरफ़ से आते कलहंसों का झुंड छत पर मँडराने लगा। रीमुस का हैट उड़ चुका था, मगर उसने अपने डैने हिलाना बन्द नहीं किया। रोमूलुस ने भी वैसा ही किया। बाक़ी कलहंस छत के ऊपर मँडराते चीख़ते रहे। उनके पंख सीधे तने थे। एकाएक रीमुस ने अपने डैने खोले और उड़ान ली और पल भर बाद रीमुस के पीछे रोमूलुस ने भी उसी तरह उड़ान भरी।

"मेरा इन्तज़ार करो।" मैगी चीख़ी, "मुझे साथ ले चलो।"

रीमुस छत के क़रीब ठहरा और मैगी उसकी पीठ पर कूदी। वे दोनों उड़ रहे थे, दोनों उड़ान भर रहे थे। मैगी ने ज़ोर से रीमुस का कोट पकड़ रखा था, आँखें बन्द थीं। मैगी ने धीरे-धीरे करके आँखें खोलीं। पहले उसने ध्यान से सामने देखा तो उसे रीमुस की सफ़ेद खाल दिखी फिर उसने हिम्मत कर अपनी आँखें इधर मोड़ीं तो उसे आसमान नज़र आया। रोमूलुस रीमुस के पीछे उड़ रहा था। दोनों बाक़ी कलहंसों के झुंड से कुछ दूरी पर थे।

कलहंस चीख़ रहे थे जैसे कह रहे हों आगे उड़ो, आगे उड़ो। मैगी ने अब अपनी नज़रें नीचे झुकाईं ताकि देख सके कि नीचे क्या है। ऊपर से देखने में नीचे की हर चीज़ नन्ही-नन्ही दिख रही थी। कार, घर, सड़क सबकुछ छोटे-छोटे नज़र आ रहे थे। लोग भी गुड़िया के बराबर लग रहे थे। रोमूलुस जो तेज़ उड़ना चाह रहा था, इस चक्कर में अपना हैट गिरा चुका था। उसका कोट भी कुछ देर बाद गिर गया।

नीचे खड़े लोग ऊपर आसमान की तरफ़ ताक रहे थे जहाँ से उड़ते कपड़े नीचे गिर रहे थे। कलहंस कपड़ा पहने थे और कलहंस पर लड़की बैठी सवारी कर रही थी।

मैगी को अपने चेहरे और बालों में हवा के थपेड़े लगते महसूस हो रहे थे मगर उसने नीचे देखना नहीं छोड़ा। वह अब समझ गई थी कि कहाँ उड़ रही है। ठीक उसके नीचे कूलिंग प्लांट था, अहाता था, बीयर फ़ैक्टरी और उसका घर था।

कलहंस नीचे आए, अब वे गोलाई में उड़ रहे थे।

मैगी ने वे जगहें भी देखीं जो पहली बार उसे नज़र आईं।

नीचे खड़े लोग अभी भी सर उठाए ऊपर देख रहे थे। अहाते के लोग भी और फ़ैक्टरी से निकल कर्मचारी, मज़दूर भी। कोई ज़ोर से चीख़ा। नहीं यह कर्मचारी नहीं बल्कि आंटी हैसी और अंकल बेन थे।

"मैगी, मैगी नीचे उतरो फ़ौरन।"

मैगी सुन नहीं पा रही थी मगर उसे पता था कि वे उसे पुकार रहे हैं।

"मैगी...मैगी।"

कलहंस ने एकाएक समन्दर की तरफ़ रुख़ किया अपनी लम्बी गर्दन को उस ओर खींचा।

ऊपर से समन्दर उनके अहाते के क़रीब नज़र आ रहा था। बहुत क़रीब रीमुस और रोमूलुस उड़ते रहे। उनके बीच का फ़ासला कम हो रहा था। समन्दर नीला था, नहीं वह नीले से ज़्यादा काला था।

"मैगी...मैगी!"

मैगी उन जगहों पर भी उड़ सकती थी, जो उसके लिए अनजान थीं। जहाँ के लोग उसके लिए अजनबी थे।

हो सकता है जो यहाँ रहते हों वे वहाँ जाकर रहने लगे हों, और मैगी जिन्हें जानती हो वे उसे वहाँ मिल जाएँ।

"मैगी!"

यह आंटी हैसी की आवाज़ है या समन्दर की?

जो लोग वहाँ हों उन्हें हम जानते हों या फिर वे हमें जानते हों।

रीमुस का कोट अचानक नीचे गिरा और समन्दर पर तैरने लगा।

मैगी ने रीमुस का डैना पकड़ा।

मगर वहाँ लाखों लोग होंगे जिन्हें हम नहीं जानते। उन्हें कैसे पहचानेंगे, झाड़ी में लगे बेरों की तरह। मगर उन्हें ढूँढ़ निकालना इतना मुश्किल भी नहीं है।

उन्हें अगर हमारी परवाह होती तो वे लौटते न, उन्हें तो हमारी कोई चाह नहीं है वरना वे लौटते।

मैगी।

सिर्फ़ समन्दर है जो उसे पुकार रहा है।

रीमुस ने गर्दन मोड़कर मैगी को देखना चाहा कि वह कैसी है। इसमें सन्तुलन बिगड़ा और मैगी गिरने लगी, मगर फ़ौरन ही रीमुस ने अपने को सँभाला। रोमूलुस भी अब क़रीब आ गया था। ये दोनों क्या कहना चाह रहे हैं?

मैगी ने अपनी पकड़ मज़बूत कर ली और पीछे मुड़कर देखा। बस्ती, फ़ैक्टरी, अहाता, घर सबकुछ ओझल हो चुका था।

मैगी तेज़ हवाओं के बीच चीख़ी, "रीमुस, मैं घर वापस जाना चाहती हूँ।"

मैगी को बड़ा दुख हो रहा था रोमूलुस और रीमुस के लिए जिन्होंने आज ही उड़ना सीखा था। अब फिर लौटकर इतनी दूर जाना होगा। यह ख़तरनाक़ भी हो सकता है। मगर उसे लौटना है घर जहाँ अंकल बेन और आंटी हैसी रहती हैं। जिन्हें वह जानती तो है। सही है कि उसे कोई चाहता तो है किसी ग़ैर से ज़्यादा।

"यह ठीक नहीं है।" मैगी चीख़ी।

हवा ने तेज़ पेंगें भरीं और उन्हें उड़ा ऊपर ले गई। सचमुच में बच्चे कलहंस पर सवार नहीं होते, न ही अपने माँ-बाप को ढूँढ़ने निकलते हैं। यह तो सिर्फ़ कहानी की किताबों में होता है।

"मैं तुम्हें परेशान कर रही हूँ मगर अब वापस चलो।" मैगी बोली। कलहंस ने रास्ता बदला और थोड़ी देर बाद आबादी दिखी। यह उसका स्कूल है। कितना छोटा दिख रहा है। बुकटोम खड़े केयरटेकर से बात कर रहे हैं। साफ़ दिख नहीं रहे हैं मगर पहचान में आ रहे हैं। यह प्लांट है, ये दुकानें, यह घर है, यह अहाता और घर, बीयर फ़ैक्टरी और सड़क, सब नज़र आ रहा है।

रोमूलुस और रीमुस अहाते के बीचोबीच में उतरे। वह मैगी के नीचे उतरने का इन्तज़ार कर रहा था ताकि अपनी गर्दन तान थकान उतार सके। तभी उन्हें अहसास जागा कि आख़िर उन्होंने यह क्या कर डाला? एकाएक दोनों आंटी हैसी की तरफ़ बढ़े और उन्हें पकड़कर अपनी पीठ पर बिठा समन्दर की तरफ़ उड़े।

"बेन-बेन" आंटी हैसी चीख़ी!

"मैगी! इनसे कहो, यह क्या कर रहे हैं? तुम क्या चाह रही हो?" कलहंस उड़ रहे थे। आंटी हैसी ने झट नीचे ताका फिर आँखें बन्द कर लीं। फिर जो नीचे ताका तो कार, घर, सड़क दिखाई दिए। दुनिया कितनी बड़ी है और इस दुनिया में एक बच्चा कितना छोटा-सा है। एक मक्खी नहीं एक बिंदु के बराबर नन्हा-सा। उसे हमको प्यार करना चाहिए ताकि वह इस बड़ी दुनिया का मुक़ाबला कर सके। आंटी हैसी ने अपनी पकड़ कसी और बड़बड़ाईं—

"मैं वायदा करती हूँ माँ की तरह, असली माँ की तरह।"

कलहंसों ने अपना पहलू बदला ताकि वह दूसरी दिशा का रुख़ ले सकें। मैगी ने अहाते से ऊपर ताका तो उसे आंटी हैसी लौटती दिखीं।

मैगी ने सोचा आंटी हैसी भारी हैं। उन्हें लेकर नीचे उतरना कलहंसों के लिए मुश्किल है। इसलिए वे आंटी को छत पर उतारकर अहाते लौटेंगे। इधर अहाते में काँ-काँ करते डैने फड़फड़ाते कलहंसों के झुंड ने रोमूलुस और रीमुस के इन्तज़ार में हंगामा मचा दिया।

हवा ने कलहंसों को इस तरह उड़ाया कि उनके पंख और डैने किसी टहनी

या गतों के अम्बार लग रहे थे। उनका हूकना कानों के पर्दे इस तरह फाड़ रहा था जैसे कोई भोंपू तेज़ आवाज़ में कान के पास बज रहा हो।

फिर कलहंसों ने अपने को एक पंक्ति में समेटा ठीक तीर की तरह और रोमूलुस और रीमुस उस पंक्ति के आख़िर में जा मिले।

कलहंस ऊपर उड़े। उन्होंने अहाते का एक चक्कर लगाया और ग़ायब हो गए। मैगी ने उनके पीछे भागने की कोशिश की और चेहरा ऊपर उठाया। आसमान पर उड़ते कलहंसों के बीच अपने रोमूलुस और रीमुस को पहचानना मुश्किल था।

"बाय-गुडबाय!" मैगी की आँखें अभी भी ऊपर देख रही थीं।

"रोमूलुस, रीमुस!"

कलहंसों के डैने कुछ इस तरह से हिले और बन्द हुए जैसे रोमूलुस और रीमुस वापस लौटना चाह रहे हों। मगर नहीं, वे अपने पंख बाक़ी साथियों के पंखों की तरह हिलाने की कोशिश में आगे बढ़ रहे थे। मैगी की आँखें उनका पीछा कर रही थीं। उनकी उड़ान जो क्षितिज के परे एक दूसरी दुनिया की तरफ़ थी।

साक्षात्कार

नूरिट ज़ारची

लिंगभेद के विरोध में उठा क़लम

नूरिट ज़ारची 1941 में यरूशलम में पैदा हुईं। नूरिट बच्चों की महत्त्वपूर्ण लेखिका के साथ कवयित्री हैं। बच्चों के लेखन के लिए उन्हें इज़रायल का हर सम्मानित पुरस्कार मिल चुका है जिसमें महत्त्वपूर्ण 'जी इव' पुरस्कार भी शामिल है! बच्चों के लिए चालीस से अधिक पुस्तकें पद्य-गद्य में छप चुकी हैं। कुछ पुस्तकों का हिब्रू भाषा से अंग्रेज़ी में अनुवाद भी हुआ है। नूरिट प्रयोगधर्मी हैं और महिला अधिकारों की भीषण पक्षधर हैं। आई.सी.सी.आर. के एक्सचेंज प्रोग्राम के तहत वह भारत आई थीं। वह हिल्टन होटल (जो आज ललित है) में ठहरी थीं। यह बातचीत वहीं हुई थी।

लिंगभेद के विरोध में उठा क़लम

नासिरा शर्मा : आप पहली बार हिन्दुस्तान आई हैं?

नूरिट ज़ारची : कई बार आ चुकी हूँ। मुझे यह मुल्क पसन्द है। गोकि मैं बहुत घूम और ख़रीदारी नहीं कर पाई मगर जो देखा वह वास्तव में मुझे चकित कर गया। मैं बार-बार आना चाहती हूँ।

नासिरा शर्मा : आपकी किताब 'नैनी को मत निकालो' पर 1979 में एंडर्सन सीटेशन (आई.बी.बी.वाई.) और बर्नस्टीन प्राइज़ फार चिल्ड्रेन्स लिटरेचर आपको मिला। उसकी कहानी क्या थी?

नूरिट ज़ारची : डोरी जोहर के माँ-बाप का जब तलाक़ हुआ उसके बाद कुत्ता नैनी डोरी को बेहद प्यारा लगने लगा। जबकि लड़कियों का बाप ज़िन्दा है मगर उनके साथ नहीं रहता है। एक दिन उसकी माँ बिना लड़कियों से पूछे एक नये आदमी को घर ले आती है जिसका नाम गाबी है। गाबी को डोरी की छोटी बहन स्वीकार कर लेती है और उसकी माँ उस नये आदमी के कहने के मुताबिक़ बच्चों और घर की देखभाल शुरू करती है। गाबी को नैनी पसन्द नहीं और नैनी भी अभी आया है और अच्छी तरह ट्रेंड नहीं हुआ है। डोरी को लगता है कि बहुत जल्द नैनी को घर से बाहर भेज दिया जाएगा। वह इस नये आदमी को अपने पिता की जगह नहीं देख पाती और दिन-प्रतिदिन वह अपने को तन्हा और उदास पाती है। उसे जब टोका जाता है तो वह कहती है कि अगर कोई अपने घर में रो भी नहीं सकता है तो फिर यह मान लेना चाहिए कि वह घर अब उसका नहीं रह गया है। वह कुत्ते को घर में रखने की ज़िद इसलिए करती है कि वह घर छोड़ना नहीं चाहती है और ख़ुद को नैनी की जगह महसूस करती है। उसका विश्वास माँ-बाप के तलाक़ के बाद बड़ों के ऊपर से उठ चुका है। एक दिन कुत्ता सड़क दुर्घटना में घायल हो जाता है और तब गोबी उसकी सेवा और देखभाल इस तरह करता है कि डोरी में अपने लिए विश्वास जागता है कि उसे माँ का प्यार मिल सकता है और घर में उसकी देखभाल अच्छी तरह हो सकती है। इस कहानी में डोरी की स्थिति को कुत्ते के ज़रिये उभारा है।

वास्तव में तलाक़ का क्या असर बढ़ते बच्चों की ज़िन्दगी पर पड़ता है इसको मैंने इसमें उभारा है।

नासिरा शर्मा : यह एक बहुत अहम मसला है। दो बड़े आपस में लड़कर एक बड़ा फ़ैसला ले लेते हैं मगर एक बच्चे की लड़ाई तो न माँ से होती है, न बाप से। वह इस रस्साकशी में बुरी तरह तनाव में घिर जाता है। आपके द्वारा उठाए इस विषय के कारण इस पुस्तक को काफ़ी महत्त्व मिला।

नूरिट ज़ारची : हाँ! यह एक बड़ा मुद्दा है। अनचाहा बाप (या माँ) जो इनसान की तरक़्क़ी के साथ हर देश, हर समाज में बढ़ता दिख रहा है। हमारा मुल्क तो वैसे भी सियासी तौर पर कई तरह की कठिनाइयों से गुज़रता है। युद्ध है, मौत और दुख है फिर भी हम अपना हौसला बनाए रखना चाहते हैं। मेरी दूसरी किताबें अंग्रेज़ी में अनुवाद हुई हैं और एक हिन्दी भाषा में भी 'नन्हा हाथी' करके छपी है।

नासिरा शर्मा : इज़रायल में तलाक़ का प्रतिशत क्या है?

नूरिट ज़ारची : दिनोदिन बढ़ रहा है। चूँकि औरतें शिक्षित और स्वावलम्बी बनती जा रही हैं इसलिए तन्हा जीना भी सीख चुकी हैं और दूसरा विवाह करने से भी अब पहले की तरह झिझकती नहीं हैं, तो भी धर्म और समाज की अपनी जकड़न हैं। हमारी अपनी मुश्किलें भी हैं जो अन्य समाज से ज़रा हटकर हैं। उसमें सियासत ने आकर और भी हालात भड़का दिए हैं मगर मैं इनसे हटकर उस सियासत की तरफ़ देखती हूँ जो औरत को लेकर होती है। उसे हर तरह से दबाया और धमकाया जाता है। मैं उसके ख़िलाफ़ हूँ। औरत एक इनसान है। उसको जीने का, अपने लिए सोचने और कुछ करने का पूरा हक़ है।

नासिरा शर्मा : आपकी पुस्तक 'द मास मेकर' अर्थात् मुखौटासाज़ की बहुत चर्चा है। आपके इस कहानी-संग्रह की भाषा-शैली को भी समीक्षा करनेवालों ने बहुत सराहा और आलोचकों ने यहाँ तक लिखा है कि पिछले कई वर्षों के बीच छपनेवाली यह पहली हिब्रू बुक है जिसने सबको आश्चर्य में डाल दिया है। नूरिट ज़ारची ने इज़रायली गाथीक की रचना कर डाली है जिसमें रात और दिन, अँधेरा और उजाला के साथ विडम्बना और हास्य का अजीब मिश्रण है।

नूरिट ज़ारची : जी! इस संग्रह को बड़े लोगों ने अपने लिए लिखा देख ताज्जुब किया कि मैं बच्चों की जगह अब उनसे मुख़ातिब हूँ और दूसरा आश्चर्य उन्हें यह हुआ कि मैं स्त्री की पहचान को लेकर ज़रूरत से ज़्यादा संवेदनशील हूँ। मेरी इसी उम्मीद भरी सोच को लेकर मेरी इन कहानियों पर एक आलोचक ने लिखा था कि ज़्यादातर कहानियों में आशा की परछाइयों के साथ किसी फ़ैसले और चमत्कार होने की लालसा नज़र आती है। दुनिया दुख से भरी है, जिसमें तन्हाई है, बीमारी

है, मौत है, इसके बावजूद इनके अपने अर्थ और कारण हैं। कभी-कभी यह नई शुरुआत की राह भी खोलती है।

नासिरा शर्मा : इन कहानियों में ऐसा क्या था जिससे आपके पाठक और आलोचकों को चौंकना पड़ा?

नूरिट ज़ारची : मैं अभी तक बच्चों से खेल-खेल में अपनी बातें कहती रही हूँ। इन कहानियों में पहली बार मैं फैंटेसी को ऐतिहासिक घटनाओं के संग मिला यथार्थ की भूमि पर उन्हें लाई हूँ। मैंने ज़बर्दस्त क़लम की आज़ादी का प्रयोग 'बाइबिल' और मिथ की कहानियों के बयान में रहस्यमय आत्मा की पैदाइश और औरत-मर्द की पहचान के आपसी रिश्तों को उठाने की कोशिश की है, बतौर मिसाल मेरी कहानी 'और वह जोजेफ़ थी'। बिबलिकल जोजेफ़ ज़ैकब की बेटी थी। यह पहचान इसलिए छुपाई गई थी ताकि ज़ैकब को निराशा न घेर ले। जोजेफ़ की लड़की वाले गुण उसकी रचनात्मकता में उभरने लगे। उसकी एक ही बदक़िस्मती थी कि एक मर्द के नाते उसे 'फैरो' का मैनेजर बनना पड़ेगा। मैंने अपनी सोच-विचार को भाषा देकर उस लड़की के अहसास को दिखाया है जो मर्दाना कपड़े पहने किसी मर्द सिपाही के पास लेटी अपनी ज़नाना पहचान को छुपाती पुरानी कहानियों की किताब को पढ़ने में व्यस्त है और माँ इस डर और चिन्ता से मरी जा रही है कि मर्दों की उस दुनिया में क्या मेरी बेटी अपनी पहचान को छुपाते हुए अपनी ज़िम्मेदारी का पालन एक दिलेर कूटनीतिज्ञ और सैनिक की तरह कर पाएगी?

नासिरा शर्मा : बहुत दिलचस्प होता इन कहानियों को पढ़ना अगर मैं हिब्रू भाषा जानती होती।

नूरिट ज़ारची : बाक़ी सभी कहानियाँ ऐतिहासिक हैं जिनमें 'स्त्री चरित्र' को उठाकर उसको केन्द्र में रख वर्तमान समय की इच्छा, निराशा, सपने, यथार्थ और इनसान की अपनी पहचान का प्रश्न उठाया है। अन्य दो कहानियाँ 'जलता सूरज...सबको देता उजाला' और 'प्लेग' भी इस नज़रिये से बहुत महत्त्वपूर्ण हैं कि एक इनसान के अन्दर के गुण उसके लिंग पहचान से जोड़कर देखे जाते हैं। मेरी एक कविता भी इसी नाम से है। 'वह जोजेफ़ थी' जो दस वर्ष पहले के मेरी कविताओं के संग्रह 'औरत औरत की जननी है' में शामिल है।

नासिरा शर्मा : अगर चाहें तो इसको हिब्रू भाषा में सुनाएँ।

नूरिट ज़ारची : सुनाती हूँ और उसका कुछ अनुवाद अंग्रेज़ी में करती हूँ।
(नूरिट ने हिब्रू भाषा में कविता की दो पंक्तियाँ सुनाईं जो कानों को अजनबी लगीं और दिल व दिमाग़ में कोई स्पन्दन नहीं जागा।)

नासिरा शर्मा : इसका अर्थ...

नूरिट ज़ारची : (कुछ सोचने के बाद धीरे-धीरे वह पढ़ती हैं अंग्रेज़ी में जो हिन्दी में कुछ इस तरह से है) :

अपने तम्बू में बैठी रासेल
देख रही है घुँघराले बालों के काकुलों को
जो रेशमी कपड़ों में छुपी उसकी बेटी के हैं
जिसका नाम जोजेफ़ है।
मान लो, अगर चाहते हो तुम बेटा
तुम्हारी काश्तकारी का समय नज़दीक है
क्या करोगे झूठ बोलने के अलावा
ख़ुदा की इच्छा को सहना पड़ेगा।
छोटी बच्ची बैठी है तम्बू में
अपने रंग-बिरंगे कोट को पहने हुए
दुनिया की निगाह में वह लड़का है
मगर है वह दरअसल लड़की।

नासिरा शर्मा : इस तरह के लेखन पर आपको साहित्यिक दुनिया में भरपूर प्रशंसा मिली मगर धार्मिक कठमुल्लाओं ने किसी प्रकार का प्रतिरोध जताया?

नूरिट ज़ारची : मैंने धर्म के ख़िलाफ़ बोला ही कुछ नहीं जो पढ़कर कोई भड़कता। मैंने तो औरत की ख़ूबी के साथ उसके अहसास को अपने जज़्बात और अरमान दिए हैं। उस चरित्र को वर्तमान में लाकर आज का यथार्थ बयान किया है। (इतना कहकर नूरिट ने अपनी फ़ाइल में से फ़ोटो कॉपी किया एक पर्चा निकाला और आगे बढ़ाते हुए बोली) यह आपके लिए है।

नासिरा शर्मा : (मैंने पर्चा लेकर देखा और चन्द पंक्तियाँ पढ़ उन्हें देखा) यह तो कविता है नीचे लिखा है—बाई ए लेडी ट्यून 'गाड सेव अमेरिका'।

नूरिट ज़ारची : 'स्त्री के अधिकार' नाम की यह कविता पहली बार फिलोडेलफिया मिनाखा में 17 अक्तूबर, 1795 में छपी थी। यह पहला औरत के हक़ का बयान था जो यूनाइटेड स्टेट में छपा। इसकी लगभग एक सौ कॉपी इस ब्रांड साइज में बाई हैंड आईफी प्रेस से 1982 में शीत ऋतु में छपी थीं। इसके नीचे लिखा है—फ़ार ई.एन.के. एंड एस. के.। बहरहाल यह भावना तो जाने कब से स्त्री के मन में घुमड़ रही है कि उसके साथ न्यायपूर्वक, सम्मानजनित न व्यवहार होता है और न उसको ऐसे अवसर मिलते हैं जिसमें दो इनसानों को बराबर समझ उनका आदर

किया जाए। यदि आप मुनासिब समझें तो इसका अनुवाद अपनी भाषा में करके पाठकों तक सन्देश पहुँचाएँ।

नासिरा शर्मा : इस तरह के विचार पिछली सदी के मध्य से साहित्य में हर विधा के रूप में अपनी उपस्थिति दर्ज करा रहे हैं। आपके विचार और भारतीय महिला लेखक के विचार में बड़ी समानता है। आज़ादी की चाहत का रंग और स्वाद एक ही होगा मगर क़ैद और अन्याय का चेहरे अनेक। मैं इस लम्बी कविता की शुरुआत की कुछ पंक्तियाँ अवश्य ही हिन्दी में पाठकों के सामने रखना चाहूँगी :

ख़ुदा हर औरत के अधिकार की रक्षा करो
उसे दिखाओ सम्मोहित करनेवाला पक्ष
औरत आज़ाद है।
आज़ादी की आवाज़ को फैलने दो
नक़ाब को हटा रखो एक किनारे करो
दीप्तिमान अभिवादन
मीठी स्वतंत्रता को

नूरिट ज़ारची : अगर यहाँ भी इसी तरह सोचा जाता है तो फिर अगली बार मैं चाहूँगी उन महिलाओं से मिलना जो मेरी हमख़याल हैं।

नासिरा शर्मा : हिन्दी में द्रौपदी, सीता, लक्ष्मण की पत्नी, अहल्या आदि स्त्री चरित्रों पर हमारी लेखिकाओं ने इतिहास में दाख़िल हो उनके साथ किए गए अत्याचार के विरुद्ध आवाज़ उठाई है।

नूरिट ज़ारची : आपने ऐसी कोई रचना लिखी?

नासिरा शर्मा : नहीं। धार्मिक या क़ुरान में आई कहानियों पर काम हुआ है। इस्लाम एक आधुनिक धर्म है और कुल चौदह सौ साल पुराना है। इसलिए उसमें समय का बहुत लम्बा फ़ासला तय नहीं हुआ है जैसा हिन्दू, ईसाई या यहूदी धर्म का मामला है। कुछ बातें वर्तमान समय के पैमाने पर लिखनेवालों को अखरती हैं। उस पर बहस तो होती है। मगर किसी किरदार को उठाकर अभी तक कोई उपन्यास, कहानी या कविता नहीं लिखी गई है तो भी कर्बला की जंग पर अवश्य हमारे कहानी सम्राट प्रेमचन्द ने और उर्दू की प्रसिद्ध एवं महत्त्वपूर्ण लेखिका इस्मत चुग़ताई ने 'एक क़तरा ख़ून' ज़रूर लिखा है। हो सकता है काम आनेवाले समय में हो या फिर दूसरे देशों में लेखक लिख रहे हों। अब रहा सवाल रामायण या महाभारत के किसी किरदार को उठाना तो

केवल कहानी जानने से सृजन नहीं हो पाता। ऐसे चरित्रों को लम्बे अरसे तक जीना भी ज़रूरी है तभी आप उस चरित्र के प्रति न्याय कर पाते हैं और उस निष्ठा की भी झलक दिखाते हैं जिसके कारण आपके मन में सकारात्मक व नकारात्मक प्रश्न उठे हैं।

नूरिट ज़ारची : यह तो है, जब तक परिवेश न मिले और किसी भाव के लिए मंथन न हो तब तक बात बनती भी नहीं है।

[अप्रकाशित, 1984, भारत]

यहूदियों पर टूटते ज़ुल्म की गाथा

कविता

येहूदा अमिचाई

बम का व्यास

येहूदा अमिचाई (Yehuda Amichai) का जन्म 3 मई, 1924 को जर्मनी के Wurzburg में हुआ था। वह इज़रायल की महत्त्वपूर्ण कवयित्रियों में से एक हैं। उनकी कविताओं का अनुवाद 40 से अधिक भाषाओं में हो चुका है। उन्हें 'श्लोन्सकी पुरस्कार' (1937), 'ब्रेनर पुरस्कार' (1969) समेत कई पुरस्कारों से सम्मानित किया गया। 22 सितम्बर, 2000 में उनका देहान्त हुआ।

बम का व्यास

बम का व्यास तीस सेंटीमीटर था और
उसके प्रभाव के क्षेत्र का व्यास
लगभग सात मीटर
चार मरे और ग्यारह घायल
और
इनके दर्द और समय का घेरा
दूर तक फैला है जिसमें उजड़े
दो अस्पताल और एक कब्रिस्तान हैं

सौ किलोमीटर से अधिक की दूरी से आई
वो जवान औरत जिस शहर से आई थी
वहीं दफनाई गई
इस तरह घेरा और भी बड़ा हो जाता है
और एक तन्हा आदमी
दूर किसी देश के समुद्री तट पर
उस औरत के लिए शोक मनाता
इस घेरे को और भी विस्तार देता है

घेरे में
पूरा का पूरा विश्व समा जाता है
और मैं ज़िक्र नहीं करूँगा उन
अनाथों के विलाप का
जो भगवान आस्था में डूबा है
उससे परे
एक ऐसा घेरा बनता है जिसका
न कोई अन्त है और न ही कोई ईश्वर!

साक्षात्कार

लूसी जेकब

इज़रायल का यहूदी अतीत : होलोकॉस्ट

लूसी जैकब के इंटरव्यू देने का यहाँ एक ख़ास मक़सद है, ख़ासकर आज के हिब्रो साहित्य एवं समाज को सामने रखते हुए। जबकि होलोकॉस्ट से बचे लोग अभी ज़िन्दा हैं जो फ़िलिस्तीन आए और फिर वहाँ से दूसरे देशों में जाकर बस गए।

होलोकॉस्ट से बचे चन्द लोगों में लूसी जेकब हैं जिनसे अमेरिकन पत्रकार व वीडियो मेकर पीटर सैंटीनिल्लो ने यूएस के लासवेगास शहर में बने सीनियर रेसिस्टेंड लिविंग फैस्टालीज में जुलाई 2023 में, उनके निवास पर एक इंटरव्यू अंग्रेज़ी में लिया। लूसी से हुई बातचीत को मैं यहाँ हिन्दी में दे रही हूँ।

लूसी जेकब ने हार न माननेवाली ज़िन्दगी जी जिसमें अपने दामाद और बेटी को खोया। नाज़ियों के ज़ुल्म जो उन पर भी तोड़े गए उसे याद करके वह इंटरव्यू के दरमियान कई बार जज़्बाती हुईं। भीगी आँखें पोंछ फिर यादों को दुहराने लगतीं। उनकी आवाज़ में कमज़ोरी नहीं थी और अन्दाज़ में भरपूर जिजीविषा थी।

होलोकॉस्ट से बचे अनेक यहूदी वर्तमान में फ़िलिस्तीन में हो रहे जेनोसाइड की आलोचना कर रहे हैं।

इज़रायल का यहूदी अतीत : होलोकॉस्ट

पीटर : आपके हाथ पर यह नम्बर क्या है?

लूसी : 160598 नम्बर मुझे मिला था। जब मैं किचन में काम करती थी।

पीटर : आप इसको हटा क्यों नहीं देतीं?

लूसी : इस नम्बर को कभी नहीं हटाऊँगी। क्योंकि इस नम्बर की वजह से मेरी जान बची थी।

पीटर : कैसे?

लूसी : जब मुझे यह नम्बर मिला था तो मुझे इसके कारण कैरिटोरियम नहीं जाना पड़ा। जब मैं 14 साल की थी तो अपने माँ-बाप के साथ कैम्प जाना पड़ा तो मुझे माँ-बाप से अलग कर लिया गया था। माँ और छोटी बहन को दाहिनी और मुझे बाईं तरफ़ ले जाया गया। दाहिने तरफ़ कैरिटोरियम था, मैं रोती रही, चिल्लाती रही मगर उन्हें जाओ, जाओ करके ठेला जा रहा था। मैं जो बाईं तरफ़ गई तो वहाँ मोटे-मोटे तारों का जाल था जहाँ एक आदमी धारीदार कपड़ा पहने मेरी तरफ़ आया। तभी उसने पूछा, "तुम इतना रो क्यों रही हो?" तो मैंने बताया कि मेरी माँ को वे लोग ले गए। मुझे मम्मी के पास जाना है। तो वह मेरे हाथों को सहलाने लगा और कहने लगा, "तुम चौदह नहीं सत्रह की हो।" तो मैंने पूछा, "मैं झूठ क्यों बोलूँ जब मैं 14 की हूँ?" तो उसने कहा, "तुम्हें बताना पड़ेगा, तुम सोलह की हो।" इतना कहकर वह चला गया और फिर मैंने उसे कभी नहीं देखा। वह फरिश्ता था...।

तब मैं रोते-रोते और चलते-चलते उस जगह पहुँची जहाँ मेरी उम्र से बड़ी लड़कियाँ थीं जिनके गोद के बच्चों को अपने से बड़ी औरतों के हवाले कर दिया जिन्हें कैरिटोरियम की तरफ़ भेज दिया गया।

पीटर : अगर आप चौदह की होतीं तो आपको भी कैरिटोरियम जाना पड़ता।

लूसी : हाँ, इसीलिए मेरी उम्र सोलह हो गई और मैं कैरिटोरियम जाने से बच गई। मेरे बाल मेरी कमर तक थे जिन्हें काट दिया गया। जो भी औरतें थी सब गंजी थीं। हम सब बन्दर लगने लगे थे। सभी को एक तरह के गाउन दिए गए जो किसी के नाप के नहीं थे। फिर मुझसे मेरे ख़ूबसूरत जूते ले लिए गए और लकड़ी के जूते दिए गए जिसे पहनकर मुझसे चला नहीं जाता था। वह मार्च का ठंडा महीना था। हमें गर्म कपड़े नहीं दिए गए थे। हमारे पिता ने घर छोड़ते हुए कहा था कि तुम सब डबल जोड़े पहनना ताकि नाजी तुम्हारे कपड़े उतारे तो तुम्हारे बदन पर एक जोड़ा रह जाएगा। इसलिए वह गाउन मुझे गर्म लगता था। मेरे पिता विटनरी डॉक्टर थे और हम सात बहन-भाई थे। मेरे सभी कौन्सिनट्रेयर कैम्प में भेज दिए गए। सिर्फ़ मैं बची हूँ।

पीटर : नौ लोगों में से आप ही बची हैं?

लूसी : हाँ, सिर्फ़ मैं! हम सब बंकर जैसे लकड़ी के तंग कमरों में सोते थे। जहाँ न कम्बल था, न बिछाने को कुछ था। हम जानवरों की तरह रखे जाते थे। हम नाली जैसे गड्ढे खोदते रहते थे जहाँ पानी शाखाओं में बँटकर फैले न और एक तरह से बहे। हमारे ऊपर तैनात सोलज़र थे जो ऊपर से हमें देखते रहते थे। उनके साथ जर्मन शेफर्ड डॉग थे। हमें आज तक समझ में नहीं आया कि हमें इस तरह की सज़ा क्यों मिल रही है? क्या सिर्फ़ इसलिए कि हम ज्यूश हैं। जब मैं कैदी फैमली के साथ दो वर्ष रही थी तो काम से थक जाती थी। वह जगह तारों से घिरी थी। एक बार तंग आकर मैंने तय किया कि मैं तार पर गिरकर मर जाऊँ और मैं बाढ़ वायर के पास गई और जल भी गई। मगर हमें वाच करनेवाले सोलज़रों द्वारा मुझे देख लिया गया।

पीटर : कोई ऐसी याद उन दिनों की जो आप भुला न सकी हों?

लूसी : भूख!

पीटर : क्या खाना नहीं मिलता था आपको?

लूसी : दिन-भर में एक बार मिलता था जो खाना नहीं कूड़ा था। ट्रकों से जो खाने की सामग्री आती थी वह कच्चे मिट्टी के गड्ढों

में उलट दी जाती थी फिर उसी से निकालकर पानी में पकाया जाता। कॉफ़ी जो मिलती वह कॉफ़ी नहीं होती थी।

पीटर : आप सब उस जड़ को खोकर और बनावटी कॉफ़ी पीकर कैसे लगते थे?

लूसी : हाँ, सब सूखे एक तरह के लगते थे।

पीटर : आपका वजन क्या था?

लूसी : किसके पास वेइंग मशीन थी जो तौलता। जब 1945 में रूस की फौज आ रही थी तो हम लोगों को एक-एक चादर देकर डेथ मार्चिंग करवाते थे।

पीटर : इन सारी मुसीबत में कोई दोस्त बना?

लूसी : दोस्त बनाने की फ़ुरसत किसे थी। मगर एक हमउम्र लड़की से दोस्ती हुई। कैम्प में हम औरतें मर्दों से ज़्यादा मेहनती थीं। मर्द उतने स्ट्रांग नहीं थे। जो काम के क़ाबिल नहीं रह पाते थे। वे शूट कर दिए जाते थे। उनकी लाशें यूँ ही पड़ी रहती।

पीटर : रूस की जो फौज आई थी आपको लिबरेट करने आई थी?

लूसी : यह मुझे नहीं पता।

पीटर : लेकिन जो सोवियत थे उन्होंने भी तो आप लोगों को परेशान किया था।

लूसी : यह सब मुझे पता नहीं, क्योंकि तब मैं थी नहीं। हम एक कैम्प से दूसरे कैम्प में शिफ्ट किए जाते थे और इस शिफ्टिंग से तंग आकर हम दोनों एक कैम्प के किचन में घुस गए। वहाँ एक अफ़सर ने मुझे पहचानते हुए कहा कि लूसी तो बहुत बड़ी हो गई है। मैंने भी उन्हें पहचानते हुए कहा कि हमें कुकिंग करने के लिए रख लीजिए। उन्होंने रख लिया मगर हमने देखा कि वहाँ न बंकर थे, न कोई सुविधा। केवल फर्श था और टाइफायड फैला हुआ था जिसकी चपेट में मैं भी आ गई।

पीटर : जो सिपाही और ऑफ़िसर थे उनके चेहरे आपको याद हैं?

लूसी : बिलकुल याद है। वे बड़ी उम्र के थे जो लड़ नहीं सकते थे इसलिए यहाँ भेज दिए गए थे।

पीटर : ये जो मुसाफिर थे क्या इनका ब्रेनवॉश किया गया था या फिर यह लोग बुरे ही थे?

लूसी : नहीं, उनका ब्रेनवॉश किया गया था।

पीटर : फ्रीडम तो आप लोगों के क़रीब थी, रशन आ चुके थे।

लूसी : मैं तो टायफायड में थी। सिर भी हिलाने के क़ाबिल न थी। वहाँ आसपास के साथियों ने कहा, "उठो! अब हम आज़ाद हो गए हैं। आज़ाद तो हम ज़यर हो गए थे। अस्पताल की हालत बहुत अच्छी न थी और हमारे पास रहने का कोई ठिकाना न था। मैं सोलह-सत्रह की थी। जैकोस्लोवाकिया में शादी की उम्र अठारह थी। मेरे अंकल के कुलीग मुझ से शादी नहीं कर सकते। लेकिन उन्होंने मुझसे शादी की। उस समय उनकी उम्र 36 साल की थी। वह अविवाहित थे, बिज़नेसमैन थे, उनके पास घर था।

पीटर : आपके शौहर...

लूसी : वह मेरे अन्दर आ रहे बदलाव से चिढ़ते थे।

पीटर : क्योंकि आप सुन्दर थीं?

लूसी : बेहद जलते थे मेरी सुन्दरता से, मैं पढ़ना चाहती थी।

पीटर : शादी के बाद पढ़ा?

लूसी : नहीं, मैंने शौहर के काम में हाथ बँटाया, उस समय भी करती थी, जब गर्भवती थी। शौहर आर्मी में थे मगर उनका बिज़नेस था जो मैं सँभालती थी। चेकोस्लोवाकिया 1945 से 1948 तक हम रहे। फिर 1948 में इज़रायल चले गए। रशिया ने चेकोस्लोवाकिया पर क़ब्ज़ा जमाया। मैं सोवियतत का हिस्सा नहीं बनना चाहती थी। दो साल के बच्चे को लेकर इज़रायल जो उस समय फ़िलिस्तीन था, आ गए।

पीटर : जब आप चेकोस्लोवाकिया में थीं तब लाइफ कैसी थी?

लूसी : बहुत ख़ुशहाल। मेरे शौहर काम कर रहे थे। उनके पास घर था।

पीटर : फिर आप रुकतीं?

लूसी : नहीं, रशियन आनेवाले थे। हमको एंटोनी एक इज़रायली इंजियों बीच में जाते मिली। वह हमें इज़रायल (फ़िलिस्तीन) ले गए। फ़िलिस्तीन में दस साल रही। वहाँ बहुत सख़्त ज़िन्दगी थी। न बिजली,न पानी था। टायलेट सिस्टम नहीं था। बस फर्श पर होल था। इज़रायल (फ़िलिस्तीन) हम जिस बोट से गए थे वह जानवरों को ढोनेवाली नाव थी। कपड़ा धोना मुश्किल था। हम फिर यूएस चले गए।

पीटर : आप अमेरिकन यूथ के लिए कुछ कहेंगी?

लूसी : बड़ों का ध्यान रखो। अमेरिका बहुत अच्छी जगह है। उसकी कद्र करो और मेरी दुआ है कि मेरी तरह की ज़िन्दगी किसी को न मिले।

पीटर : आप 95 साल की हो रही हैं, अच्छा लगा। आप हेल्दी और ख़ुश नज़र आ रही हैं।

लूसी : मैं बहुत ख़ुश हूँ। अपनी कहानी मैं स्कूलों में जाकर सुनाती हूँ। जब कभी वीडियो देखती हूँ 6 मिलियन ज्यूश को किस तरह मारा गया तो आँखों से देखकर दिल दहल जाता है। आपने मेरी कहानी पूरी सुनी उसके लिए शुक्रिया पीटर आपका।

ग़ाज़ा युद्ध

कविता

प्यार करो

[फ़िलिस्तीन के बच्चों के नाम]

प्यार करो बस प्यार
प्यार करो हर बच्चे को बारम्बार, प्यार करो
बच्चा आपका हो या ग़ैर का
बस प्यार करो बेतहाशा प्यार करो
यह अहसास दिया है फ़िलिस्तीन व इजरायल युद्ध ने

जिस समय में हम साँस ले रहे हैं
वह कभी भी सुलग सकता है सूखे पत्तों की तरह
बेगुनाह बच्चे, मासूम बच्चे नहीं जानते सियासत
न जानते हैं कि कौन बरसा रहा है बम उन पर

जब मुर्दा बच्चों के बीच घायल बच्चा ज़ख़्मों से चूर
भूख और प्यास से मजबूर, पुकार उठता है माँ।
तो माँ की मीठी आवाज़ 'आई' की जगह
उठा लेते हैं दो अजनबी हाथ, पुचकारते हैं, पोछते हैं
चेहरे से बारूदी धूल को, ज़ख्मों पर लगाते हैं दवाएँ!
फिर बाँध देते हैं उन्हें सफेद कपड़ों में

इसीलिए
कहती हूँ प्यार करो बेतहाशा प्यार करो
उसके माथे और गालों पर
बस प्यार करो, बस प्यार!

—नासिरा शर्मा

लेख

दोहरी सियासत का शिकार फ़िलिस्तीन

7 अक्टूबर, 2023 में अचानक फ़िलिस्तीन की हमास पार्टी ने 500 रॉकेट इज़रायल पर फेंके। इस हमले से विश्व के लोग चौंके ही नहीं बल्कि कुछ का सदमा लगा कि शेर की माँद में हाथ डालने की हिमाकत हमास ने किसके उकसाने पर की, ख़ासकर तब जब न उनके पास लम्बी फ़ौजें हैं और न ख़तरनाक हथियार। और जब इज़रायल में घायल लोगों की संख्या और हालत देखी ख़ासकर बच्चों की तो सभी को महसूस हुआ कि एकाएक हमास ने ऐसा क़दम क्यों उठाया और सीधे ही उसकी आतंकवादी गतिविधि पर रोक लगाने के लिए आवाज़ें उठने लगीं जिसमें भारत भी शामिल था। परन्तु इनके बीच ऐसे लोग भी थे जो ताज्जुब कर रहे थे कि आख़िर हमास ने इतनी बड़ी ताक़त जो इंटेलीजेंसी में मशहूर है, उसे हमास द्वारा उठाए गए क़दम की भनक तक न हुई? कहीं यह ख़ुद पर हमला करवाने का इज़रायल का षड्यंत्र तो नहीं है वरना हमास इस तरह के ख़तरे उठाकर अकारण ही एक ऐसे देश को चुनौती क्यों देगा जो सैन्य संगठन में महाबलि है। कुछ को शंका हुई कि इसके पीछे ज़रूर ईरान, लेबनान के हिज़्बउल्लाही का हाथ है। अभी यह अटकलें लग ही रही थीं कि अपने बचाव में इज़रायल ने हमास को जवाब दिया और क़हर फ़िलिस्तीन की आम जनता पर टूटा, जो एक बार नहीं, लगातार चल रहा है।

अभी तक समाचारों में रूस और यूक्रेन छाया हुआ था। अब उसके स्थान पर फ़िलिस्तीन-इज़रायल की चर्चा शुरू हो गई। दिल दहलाने वाले वीडियो से विश्व के संवेदनशील बुद्धिजीवी एवं सोशल एक्टिविस्ट ने अपने-अपने विचार देने शुरू कर दिए। जिसके ऐतिहासिक सन्दर्भ थे इसलिए इज़रायल की हिमायत में उठी आवाज़ें थमने लगीं और इस लम्बे चले आ रहे युद्ध के ऐतिहासिक व वैश्विक कारणों की जिज्ञासा बढ़ गई। ख़ासकर महत्त्वपूर्ण व्यक्तित्व के कथन पढ़कर।

विलियम स्कॉटरिट्टर (William Scottritter), जो अमेरिकन लेखक और अन्तरराष्ट्रीय सम्बन्ध विशेषज्ञ हैं, साथ ही पूर्व संयुक्त राष्ट्र विशेष आयोग के हथियार निष्क्रिय रहे हैं एवं पूर्व संयुक्त राज्य मरीन कॉप्स के खुफिया अधिकारी रह चुके हैं, का कहना है कि इज़रायल को यह हक नहीं है कि जानबूझकर सिविलियंस पर निशाना बाँधे क्योंकि इंटरनेशनल लॉ साफ-साफ यह कहता है लेकिन इज़रायल

अपनी मनमर्जी कर रहा है और पूरी दुनिया चुप है। फिर कटाक्ष करते हुए उन्होंने आगे कहा, "इज़रायल असाधारण नेशन है जिसकी जनता भी असाधारण है कि जो नॉर्मल रूल-रेगुलेशन हैं उन लोगों पर अप्लाई नहीं होता है क्योंकि वह ख़ुदा के चुने हुए लोग हैं, वह कुछ भी कर सकते हैं।"

दूसरी ओर, फ़िलिस्तीन में हो रहे नरसंहार के बारे में नॉरमैन फिंकेलेस्टीन (Norman Finkelestein) की है जो अमेरिकन पॉलिटिकल साइंटिस्ट, एक्टिविस्ट हैं और इज़रायल-पेलेस्टाइन कॉन्फिलिक्ट और होलोकस्ट पर महत्त्वपूर्ण काम है, उनका कहना है कि "इज़रायल ने हमेशा ज़िम्मेदारियों को नकारा है और यूएस गवर्नमेंट और ब्रिटिश गवर्नमेंट पर आप कभी विश्वास न करें।"

ताज्जुब की बात यह है कि अमेरिकन ज्यूश (Jews) की संस्था 'प्रो पैलेस्टाइन' है। उन्होंने ग़ाज़ा में युद्ध-विराम की माँग करते हुए कहा, "फ़िलिस्तीन को आज़ाद करो!"

इसी के साथ पूरे विश्व में एक प्रश्नावली चल पड़ी है कि आप किसके साथ हैं? यह विचित्र-सी बात है कि जब शान्ति की माँग होनी चाहिए उस समय इस तरह के गेम खेले जा रहे हैं। बहरहाल, सैकड़ों लोग अमेरिकन राजधानी वाशिंगटन डी.सी. के स्टेट डिपार्टमेंट के सामने बैनर और फ़िलिस्तीन झंडे लेकर फ़िलिस्तीन के सपोर्ट में खड़े हुए। इसी बीच कतर के शेख़ तमीम बिन हमद-अल-थान (Tamim Bin Hamad Al-Than) ने फ़िलिस्तीन में होती तबाही को देखकर कहा, "अब बहुत हो चुका, अब बस! क्योंकि इस जंग ने सारी हदें तोड़ते हुए ख़ून बहाया है।"

इन सारी हमदर्दी का जवाब डिफेंस मिनिस्टर ने यह कहकर दिया कि यूएस झिझकेगा नहीं गााजा युद्ध अगर इलाक़ाई लड़ाई में बदलती है।

हॉवर्ड की फ़िलिस्तीनी अकादमी ने कहा, "वह हमें गाड़ना चाहते हैं मगर वह नहीं जानते कि हम बीज हैं।"

जो ख़बरें हमें वीडियो द्वारा फ़िलिस्तीन की दिखाई जा रही हैं उन्हें झुठलाया नहीं जा सकता है क्योंकि यह सच्चाई को सनद बनाकर पेश करता है। शिफा व दूसरे अस्पतालों पर गिरे बम से जो बचे ज़ख़्मी लोग आ रहे थे उनमें से ज़्यादा तादाद उन बच्चों की थी जो दूध पीते थे। उनसे बड़े बच्चों का हाल अजीब था। वह सहमे और काँप रहे थे। कुछ चकराए हुए थे। कुछ स्कूल बस में थे। जो भी देखा उससे महसूस हुआ कि कई दशकों से चल रही लड़ाई ने उन्हें यह सन्देश दे दिया है कि अब यही और ऐसी ही हमारी ज़िन्दगी है।

एक वीडियो में बच्चे अपने हाथ पर नाम इस तरह लिखवा रहे हैं जैसे अंजाम जानते हैं। तभी एक लड़के ने बताया कि यदि वह जंग में मरता या मलबे में दबता है तो नाम लिखे जाने से पहचान लिया जाएगा। बात यहीं ख़त्म नहीं होती बल्कि सूखी कच्ची नहर की तरह ख़ुदी ज़मीन पर मिट्टी से लड़के खेल रहे हैं और जो पूछा जाता है, 'यह कैसा खेल है?' तो हँसते हुए जवाब देते हैं कि इसलिए मिट्टी

से खेल रहे हैं कि कल यहीं दफ़न होना है। उनकी बात की सच्चाई तब पता चलती है जब इस नहरनुमा क़ब्र में एक साथ सफ़ेद चादरों में लिपटे शव पंक्तिबद्ध लिटा दिए जाते हैं। उस पर बुलडोज़र से मिट्टी डाली जाती है। उनकी कमर पर लिपटे कफ़न पर भी कुछ लिखा दिखता है। यह सब देखकर किसी को भी जंग से नफ़रत हो जाएगी और उसका सबसे तीखा सवाल होगा कि आख़िर मानवाधिकार कमेटी क्या अपना कर्तव्य भूल चुकी है? या फिर जो यह माँग कर रहे हैं कि युद्ध विराम हो वह यह सवाल क्यों नहीं उठाते कि आख़िर हथियार सप्लाई पर रोक क्यों नहीं लग पा रही है? अमेरिका हथियार और पानी एक साथ भेज रहा है।

जो कुछ आज फ़िलिस्तीन में हो रहा है, उसे सीरिया, इराक़ और अफ़ग़ानिस्तान में हम देख चुके हैं। यह बारूदी खेल इनसानों के साथ पर्यावरण और महत्त्वपूर्ण ऐतिहासिक धरोहरों को जिस तरह ध्वंस कर रहा है उसका भविष्य में क्या परिणाम देखने को मिलता है, यह तो हमारी आनेवाली पीढ़ियाँ झेलेंगी। अभी जो सबसे ख़तरनाक काम हो रहा है वह आतंकवाद को ख़त्म करने के नाम पर आतंकवाद है, जो बच्चे इस समय फ़िलिस्तीन में बच गए हैं वह उनकी यादों का हिस्सा बन चुका है और बड़े होने पर वह अपने साथ हुए ज़ुल्म का जवाब किस तरह देंगे? हमास को ख़त्म करने के नाम पर ग़ाज़ा के आम आदमी पर आफत टूट रही है और यह बात ख़ुद एक आम फ़िलिस्तीनी मलबे के ढेर पर खड़ा होकर कह रहा है, "यह हमारे साथ इज़रायल क्या कर रहा है? हम हमास नहीं हैं?" दूसरी ओर, एक दस-ग्यारह वर्ष की एक लड़की जिसने अपनी माँ को खोया है वह क्रोध में रोते हुए कह रही है, "मैं तुम्हारा पैर चूमने को तैयार हूँ हमारे ऊपर बम मत गिराओ!"

यह सारे दृश्य जो हम वीडियो के जरिए देख रहे हैं यह सिनेमा नहीं, यथार्थ है और इस यथार्थ को जिसे हम नरसंहार कह सकते हैं या फिर हठ जो कि एक बेहद वहशतनाक, गैर-इनसानी कार्य है; लेकिन सभी महत्त्वपूर्ण देश जो हमदर्दी भरे सन्देश भेज रहे हैं उसकी जगह उन्हें ठोस क़दम उठाना चाहिए मगर सब आराम से बैठे इस ख़ूनी लड़ाई को देख रहे हैं।

इज़रायली एम्बेसेडर यू.एन. गीलाड इरडान (Gilad Erdan) और उनकी टीम ने यलोस्टार लगाया जब यू.एन. सिक्योरिटी कौन्सिल की मीटिंग चल रही थी। उनके इस अन्दाज को चेयरमैन याद बाशीम (Yad Bashem), दानी दयान (Dani Dayan) ने कंडॅम किया मगर एम्बेसेडर का कहना था 'ज्यूश पोलैंड में पीला स्टार लगाते थे; जब नाज़ियों ने पोलैंड पर 1938 में क़ब्ज़ा कर लिया था फिर उन्हें जर्मनी में पहनना पड़ा था इसलिए वह पीला स्टार तब तक लगाए रहेंगे जब तक यू.एन. सिक्योरिटी कौंसिल के मेम्बर हमास के आतंकवादी गतिविधियों को कंडेम नहीं करेंगे और हमारे होस्टेजेज़ की रिहाई की माँग नहीं करेंगे।"

गीलाड इरडान को नाज़ियों का ज़ुल्म तो याद आया परन्तु जिस होलोकॉस्ट से ज्यूश क़ौम गुजरी है, क्या वही सब कुछ ग़ाज़ा में दोहराना चाहती है, उनके

साथ जिन्होंने उन्हें पनाह दी थी? ग़ाज़ा में आम आदमी पानी, ईंधन, बिजली के न होने से परेशान है। अस्पतालों पर बम गिराने से पहले इज़रायल सेना ने एलान के साथ कहा गया, "डॉक्टर अस्पताल छोड़कर बाहर आ जाएँ।" मगर किसी डॉक्टर ने इस एलान को नहीं माना और डॉक्टर अल-देरगान (Al-Dergan) ने कहा कि "यह कैसे मुमकिन है कि हम बीच ऑपरेशन में अस्पताल शिफ्ट करें और मरीजों को छोड़ जाएँ। बम बरसता है तो बरसे हमारे सिरों पर।'

इस मुश्किल समय में जब दवा के साथ दूसरे मेडिकल एक्यूपमेंट्स ख़त्म हो रहे हैं और हर दो मिनट बाद कोई-न-कोई ज़ख़्मी आ रहा है। यू.एन. के अधिकारी ने बताया कि 7 अक्टूबर से 25 अक्टूबर तक मरने वालों की जो लिस्ट है वह डेढ़ सौ पन्नों की है जिसमें से छह पन्ने इन बच्चों के नामों की है जो एक साल से कम के हैं।

ग़ाज़ा में रहनेवाले दरअसल एक खुली जेल में रह रहे हैं, ऐसा कहा जा रहा है। अब उनकी संख्या कितनी रह गई है उसकी भी लिस्ट या आँकड़ा मिल जाएगा। लेकिन जो लोग संयुक्त राष्ट्र के राहत कार्य में (U.N.R.W.A.) में जुटे उनमें से लगभग 70 लोगों के मरने का आँकड़ा सामने आया है। एशियन एड, रेडक्रॉस में जो काम कर रहे हैं और जो अस्पतालों में काम कर रहे हैं वह हमास से नहीं हैं मगर मानवीय स्तर पर अपना कर्तव्य निभा रहे हैं। जबकि हमास को वह उस तरह ढेर नहीं कर पा रह हैं।

रिचर्ड बोएड बॉर्रेट (Richaard Boyd Barrett) आयरिश एंटी मूवमेंट के चेयरमैन का कहना है : "इज़रायल का जो नक़्शा मैंने देखा उसमें न फ़िलिस्तीन था न ग़ाज़ा था। पहले से ही ऍथेनिकली ग़ाज़ा को साफ कर दिया जैसे वह धीरे-धीरे कर रहे हैं। कोई भी दुनिया का नेता ऍथेनिकली क्लींजिंग को डिफेंड नहीं कर सकता है।"

इज़रायली प्रोफेसर ईलान पापे (Ilan Pappe) जो हिस्टोरियन और ऑक्सफ़ोर्ड यूनिवर्सिटी और हिब्रो यूनिवर्सिटी यरूशलम से सम्बन्धित है। उन्होंने अपने एक इंटरव्यू में नक़ाबा के बारे में बताया है जिसका डर ज्यूश के दिलों में रहता है कि फिर वह नये संकट का सामना न करें। प्रोफेसर ईलान पापे ने नक़ाबा का अर्थ बताते हुए कहा, "नक़ाबा ऍथॅनिक क्लींजिंग है जो व्यवस्थित रूप से हो, जो फ़िलिस्तीन में करनी है (de Arabise Palestine) जिसमें उनके चले जाने के बाद जो भी उनसे सम्बन्धित अवशेष बचे उन्हें सिरे से साफ करना है जो 1948 से शुरू हुआ। नक़ाबा अभी चल रहा है क्योंकि 50 प्रतिशत लोग फ़िलिस्तीन हटे हैं और इज़रायल केवल 80 प्रतिशत ज़मीन ले पाया है। नक़ाबा रोज़ हो रहा नबुलस, ग़ाज़ा, गैलीली, नक़ाबा। हमको फ़िलिस्तीन की बर्बादी पर बातचीत करनी चाहिए।"

प्रो. ईलान पापे चूँकि बुद्धिजीवी हैं और वह संवाद से इस समस्या का हल ढूँढ़ना चाहते हैं..."और इज़रायल और उनके मित्र देश लगातार शान्ति वार्ता के बाद भी हथियार देते हैं और एक युद्ध समाप्त नहीं हो पाता कि दूसरा शुरू हो जाता है। मुझे 1978 में पी.एल.ओ. के चेयरमैन यासिर अराफ़ात का इंटरव्यू याद

आ रहा है जिसमें उन्होंने कहा था कि वेस्ट मीडिया और इज़रायली इस इलाक़े में तुम्हारा बेबी है। कोई ऑर्गेनाइज़्ड टेररिज़्म पर ध्यान नहीं दे रहा है। जिस तरह के ख़ौफ़नाक़ हमले हुए यू.एन. की सिक्योरिटी में उसकी आलोचना करनी चाहिए; और जो मानवाधिकार की बातें करते हैं, जब बात फ़िलिस्तीन और लेबनान की आती है तो वह कहाँ चले जाते हैं? हमारे फैक्स देखें, लेबनान के गाँवों पर हमला हुआ, उसमें से कुछ गाँव पूरे के पूरे साफ़ कर दिये गए मगर वैस्टर्न प्रेस ने अपने कैमरे ऑन नहीं किए क्योंकि इज़रायल उनका बेबी है।" इसमें कोई शक नहीं है कि वेस्टर्न वर्ल्ड के साथ कुछ हो जाता है तो उसको इतना बढ़ा-चढ़ाकर बताया जाता है कि उनका पल्ला न केवल सही नज़र आने लगता है बल्कि भारी हो जाता है। यह भी सच है कि अरब दुनिया में जो खबरें छपती हैं चूँकि अरबी में रहती हैं इसलिए बाक़ी दुनिया उन्हें नहीं पढ़ पाती है और एक तरफ़ा दृष्टिकोण अपना लेती है।

इस समय प्रश्न उठ रहा है कि अरब देश इस कठिन समय में क्यों नहीं साथ दे रहे हैं हमले ग़ाज़ा में हुए हमले से तबाह एक बेबस फ़िलिस्तीनी ने कहा कि 'अरब देश मुर्दा हो चुके हैं'। यह सही नहीं, वह जाग रहे हैं और अपना-अपना लाभ और नुक़सान देख रहे हैं क्योंकि 16 सितम्बर, 2020 को अरब-इज़रायल के बीच 'इब्राहम समझौता' हुआ था जिसकी मध्यस्थता की भूमिका अमेरिका ने की। इस समझौते का मुख्य मक़सद रहा कि अरब-इज़रायल के बीच आर्थिक, राजनीतिक और सांस्कृतिक स्तर पर सम्बन्धों को सामान्य बनाया जाए। तब हम कैसे उम्मीद कर सकते हैं कि कोई अरब देश 1967 की तरह एकजुट होगा और इज़रायल के क़ब्ज़े वाला हिस्सा लौटाएगा क्योंकि दुनिया अपना रुख़ बदल रही है और नए तरह के मापदंड वजूद में आ रहे हैं।

जैसे कि यदि पहले की तरह भागे या खदेड़े फ़िलिस्तीनी इन देशों की तरफ़ भागे थे और बस गए थे मगर इस बार यह देश इसलिए भी ऐसा नहीं कर रहे हैं कि यदि फ़िलिस्तीनियों ने जगहें ख़ाली छोड़ी तो इज़रायल को आगे बढ़ने का मौक़ा मिल जाएगा और इस तरह फ़िलिस्तीन कुछ वर्षों में इज़रायल स्टेट में बदल जाएगा। इसलिए इज़रायली एसेम्बली के मेम्बर की बेहद कड़वी ज़बान से यह आवाज़ निकली है कि ग़ाज़ा में कम बच्चे मरे हैं, इसकी संख्या इससे भी ज़्यादा होनी चाहिए। लेकिन वह यह नहीं देख पाई है कि अस्पतालों में घायलों को देखते हुए डॉक्टर और पत्रकार जिस तरह ज़ख़्मी माँ के बिना बच्चों को वह सीने से लगा थपकते हैं और उन्हें बहलाते हैं और जो बड़े बच्चे हैं उन्हें टॉफ़ी या खिलौने देते हुए हँसाते हैं। फिर मुट्ठी से मुट्ठी टकराकर उन्हें कहलाते हैं—फ़िलिस्तीन ज़िन्दाबाद! वही बच्चे गाते हैं जो ग़ाज़ा के हीरो हैं—"जब तक हम जीत नहीं जाते/ हम राह ढूँढ़ लेंगे/ बाग़ का दरवाज़ा खोल देंगे/ हमें ज़िन्दा रहना पसन्द है/ जीत का मार्च तब तक निकालेंगे।"

जून, 1967 में छह दिवसीय युद्ध के दौरान, इज़रायल ने फ़िलिस्तीन के ब्रिटिश जनादेश का हिस्सा रहे शेष क्षेत्र पर क़ब्ज़ा कर लिया, जॉर्डन से वेस्ट बैंक

(पूर्वी यरूशलम सहित) और मिस्र से ग़ाज़ा पट्टी ले ली। मिस्र और सीरिया द्वारा सैन्य धमकियों के बाद जिसमें मिस्र के राष्ट्रपति नासिर की संयुक्त राष्ट्र से मिस्र-इज़रायल सीमा से अपनी शान्ति रक्षक सैनिकों को हटाने की माँग भी शामिल थी। जून, 1967 से इज़रायली सेना मिस्र, सीरिया और जॉर्डन के ख़िलाफ़ कार्यवाही करने गई। इस युद्ध के परिणामस्वरूप इज़रायल रक्षा बलों ने वेस्ट बैंक, ग़ाज़ा पट्टी, गोलान हाइट्स और सिनाई प्रायद्वीप पर विजय प्राप्त की और सेना के अधीन कर दिया। इज़रायल ने अरब सेनाओं को पूर्वी यरूशलम से पीछे धकेल दिया जहाँ यहूदियों को पूर्व जॉर्डन के शासनकाल में जाने की इजाज़त नहीं थी। इज़रायल ने यरूशलम को अपनी राजधानी बनाना चाहा और शामिल कर लिया? मगर उसे अन्तरराष्ट्रीय स्तर पर मान्यता नहीं मिली। इज़रायल ने क़ब्ज़ा की हुई भूमि पर यहूदी बस्ती बसाना शुरू कर दी।

संयुक्त राष्ट्र सुरक्षा परिषद ने 'शान्ति के लिए भूमि' फार्मूले को बढ़ावा देते हुए 'संकल्प-242' पारित किया जिसमें उपरोक्त अरब लीग देशों द्वारा युद्ध के सभी राज्यों को समाप्त करने के बदले में 1967 में क़ब्ज़े वाले क्षेत्रों से इज़रायल की वापसी का आह्वान किया गया था। लेकिन इस बार इज़रायल और अमेरिका व बाक़ी देश इस सिलसिले में कोई कोई ठोस क़दम नहीं उठा पा रहे हैं और अरब देशों का मंशा भी अभी साफ नहीं कि वह 1967 की तरह कोई सामूहिक क़दम उठाएँगे, लेकिन ऐसा हो नहीं रहा है। मिस्र ने फ़िलिस्तीनियों को लेने से इनकार कर दिया है।

इज़रायली गालित अतबरयान (Galit Atbaryan) का कहना है कि "फ़िलिस्तीन को धरती से मिटा देना चाहिए। इन शैतानों को इजिप्ट या फिर उड़कर उत्तर-दक्षिण पार चले जाना चाहिए वरना मारे जाएँगे और इस बार उनकी मौत बहुत भयानक होगी।"

एमनेस्टी इंटरनेशनल स्काइप ने कहा है, "इज़रायल सफ़ेद फ़ासफोरस का प्रयोग कर रहा है?"

संयुक्त राष्ट्र इस पूरे नरसंहार को अपराध है, अपराध कह रहा है। संयुक्त राष्ट्र मानवाधिकार के ऑफ़िसर क्रेग मुखिबॅर (Craig Mokhiber) ने इस्तीफ़ा दे दिया है। उनका कहना है कि "जो कुछ ग़ाज़ा में हो रहा है वह इज़रायली नरसंहार है।"

2014 में एक इंटरव्यू में एक अमेरिकन अफ़सर ने आक्रोश में भरकर कहा था, "जागो अमेरिकंस जागो! तुम ऐसी जंग में खींचे जा रहे हो जो अरब वर्ल्ड, मुस्लिम वर्ल्ड है, जिसमें तुम्हें यक़ीन दिलाया जाएगा कि बहुत कुछ भयानक होनेवाला है। और यह काम मुस्लिम नहीं करेंगे बल्कि 'मोसाद' करेगा जो बेहद चतुर और क्रूर है। अमेरिका पर अटैक ख़ुद करेगा और दिखाएगा ऐसा जैसे अरबों ने किया है। 'फाल्स फ्लैश' की मेरी परिभाषा है।"

अमरीकी जनता भी इस बात को महसूस कर रही है कि उसके जवान कहीं-न-कहीं लड़ाई में मारे जाते हैं और उसमें भी विफलता हाथ लगती है और वह देश भी बर्बाद होता है। इसी सिलसिले में हार्ट के स्पेशलिस्ट एवं एक्टर बसीम यूसुफ़ का कहना है कि

"एक अमेरिकन नागरिक के नाते मैं यह सवाल कर रहा हूँ कि अमेरिका 4 बिलियन डॉलर सालाना ख़र्च कर रहे हैं और कहीं नहीं पहुँच पा रहा है। हमास के बहाने उसका टारगेट सिविलियंस हैं। इसके लिए पुतिन की आलोचना यूक्रेन के सिलसिले से हुई मगर इज़रायल जिसके पास आर्मी है वह बम बरसा रहा उस पर जिसके पास कुछ नहीं है।" उनसे पूछा गया कि "आप अगर इज़रायली होते तो?" इस पर उनका जवाब था कि "मैं जितना भी नरसंहार कर सकता करता क्योंकि दुनिया ने छूट दे रखी है, वह मुझसे यह करवाती'। उन्होंने आगे कहा कि "फ़िलिस्तीनियों को जॉर्डन या इजिप्ट क्यों ले, क्यों न यूरोप ले जिसके 44 देश हैं। क्यों न अमेरिका ले जिसके पचास प्रान्त हैं? और फिर सारे फ़िलिस्तीन, जॉर्डन और मिस्त्र में धकेलकर वह फिर जॉर्डन, मिस्त्र में घुसे?" ग्रेट इज़रायल के सपने को लेकर यह समस्या गहरी और उलझी है और रोज़-ब-रोज़ उलझाई जा रही है हर तरफ़ की राय से। जबकि इज़रायल का निशाना कहीं और है।

इज़रायली पत्रकार जीडियन लेवी (Gideon Levi) का कहना है कि 'उन लोगों की ज़ुबान सुनें जो टू स्टेट समाधान को सपोर्ट करते हैं कि फ़िलिस्तीनियों का गैर-फौजीकरण कर दिया जाए। क्या उनके पास सेल्फ डिफेंस का कोई अधिकार नहीं है। उन लोगों की ज़िन्दगी ख़तरे में है। इज़रायल कोई भी हथियार रख सकता है मगर फ़िलिस्तीन नहीं। यह किस किस्म का जस्टिस है? इज़रायल फौजी घर-घर हमास को ढूँढ़ रही है लेकिन कितने घर और इमारतें ग़ाज़ा में बचे हैं? यह जंग बन्द होती है तो जो फ़िलिस्तीनी सड़क पर पनाह लिये हैं। उनका ज़िम्मेदार कौन और उनको कौन फिर से बसाएगा इसलिए बेहतर है प्रधानमंत्री नेतन्याहू का जाना।

इन विभिन्न स्तरों पर लिखी और कही अभिव्यक्तियों और इस एकतरफ़ा नरसंहार को समझने के लिए हमें इस समस्या को बुनियादी रूप से समझना होगा जिसके लिए हमें यरुशलम में जन्मे तीन धर्मों के साथ उस इतिहास को भी समझना होगा तभी हम अपनी तरफ़दारी को सही तरह से समझ सकेंगे और इस तरह के युद्धों के विरुद्ध आवाज़ उठा सकेंगे जिसका परिणाम पूरा विश्व किसी-न-किसी स्तर पर झेलता है। यह शब्द दूसरे अन्दाज़ से अहमद ख़ालिद स्वाफ़लाह ने कहा है—

यह इज़रायल नहीं क़ब्ज़ा किया हुआ फ़िलिस्तीन है
यह इज़रायली शहर नहीं बल्कि ग़ैरक़ानूनी बसावट है
यह भिड़न्त नहीं बल्कि
यह इज़रायल की डिफेन्स फ़ोर्स नहीं बल्कि फ़िलिस्तीन पर
क़ब्ज़ा करने की फ़ोर्स है
यह टेररिज़्म नहीं बल्कि फ़िलिस्तीन नरसंहार है
यह इज़रायली लोग नहीं बल्कि ज़बर्दस्ती बसे लोग हैं।

यहूदी-अरब सम्बन्ध

यरुशलम तीन धर्मों का जन्मस्थल है। यहाँ तीनों धर्म के लोग कई तरह की मानवीय, धार्मिक, राजनीतिक एवं सामाजिक टकराहटों और युद्धों की विभीषिका से गुज़रते आए हैं। यहूदी व ईसाई, ईसाई और इस्लाम की आपसी टकराहटें जो भी हों, मगर उनका अरब देशों से कभी ऐसा सम्बन्ध नहीं रहा जो शत्रुता का कारण बनता। इस इलाक़े में जिस ऑटोमन साम्राज्य का राज था वह अरब नहीं तुर्क थे। यूरोप से यहूदी लोगों को दर ब दर किया गया, वह अरब देश नहीं थे जैसा प्रचार किया जाता रहा है कि फ़िलिस्तीन समस्या अरब समस्या है बल्कि यह यूरोप यहूदी समस्या है। इसी के साथ यह भी प्रचार किया जाता रहा है और आज भी हो रहा है कि मुस्लिम अरब देश मुसलमान फ़िलिस्तीनियों की मदद नहीं कर रहा है। इज़रायल का भी वर्तमान समय में वही पुराना दोहराव है कि इस्लाम ब्रादरहुड या 'पान अरब' के चलते फ़िलिस्तीनियों की सहायता नहीं कर रहा है जबकि हक़ीक़त यह है कि अरबों ने अपने हिसाब से शान्ति एवं सुरक्षा को नज़र में रखते हुए फ़िलिस्तीन के लोगों की मदद की और अभी भी कर रहे हैं।

हमारे सामने मानवाधिकार का प्रश्न उठता है कि जिन देशों ने अरब देशों पर यह आरोप लगाए हैं उन्होंने क्यों नहीं आगे बढ़कर फ़िलिस्तीनी समस्या को वास्तव में ख़त्म करने की कोशिश की या अपने देश में शरणार्थी के रूप में नहीं बल्कि सामान्य नागरिकों के रूप में उन्हें स्वीकार किया हो। आख़रि डेमोक्रेसी सिखाने और लाने का इन्हें मध्यपूर्वी देशों में बहुत शौक़ है। अब इस बात को भी बार-बार दोहराया जा रहा है कि फ़र्स्ट वर्ल्डवार और सेकेंड वर्ल्डवार को शुरू करनेवाले अरब नहीं यूरोप के देश थे। इस बार भी प्रधानमंत्री बेंजामिन नेतनयाहू ने कह भी दिया कि यदि होस्टेजेज़ छोड़े नहीं गए तो जंग ज़ारी रहेगी। यह तो फिर तीसरे वर्ल्डवार की तैयारी की भूमिका, ज्यूश और अरब सम्बन्धों का ऐतिहासिक सम्बन्ध और होलोकॉस्ट से पहले और बाद में उनके क्या सम्बन्ध रहे यह सभी अपने अनुभव के ज़रिये बता रहे हैं। यहाँ पर मैं मोहम्मद हदीद की यादों को आपके सामने रखती हूँ, "यह वह जगह है जहाँ हम पीढ़ियों से रहते आए हैं। हाइफा पोर्ट मेरे दादा ने बनाया। जहाँ एक शिप ज्यूश से भरी एक दिन आई। उस शिप के दोनों

तरफ़ लिखा था—'We lost our home in Germany' हमने अपने घर खो दिए हैं। जर्मनी में उस समय ज्यूश जर्मनी, पोलैंड, क्यूबा से भी निकाले गए थे। उनकी हालत देखकर मेरे दादा ने मंजूरी दे दी। सभी फ़िलिस्तीनियों ने दो-दो फैमिली रख ली जिन्हें पापा घर लाए थे। उनके साथ ढाई साल रहे। मेरी माँ बच्चे की पैदाइश के लिए नज़ीरा गई हुई थीं। जब वह मुझे नौ दिन का लेकर लौटीं तो उस फैमली ने माँ को घुसने नहीं दिया और दरवाज़ा बन्द कर लिया। फिर मेरी माँ ने चादर माँगी कि मुझे लपेट सकें, वह भी नहीं दी। मजबूरन माँ को सेफेद छोड़ना पड़ा और वह सीरिया के शरणार्थी कैम्प की तरफ़ मुझे लेकर चली गईं।" मोहम्मद हदीद की दो बेटियाँ हैं और दोनों मॉडल हैं—गीगी और बेला। इसके अलावा वह लग्ज़री होटेल व घर बनाने के लिए अमेरिका में जाने जाते हैं।

मोहम्मद हदीद का जन्म 6 नवम्बर, 1948 का है और अभी हाल में ही उनका कथन वायरल हो रहा है कि "जिस तरह के हालात हैं उसमें मैं इज़रायल के साथ हूँ" और उनके राष्ट्रपति भी यही कह चुके हैं कि मैं इज़रायल का समर्थन करता हूँ। उनके इस समर्थन और गुज़रे अतीत को भुला देना, जहाँ उनकी माँ उन्हें नौ दिन का लेकर शरणार्थी कैम्प में रहीं, विचित्र लगता है। लेकिन उनकी दोनों बेटियाँ फ़िलिस्तीन का समर्थन करती हैं और माली मदद भी करती हैं। बेला का कहना है कि उन्हें कई बार धमकी भी मिल चुकी है।

ईरान की फ़ोटोग्राफ़र नसरीन तोराबी का कहना है कि हमारे बचपन में इस्फ़ाहान शहर में ढेरों यहूदी थे और आराम से रहते थे। मेरी माँ भी बताती हैं कि हमारी बोलचाल होती थी, किसी तरह की परेशानी न थी। बस, एक बात ज़रूर थी कि आपस में ब्याह नहीं हो सकता था क्योंकि यहूदी महिला से पैदा बच्चा यहूदी होगा, यह यहूदी धर्म की मान्यता है।"

ब्रिटिश-इज़रायल हिस्टोरियन एवी शलेम (Avi Shlaim) का कहना है कि इराक़ में कोई ज्यूश समस्या नहीं थी। यूरोप में ज्यूश समस्या थी। आगे बताते हैं कि "मेरा जन्म बगदाद में 1945 को ज्यूश परिवार में हुआ था। हम अरब ज्यूश थे। अरबी भाषा बोलते थे। हमारा कल्चर अरबी था, सारे दोस्त अरबी थे। इराक़ में ज्यूश गेटो (Ghetto) में नहीं रहते थे बल्कि हर जगह रहते थे। नव इराक़ निर्माण में ज्यूश का सहयोग रहा है। उन्होंने हर स्तर पर चाहे वह आर्थिक, राजनीतिक, साहित्य-कला, पत्रकारिता इत्यादि जीवन के हर कार्य क्षेत्र में वे सकारात्मक प्रेरणा रहे। जो नया बदलाव हम देख रहे हैं, वह 1948 के बाद का है।"

इजिप्टिशयन हार्ट सर्जन और एक्टर बसीम यूसुफ़ का कहना है कि "यह न ज्यूश प्रॉब्लम है और न अरब बल्कि यह यूरोपियन प्रॉब्लम है। मगर हमारे दिल व दिमाग में ठूँस-ठूँसकर भर दिया था कि यह अरब-ज्यूश का आपसी झगड़ा है जो कि सही नहीं है मगर प्रचार यही है।"

ईरान के आयतउल्लाह ख़ामनई ने कहा है कि "हमें कोई तकलीफ़ न यहूदियों से हैं न इज़रायली जनता से। ईरान में हमारे साथ बरसों से यहूदी रह रहे हैं, यह हुकूमतें हैं जो ऐसा करती है।" यह तीन विभिन्न देशों के ज्यूश, ईरानी बोल रहे हैं। अब वह यहूदी जो इनके दोस्त रहे हैं या अरब उनके दोस्त रहे वहीं यहूदी जो बेहद दर्दनाक अनुभवों से गुजरे हैं उन ज्यूश लोगों की भी बात सुननी ज़रूरी है। अमेरिकन पॉलिटिकल साइंटिस्ट, एक्टिविस्ट, इज़रायली-फ़िलिस्तीन कानफ्लिक्ट एंड होलोकॉस्ट डॉ. नोरमन फिंकेलस्टीन (Dr. Norman Finkelstain) का कहना है कि "मेरे पिता आउश्वित्ज़ और माँ मज़दानीक कन्सन्ट्रेशन कैम्प में थे। जब माँ घाटो में थी तो वह अपनी आवाज़ उठाती थीं। उन्होंने मुझे सिखाया था कि कभी भी चुप नहीं रहना, हमेशा कॉज़ के लिए आवाज़ उठाना। मेरे माँ-बाप की तरफ़ की पूरी फैमिली ख़त्म कर दी गई। जब भी इज़रायल फ़िलिस्तीन पर ज़ुल्म करता है मैं आवाज़ उठाता हूँ कि आपमें से जिसके पास दिल है वह फ़िलिस्तीन के साथ खड़ा हो।"

इसी सोच के रब्बी डेविड-फेल्डमैन (Rabbi David-Feldmen) जो माइनॉरेटी ब्रांच (Neturet Karta, An International Orthodox Jewish Anti-Zeonist Group) के हैं, उनका कहना है कि "हमारा नाम बेकार ही बदनाम हो रहा है। हम ज़ियानिस्ट से अलग हैं।" आगे कहते हैं, "इज़रायल असली ज्यूश धर्म को पेश नहीं करता। यह जो भी अपराध कर रहा है वह यहूदी धर्म के विरुद्ध है। वह न केवल इंटरनेशनल लॉ का उल्लंघन कर रहा है बल्कि वह जूडइज़्म के भी नियमों का उल्लंघन करता हैं। वह केवल ज्यूश धर्म को अपने लाभ में प्रयोग कर रहे हैं।"

यह वह यहूदी ईमानदारी है जो न केवल अपने धर्म के प्रति निष्ठा को दर्शाती है, बल्कि अरब-यहूदी समस्याओं की इस सच्चाई को भी उजागर करती है कि बरसों से अरब देशों में यहूदी, ईसाई और मुसलमान रहते आए हैं।

लेकिन एक सच और भी है। कभी इज़रायल और फ़िलिस्तीन में इस तरह का भी सम्बन्ध रहा है जो रोचक भी है और आज की स्थिति से अलग है। गोल्डा मेयर (Golda Meir) इज़रायली प्रधानमंत्री (1969-1974) रही हैं। वह न केवल अरब वर्ल्ड की बल्कि विश्व पहली महिला प्रधानमंत्री रही हैं। उन्होंने अपने इंटरव्यू में बताया कि "फ़िलिस्तीन पहले मेडिटेरियन सी और ईराक बॉर्डर के बीच की जगह थी। पहले कोई ईस्ट-वेस्ट बैंक नहीं था, पूरा फ़िलिस्तीन था। मैं फ़िलिस्तीनी हूँ, मेरा पासपोर्ट फ़िलिस्तीन का था।"

"जॉर्डन में तो 90 प्रतिशत फ़िलिस्तीनी हैं। वही हाल इजिप्ट का भी है। इराक़ में मैंने फ़िलिस्तीनी मंत्री भी देखा है और बाथरूम साफ़ करनेवाला भी। वहाँ भी यहूदी रहे हैं। भारतवर्ष में समय-समय पर यहूदी आते और बसते रहे हैं। भारत में यहूदी-अरब सम्बन्धों के साथ एक अलग रूप में भारत में ज्यूश आए थे। केनेथ एक्स. रॉबिंस एवं मार्विन टोकाएमर के निबन्ध-संग्रह 'ज़ियूज़ एंड द इंडियन ऑर्ट

प्रोजेक्ट' के अनुसार, "यहूदियों का पहला जत्था 3000 साल पहले केरल में आया था। यानी कि 973 ईसा पूर्व में यहूदियों ने सबसे पहले मालाबार तट पर समुद्र के रास्ते से प्रवेश किया था। धीरे-धीरे उनकी बसावट हो गई और स्थानीय लोगों के साथ घुलने-मिलने के कारण यहूदी हिब्रो व मलयालम मिलाकर बोलने लगे। यहूदियों का एक समूह कोंकण तट पर बसा जो 'बने इज़रायल' कहलाया। यह रोमनों के अत्याचार से तंग आकर भागे थे। बगदादी यहूदी व्यापार के कारण आते-जाते थे। मुम्बई में भी काफ़ी आबादी थी। अब 5000 यहूदी भारत में बच गए हैं। केरल में केवल 100 यहूदी बचे हैं। वहाँ से लगभग 7,000 से ज़्यादा यहूदी इज़रायल जा चुके हैं।" कहा जा रहा है कि इज़रायल में प्रवासी भारतीयों का 41 प्रतिशत है जो काफ़ी पहले से रह रहा है। यहूदी भारत के अलावा दूसरे एशियाई देशों में भी होंगे या इज़रायल की तरफ़ नई पीढ़ी पलायन कर गई हो।

राबी इलहनान बेक (Rabi Ilhanan Beck) के अनुसार, "जायनिस्ट ने बड़ी चालाकी से सौ वर्ष में धीरे-धीरे करके अपने मेजोरिटी बनाने के लिए यूरोप से बड़ी संख्या में यहूदियों को इज़रायल में जमा करना शुरू कर दिया था। जबकि यह लैंड फ़िलिस्तीनियों की है जो 70 पीढ़ियों से वहाँ रह रहे हैं। मैं टीचर हूँ, मुझसे एक लड़का आकर शिकायत करता है कि उसने मार दिया। उसने क्यों मारा, इसकी भी तो कोई वजह होगी। इसलिए बिना पूरी बात जाने किसी एक घटना को लेकर न्याय नहीं किया जा सकता है। उसी तरह 7 अक्टूबर, 2023 में हमास द्वारा 5000 रॉकेट दागने के पीछे या पहले क्या हुआ था?"

इन सारे वक़्तव्यों के पीछे एक लम्बी तारीखी गलियारे की राह है जो भूलभुलैया में भी ले जाकर छोड़ती है। ईसा पूर्व से इतिहास को पढ़ना बेहद जरूरी हो जाता है। आज की घटनाओं को समझने के लिए। थोड़ा-बहुत ज्ञान आसमानी किताबों का भी रखना है वरना रब्बी इसरोयल फेडेलमेन (Rabbiy Isroel Fedelmen) का यह कथन समझ में नहीं आएगा कि "तोरा ने लिखा है कि यहूदी अपना कोई राज्य धरती पर नहीं बना सकते हैं।" जो हरकतें हो रही है तोरा उसे निषिद्ध करता है। इज़रायल नाम तो उन्होंने लपक लिया है। दुनिया-भर के एथेनिक ज्यूश यह माँग करते हैं कि फ़िलिस्तीन और उनके अधिकार 'अरब फ़िलिस्तीनियों' को वापस किए जाएँ।

यह सारी सच्चाइयाँ अपनी जगह, ऐतिहासिक प्रमाण और धार्मिक ग्रन्थ का लिखा अपनी जगह, जो अतीत की बात हो गई है। आज का सच व्यापार, तकनीक और नये समीकरण बनने का समय है इसलिए जिन देशों से यहूदी निकाले गए वही लोग इज़रायल बनवाकर उसके ज़रिये अरब देशों पर पूरा कंट्रोल चाहते हैं वरना हक़ की बात तो यह कि इज़रायल को जर्मनी के विरुद्ध खड़ा होकर अपने साथ किये गए होलोकॉस्ट का जवाब माँगना चाहिए। क्योंकि उसी के देश से निकाला जाना और नरसंहार करना दो बिलकुल अलग मुद्दे हैं।

दास्तान-ए-यहूदी सरगर्दान

यहूदी जाति के पूर्वज, इस्लाम धर्म के महान पैगम्बर एवं ईसाइयों के निष्ठा के प्रतीक इब्राहिम का जन्म इराक में 1996 ई.पू. में हुआ था। उनके पिता अपने समय के प्रसिद्ध मूर्तिकार थे।

हज़रत इब्राहिम की दो पत्नियाँ थीं। एक का नाम हाजरा था और दूसरी का नाम सारा। जिनसे पैदा हुई औलाद का नाम इसहाक़ था जिनका जन्म यरुशलम में हुआ था। हज़रत इसहाक़ की औलाद का नाम याक़ूब (जेकब) था। उनका दूसरा नाम इज़रायल भी था। हज़रत याक़ूब (इज़रायल) की बारह औलादें थीं। इन बारह बच्चों से आगे चलकर बारह क़बीले बने जिन्हें 'बनी इज़रायल' कहा जाता है। हज़रत याक़ूब (इज़रायल) की बारह औलादों में से एक का नाम 'यहूदा' था। यहूदा के क़बीले के लोग 'यहूदी' कहलाने लगे। याक़ूब के सबसे छोटे बेटे का नाम हज़रत यूसुफ़ था जिसके हुस्न और नेक स्वभाव से बाक़ी के भाई जलते थे और इस जलन में एक दिन उसे कुएँ में डाल दिया और बाप से बहाना बना दिया। हज़रत यूसुफ़ की जान बची मगर उन्हें ग़ुलाम-बाज़ार में ले जाकर बेच दिया गया। हालात कुछ इस तरह के बने कि हज़रत यूसुफ़ मिस्र के बादशाह बन गए और यह सारा ख़ानदान इजिप्ट की ओर पलायन कर गया। कुछ समय वहाँ शान्तिपूर्वक गुज़रा मगर फिरोन के आते ही यह सब क़ैद कर लिये गए और ग़ुलाम बना दिये गए। ग़ुलाम के रूप में सबने इतने अत्याचार सहे कि उनके धैर्य और ईमान के कारण ख़ुदा उन्हें अपने प्रिय बन्दों में शुमार करने लगा। यहाँ पर कुछ बातें कहना ज़रूरी है जिसके कारण इस दास्तान में कुछ मुद्दे साफ़ हो सकें। पहला हज़रत याक़ूब के दूसरे नाम इज़रायल से उन्हें कभी याद नहीं किया जाता है। याक़ूब नाम का ही तीनों धर्म में चलन है। दूसरे इज़रायल क़बीले का कोई सम्बन्ध वर्तमान समय के इज़रायल या इज़रायल से क़तई नहीं है। ख़ुदा ने हज़रत याक़ूब के ईमान की परीक्षा लेने के लिए उनसे अपने बेटे की क़ुर्बानी के लिए कहा जो किसी भी बाप के लिए कठिन काम था। जब हज़रत याक़ूब ने अपने सबसे प्रिय बेटे इस्माइल की गर्दन पर छुरी चलाने से पहले अपनी आँखों पर पट्टी बाँध ली थी। ख़ुदा ने उनके बेटे की जगह जानवर रख दिया जब हज़रत याक़ूब ने अपनी आँखों की पट्टी खोली

तो ख़ुदा की रहमत से शाराबोर हो उठे तब से ख़ुदा की राह में जानवर की क़ुर्बानी की रस्म की बुनियाद पड़ गई।

यह वह समय था जब इजिप्ट में यहूदी बेटा पैदा होने पर उसकी हत्या करने का हुक्म था। उस समय इब्राहिम की छठी नस्ल और उनके बेटे इस्माइल की पाँचवीं नस्ल की औलाद (ईशू 1392) लड़का पैदा हुआ (जो हज़रत मूसा बाद में कहलाए) उस बच्चे की जान बचाने के लिए माँ ने उसे टोकरी में रख पानी में बहाया जो दरिया-ए-नील से जा मिलती थी। फिरोन की पत्नी ने उस बच्चे को टोकरी में बहता देखा तो उसे उठा लिया और बेटे के रूप में गोद ले लिया। इस तरह मूसा शाही महल में पले-बढ़े। उन्हें जब पता चला कि वह यहूदी हैं और वहाँ यहूदियों पर बहुत जुल्म होता है तब उन्होंने फिरओन की हुकूमत को समाप्त करने की ठानी और उसमें कामयाब हुए। वह भी इस तरह कि उन कठिनाइयों में पड़े यहूदियों में नई जान डाली और उन्हें अपने अधिकारों के प्रति सचेत किया और उन्हें अच्छी तरह बसाया।

मूसा की बातें ख़ुदा से होती थीं। मूसा ने ख़ुदा से मिलने की इच्छा ज़ाहिर की जो क़ुबूल हुई और 'सिनाए' पर्वत की तरफ़ चल पड़े जहाँ उन्हें 'तौरा' पुस्तक मिली मगर जैसे ही ख़ुदा ने अपना जलवा उन्हें दिखाना चाहा तो हज़रत मूसा उस चमक की ताब न ला सके और बेहोश हो गए। इस घटना पर एक मशहूर शेर याद आता है—

तूर पर काफ़िर से मिलने के लिए काफ़िर गया
साल भर दरिया-ए-रहमत में रहा काफ़िर रहा।

इस तरह से तोरा में लिखे ख़ुदा द्वारा दस आदेश (Ten Commadment की) उन्होंने इज़रायली क़बीले वालों को दिये कि इस पर तुम्हें ईमान लाना एवं चलना है। हज़रत मूसा में जादुई शक्ति थी जो उनके असा (छड़ी) में थी जिससे उन्होंने सबसे बड़ा कारनामा रेड सी को बीच में से बाँटना था। उसी खुश्क रास्ते से उन्होंने ग़ुलाम यहूदियों को फ़िलिस्तीन की ओर भेजा था। बहरहाल, इस परिदृश्य के बिना फ़िलिस्तीन व इज़रायल के युद्ध को समझना कठिन है क्योंकि यह तीन धर्मों का विश्वास है चाहे तीनों के बयान में थोड़ा-बहुत फ़र्क़ हो। हज़रत मूसा यहूदियों के नबी हुए और ख़ुदा के पाँच चहेते नबियों में से एक हैं जिनका क़ुरान में बाक़ी नबियों में से सबसे ज़्यादा (136 बार) जिक्र आया है।

यहूदी हज़रत इब्राहिम व हज़रत मूसा को मानते हैं, क्रिश्चियन हज़रत ईसा व हज़रत मरियम को और मुस्लिम तीनों को, इब्राहिम, मूसा और पैगम्बर मोहम्मद—को मानते हैं। अल-अक्सा मस्जिद किसी-न-किसी आस्था के रूप में तीनों धर्मों

का पवित्र स्थल है। इसी अल-अक्सा मस्जिद, जिसके पाँचवें उमय्यद सल्तनत के खलीफ़ा ने बनाया था, जिनका नाम अबदुल मलिक था। (कुछ का कहना है कि अब्दुल वलीद ने बनवाया था। तब यह हिस्सा सीरिया में आता था।) जिसके नीचे यहूदियों का यक़ीन है कि उनका उपासना-गृह सुलमानी का खँडहर अभी भी मौजूद है, जिसको हज़रत दाऊद (David) ने बनवाना शुरू किया था। (हिब्रो बाइबिल के अनुसार यह तीसरे किंग थे आज के इज़रायल के) मगर अपनी ज़िन्दगी में पूरा न करवा पाए। उनके बेटे हज़रत सुलेमान (सोलोमन) ने उसे पूरा कराया और उसकी तामीर में जिन्नातों की भी मदद ली गई थी। इसको 'टेम्पल सुलेमानी' या 'ताबूते सक़ीना' कहा जाता है, जिसको हिब्रो लोग अपना पहला क़िबला कहते हैं। इसी ताबूत में मूसा द्वारा लाई 'दस आदेश' वाली तौरा रखी गई थी जिस पर उपासना-घर बना था, उसे 'हैकले उसमानी' भी कहा जाता है। इस 'ताबूत-ए-सकीना' के लिए कहा जाता है कि उसे दो बार बिसमार किया गया और ताबूत को पहली बार बेबिलोन के हाकिमों ने और दूसरी बार रोमनों द्वारा और तीसरा कहना है कि वह वापस जन्नत चला गया। बातें जो भी हो, मगर इज़रायलियों ने टेम्पल सुलेमानी का बेहद सुन्दर-सा एक खोखला ढाँचा मस्जिद अल-अक्सा के ठीक पीछे इस तरह खड़ा कर दिया है कि वह असली लगता है और अल-अक्सा का हिस्सा चित्र में पेश करता है जबकि अल-अक्सा के गुम्बद वास्तव में सियाह मायल नीले हैं। इज़रायली सरकार ने अपने 'टेम्पल सुलेमानी' के अवशेषों को मशीनों द्वारा खुदाई करके निकालना शुरू कर दिया है। उनका इरादा कुछ यूँ बयान किया जाता है कि इस तरह मस्जिद अल-अक्सा की नींव कमज़ोर पड़ जाएगी और जब वह ढह जाएगी तो पहले से बनाया 'टेम्पल सुलेमानी' उस परिसर में अपने आप उभार ले लेगा और यहूदी धर्म-स्थल तीसरी बार वजूद में सदा के लिए आ जाएगा और मुसलमानों (फ़िलिस्तीनियों) का दावा और विश्व भर के मुसलमानों का ज़्यारत करने का सिलसिला समाप्त हो जाएगा।

दास्तन-ए-यहूदी सरगर्दान के आस्था एवं इतिहास का यह पक्ष हमारे सामने है जिसका बयान दोनों धर्मों की किताबों में मिलता है। अब हमें उस पक्ष को भी देखना है जो राजनीतिक दृष्टि से गए हुए यहूदियों को वर्षों बाद अपनी जगह पर दावा पेश करने का है। जहाँ तक नियम-अक़्ल व क़ानून कहता है कि यदि कोई भी ज़मीन, ज़र जीता गया हो वह उसका मालिक व क़ाबिज़ माना जाता है या फिर हारे हुए व्यक्ति का तब तक कोई दावा उस पर नहीं हो सकता है जब तक हारा हुआ उसे दोबारा जीत न ले। दूसरा तर्क यह कहता है कि अपनी छोड़ी ज़मीन पर बसना या धर्म के आधार पर आकर दोबारा बसना अनैतिक तब तक नहीं माना जाएगा जब तक वह पूरे देश को हड़पने की और स्थानीय लोगों को उखाड़ फेंकने की साजिश से ओत-प्रोत न हो और पूरी तरह नरसंहार पर आधारित न हो। इसलिए इस

पूरी समस्या को हमें राजनीतिक कोण से देखना भी ज़रूरी है। यहूदियों की स्थिति इतिहास के गलियारों में कैसी रही कि 722 ईसा पूर्व शल्मनेसर नेवी के उत्तराधिकारी सर्गोन द्वितीय के तहत अश्शूरियों ने यहूदियों के ऊपर विजय प्राप्त कर ली और अच्छी संख्या में यहूदियों को मेसोपोटामिया में निर्वासित कर दिया गया था। यहूदी निर्वासन सही अर्थों में छठी शताब्दी ईसा पूर्व में बेबीलोन के निर्वासन से शुरू हुआ था। 70वीं ई. में यरुशलम यहूदी-रोमन युद्ध वास्तव में रोमन साम्राज्य के विरुद्ध यहूदियों ने किया जो इस बीच संगठित हो चुके थे। इसका परिणाम यरुशलम के विनाश के रूप में हुई जिसमें घेराबन्दी के दौरान रोमनों ने दूसरे उपासना-गृह अर्थात यरुशलम को नष्ट कर दिया।

132 ई. में, बार कोखबा ने हैड्रियन के विरुद्ध विद्रोह का नेतृत्व किया। जिसमें यरुशलम का नाम बदलकर 'एलिया कैपिटोलिना' हो गया। चार वर्ष के इस विनाशकारी युद्ध के बाद, विद्रोह को दबा दिया गया और यहूदियों को यरुशलम के दाख़िल पर पाबन्दी लगा दी गई। एक बार फिर संगठित यहूदी बिखर गए और मध्ययुगीन दौर में बढ़ते प्रवासन और पुनर्वास के कारण, यहूदी अलग-अलग क्षेत्रीय समूहों में विभाजित हो गए जिन्हें आज आमतौर पर दो प्राथमिक भौगोलिक समूहों के अनुसार सम्बोधित किया जाता है : उत्तरी और पूर्वी के अशकेनाजी और इबेरिया (स्पेन और पुर्तगाल) के सेफर्डिक यहूदी। उत्तरी अफ्रीका और मध्यपूर्व में इन दोनों का समानान्तर इतिहास है जो कई सांस्कृतिक समानताओं के संग उत्पीड़न, नरसंहार और निष्कासन की साझी जीवन-शैली को अपना चुके थे जैसे कि 1290 में इंग्लैंड से 1350 में हडवर्ड से, 1394 हंगरी से दरबदरी, फिर 1421 में फ्रांस, 1492 में स्पेन से और 1501 में ऑस्ट्रिया, 1601 निबुल्स से, 1948 व 1973 में अरब देशों से निष्कासन। यहूदी पनाहगीर ये स्थानीय धर्म और वंश के साथ ही उनके लगातार संचार और जनसंख्या से सम्बन्ध रखते हैं।

रोमन शासनकाल में 63 ईसा पूर्व में पोम्पी द्वारा यरुशलम पर क़ब्ज़ा करने से नया क़ानून शुरू हुआ। शहर में शासक सिपाहियों द्वारा पकड़े जाने वाले यहूदियों को बड़ी संख्या में ग़ुलाम बना रोम लाया गया जहाँ ग़ुलाम मंडी में इन्हें बेचा गया। इन यहूदी दासों को निर्वासित किए जाने के बाद, वे व्यापारियों के रूप में तिबर के दाहिने किनारे पर रोम में स्थायी रूप से बस गए। 37 ईसा पूर्व में, यहूदी ग्राहक राजा हेरोदस महान की सेनाओं ने रोमन सहायता से यरुशलम पर क़ब्ज़ा कर लिया। ऐसा माना जाता है कि रोमन सेनाओं द्वारा यहूदियों को डायस्पोरा में ले जाया गया था, 53 ईसा पूर्व में, एक छोटे यहूदी विद्रोह को दबा दिया गया और रोमनों के बाद यहूदियों को ग़ुलाम बनाया गया और बेच दिया गया। रोमन-यहूदी युद्ध एक छोटे से विद्रोह, जो यहूदी स्वतंत्रता के लिए था, वह बाद में युद्ध में बदला और जो 66 ई. से शुरू हो 73 ई. में कुचल दिया गया जो यरुशलम की घेराबन्दी और

आगजनी में बदल गया। इसके बाद हालात ने कई करवटें बदलीं और अन्दाज़न इन युद्धों में 30,000 यहूदियों को फ़िलिस्तीन कोर्थेस निर्वासित किया गया।

वास्तव में रोमन विरोधी यहूदी धर्म कब शुरू हुआ यह विद्वानों में बहस का प्रश्न है हालाँकि इतिहासकार हेइम हिलेल बेन-सैखन ने प्रस्तावित किया है कि 'कैलीगुला के तहत संकट' (37-41) रोम और यहूदियों के बीच पहला खुला युद्ध विराम था। वेस्पासिन के समय से यरुशलम को खँडहर ही छोड़ दिया गया। साठ साल बाद, हैड्रियन जो 117 ई. में डायस्पोरा में यहूदियों के खूनी दमन के बाद—'मार्सियस टर्बो' के फ़िलिस्तीन से निष्कासन में सहायक था। इयूडिया के क्षेत्र का दौरा करने के बाद उसने 130 ई. में शहर का पुनर्निर्माण करने का फ़ैसला लिया और परिस्थितिजन्य साक्ष्य से पता चलता है कि यह वही था जिसने इसका नाम बदल दिया था, 'रोमन कालोनिया और विदेशी पंथों के साथ एलिया कैपिटोलिना।' आम तौर पर माना यही जाता है कि यह यहूदियों के अपमान के रूप में और भूमि की यहूदी पहचान 'यहूदिया' को मिटाने के साधन के रूप में किया गया था जबकि मेनाकेम मोर के अनुसार, ये राजनीतिक उपाय यहूदी धर्म को ख़त्म करने के किसी भी इरादे से नहीं था। कितनी बार यहूदी ग़ुलाम बने, कितनी बार बेचे गए, कितनी बार नये इलाक़ों पर बसे। यहूदी परम्परा के अनुसार रोमनो ने बाहर कश्तियों पर सवार यहूदियों को साइरेनिका भेज दिया गया। बार-कोरवबा विद्रोह के बाद यहूदियों से स्वैच्छकि यहूदी प्रवासन पर पाबन्दी लगा दी गई। केवल तिशाबाव के दिन को छोड़कर यरुशलम में दाख़िले पर रोक लगा दी गई।

मार्टिन गुडमैन का कहना है कि यरुशलम की तबाही के बाद ही यहूदी उत्तरी यूरोप और पश्चिमी भूमध्य सागरीय तट पर नज़र आने लगे। जो विद्वान 'यहूदी अध्ययन' में गहरे डूबे रहे उनका कहना है कि प्रवासी यहूदियों के समुदायों का विकास एक क्रमिक प्रकिया थी जो सदियों से चली आ रही है। जिसकी शुरुआत असीरियन यहूदी विनाश से होती है। यहूदियों के बारे में एक मौलिक अन्तर्दृष्टि का प्रतिनिधित्व करता है जो अपने अधिकांश इतिहास के लिए बेदख़ल और सताए लोग बन गए थे। सच तो यह है कि 'कोखबा' विद्रोह के बाद यहूदी पूरी तरह से प्रवासी बन चुके थे।

अनुमान है कि सिकन्दर से टाइटस तक फैली चार शताब्दियों में लगभग तीन से पाँच मिलियन यहूदी फ़िलिस्तीन के बाहर रहते थे। इटली से ईरान तक रहनेवाले यहूदियों की जनसंख्या प्रवासी फ़िलिस्तीन में रहनेवाले यहूदियों से कहीं अधिक थी।

यूएन मिडिएटर जिन्होंने जॉर्डन, फ़िलिस्तीन का दौरा ख़ुद किया और फ़िलिस्तीन व इज़रायल समस्या के हालात को बदतर देखा। वहाँ न आदमियों के सिर पर छत थी, न खाना था, न दवाएँ। इनके लिए यह दृश्य नया नहीं था। इन्होंने पहले 1945 में 31 हज़ार ज्यूश कैदियों को जर्मनी से आज़ाद कराया था। इन्होंने फ़िलिस्तीनी

लोगों के लिए भी आवाज़ उठाई जो अपनी ज़मीन छोड़ दर-बदर थे। इनका सबसे महत्त्वपूर्ण काम यह रहा कि इन्होंने पहली बार समस्या को नज़र में रखते हुए फ़िलिस्तीन में हदबन्दी हो ताकि भगाए गए फ़िलिस्तीनी और ज्यूश लोग वापस आ सकें। इनका प्रपोज़ल के रद्द कर दिया गया। प्रेस कॉन्फ्रेंस में पत्रकारों से कहा कि मैं प्रोपोज़ल के रद्द किये जाने से दुखी हूँ, मगर निराश नहीं।

यूएन मिडिएटर के जितने भी विज़िट होते उसे फ़िलिस्तीनी पत्रकार मूसा बेसीसो (musa bseiso) जो उस समय के तन्हा पत्रकार थे उनका कहना था कि उनके पास फ़ोन आया कि उनकी हत्या ज्यूश मेलेटेंट ने कर दी है। पूरी दुनिया इस तरह की घटना से हिल गई। इज़रायल ने इस घटना के बाद कहा कि वह UNO के साथ हैं। 1949 तक इज़रायलियों ने और ज़मीन पर क़ब्ज़ा कर लिया। 1949 में साफ़ दिख रहा था कि तबाही है। सात सौ हज़ार फ़िलिस्तीनी शरणार्थी 400 गाँवों से ज़्यादा ग्यारह शहर बर्बाद कर दिये गए। इसमें 1300 फ़िलिस्तीनी मारे गए, 30 हज़ार से ज़्यादा ज़ख़्मी थे। शान्ति वार्ता चल रही थी। (folke bernadotte) की हत्या के बाद Ralph bunche को उनकी जगह पर नियुक्त किया गया, जो कहते थे कि अरब व ज्यूश दोनों ही अच्छे लोग हैं इसलिए वहाँ शान्ति बनाना ज़रूरी है। उन्होंने मिस्र और इज़रायल बॉर्डर समस्या को 1949 में हल करते हुए समझौता कराया। जॉर्डन, लेबनान शान्ति में जॉर्डन ने तयशुदा से कुछ और गाँव दे डाले थे। 1950 में इन्हें पीस प्राइज़ मिला। उसके बाद इज़रायल को UNO का मेम्बर बना लिया गया। उस समय इज़रायली सरकार ने कहा, UNO मेम्बरशिप से पता चलता है कि अब इज़रायल का वजूद स्टेट के रूप में रहेगा। UNO सुरक्षा कौंसिल के 69 आर्टिकल में यह लिखा गया कि इज़रायल एक शान्ति प्रिय देश है। हर वह काम करेगा जिससे शान्ति बनी रहेगी। इसके विरोध में अरब देशों के प्रतिनिधि पीस कौंसिल की मीटिंग छोड़कर चले गए। इज़रायल प्रतिनिधि अब्बा इब्न (Abba ibn) का कहना है कि अब शान्ति वार्ता की ज़रूरत नहीं है क्योंकि चार देशों के बीच शान्ति मुहायदा हो गया है। यदि बात आगे बढ़ी तो शंका है कि अरब शरणार्थी का मुद्दा उठेगा और फिर वह उसका हर्जाना माँगेंगे।

इज़रायली ब्रिटिश इतिहासकार Avi shlaim इराक़ी यहूदी हैं जिनकी व्याख्या यह है कि इज़रायली हथियार उठाने से झिझकते नहीं हैं और शान्ति समझौते उनके लिए कोई महत्त्व नहीं रखता है।

'एटलस ऑफ़ पैलेस्टाइन 1948' के लेखक सलमान अबू सिट्टा कहते हैं, "उस समय के मानचित्र बनानेवालों से कहा गया कि वह फ़िलिस्तीन नक़्शे से मिटा दें और इज़रायली नाम डाल दें।" फ़िलिस्तीन को 1950 में दो हिस्सों में बाँट दिया गया। ईस्टर्न जॉर्डन की तरफ़ जो हिस्सा था उसे वेस्ट बैंक कर दिया गया और एक पतला हिस्सा समुन्दर की ओर था उसे ग़ाज़ा पट्टी कह दिया। इस तरह फ़िलिस्तीन

नाम को आर्थिक एवं भौगोलिक रूप से मानचित्र से मिटा दिया गया। जिससे यह षड्यंत्र साबित होता है कि इस इलाक़े से अरब नाम हटा ज्योनिस्ट का नाम हो।

मजीद-अल-जीर जो फ़िलिस्तीन रिटर्न सेंटर से है उनका कहना है कि एक साल में फ़िलिस्तीन का नामो-निशान मिटा दिया। यह काम ज्यूश मीडिया, यूरोप इत्यादि के ज़बर्दस्त प्रचार से हुआ।

Avi shlaim का कहना है कि यदि कभी ब्रिटेन पर क़ानूनी कार्यवाई हुई तो वह कार्यवाई इस बात पर नहीं होगी कि उन्होंने इज़रायली स्टेट बनाया बल्कि इस पर होगी कि उसने एक देश (फ़िलिस्तीन) का वजूद सिरे से समाप्त कर दिया।

फ़िलिस्तीनी कवि साहिम अल-क़ासिम का कहना है कि "हमारी ज़्यादातर ज़मीनें ज़ब्त कर ली गईं। इज़रायलियों के पास लगभग 30 क़ानूनी धारा होंगी ज़मीन ज़ब्त करने की वजहों को लेकर बतौर मिसाल मेरे अब्बा और चाचाओं को नोटिस दी गई कि यहाँ फ़ौजी छावनी है। फिर तीन साल बाद लेटर इश्यू कर दिया गया कि यह ज़मीनें ज़ब्त हो गई हैं। न्यायालय गए तो कोर्ट ने कहा कि तीन साल तक अगर आपने अपनी ज़मीन यूँ ही छोड़ रखी थी तो वह ज़ब्त तो होगी। मेरे पिता व चाचाओं ने जवाब दिया कि हमें यह कहकर वहाँ जाने से मना किया गया था कि वह तो फ़ौजी छावनी है। तो जाइए फ़ौज के विरुद्ध केस कर दीजिए।" इस तरह से बहुतों ने अपनी जायदाद से हाथ धोया। यहाँ पर ऑटोमन एम्पायर जिसकी बुनियाद अनाटोलिन ने एशिया माइनर में डाली थी वह 14वीं शताब्दी से लेकर बीसवीं शताब्दी तक अपने फैलाव में दक्षिण-पूर्वी यूरोप, पश्चिम एशिया और उत्तरी अफ्रीका तक शासन रखता था। 16-17 शताब्दी में मध्य यूरोप पर भी हुकूमत की थी। इस साम्राज्य में यहूदियों की बहुत बड़ी संख्या बहुत मज़बूत स्थिति में थी क्योंकि वाणिज्य एवं व्यापार के फैलाव में इनका बहुत बड़ा योगदान था। जो हुकूमत के लाभ में जाता था जबकि आर्थोडॉक्स ईसाइयों की संख्या कहीं ज़्यादा थी। यह तीन तरह के न्यायालय थे—पहला मुसलमानों के लिए, दूसरा ग़ैर मुसलमानों के लिए और तीसरा न्यायालय व्यापार सम्बन्धी मामलों को निबटाने के लिए था।

ऑटोमन सुल्तान अब्दुल हमीद से जब यहूदियों को बसाने की माँग की तो सुल्तान ने एक साथ बड़ी संख्या में एक स्थान पर उन्हें बसाने से इनकार करते हुए यह क़ानून भी लागू कर दिया कि कोई भी यहूदी ज़मीन नहीं ख़रीद सकता है। इस क़ानून की अवहेलना करते हुए गुप्त रूप से ज़मीनें यहूदियों द्वारा ख़रीदी जाने लगीं। सुल्तान व अन्य हाकिम यहूदियों के बढ़ते प्रभाव को वाणिज्य और तिजारत में देख रहे थे। एक समय ऐसा आया जब ख़तरे की घंटी बजने से पहले इनको उखाड़ा जाने लगा। इस पूरे इलाक़े की राजनीति इतनी पेचीदा न होती यदि फ्रांस, ब्रिटेन और फ्रांस का हस्तक्षेप वहाँ अपना वर्चस्व कायम करने में नाकारात्मक

भूमिका निरन्तर न निभाता रहता और बाद में जिसके साथ अमेरिका का शामिल होना भी इस इलाक़े की घेराबन्दी में मज़बूत भूमिका के रूप में नज़र आता है।

1917 से 1948 तक फ़िलिस्तीन ब्रिटिश कंट्रोल में रहा जैसाकि बाक़ी अरब इलाक़े थे। जहाँ मुसलमान और ज्यूश साथ-साथ रहते थे उन्हीं के साथ क्रिश्चियन और अरमेनियन भी। लम्बे समय तक ऑटोमन एम्पायर में रहनेवाले ज्यूश और मुसलमानों को बिलकुल नये अनुभवों और एडजस्टमेंट के साथ गुज़रना पड़ा, जब उन्हें नये हुक्मरानों की नई नीतियों के साथ जीना पड़ा। जिसकी बारीकी को ब्रिटिश हुक्मरान न समझ सके। 1914 में जब फर्स्ट वर्ल्डवार शुरू हुआ। उस समय तुर्कों ने जर्मनी और दूसरी सेंट्रल ताक़तों से हाथ मिलाया जो ब्रिटिश राज के दुश्मन थे। मिडिल ईस्ट ब्रिटिश सरकार के लिए बहुत महत्त्वपूर्ण था क्योंकि वहाँ तेल था। स्वेज कैनाल से वह सुविधापूर्वक भारत पहुँच सकते थे। ब्रिटिश कूटनीति अब यह थी कि किस तरह ऑटोमन एम्पायर को जड़ से उखाड़ा जाए। 1917 में जनरल ऐलन बाय ने अपनी आर्मी बढ़ाना शुरू किया और दिसम्बर 1917 में यरुशलम पर क़ब्ज़ा कर लिया और देखते-देखते ब्रिटिश फ़ौजें पूरे फ़िलिस्तीन में फैल गईं और आगे तीस साल तक ब्रिटिश हुकूमत वहाँ बनी रही।

पहले वर्ल्डवार के समाप्त होते ही ब्रिटिशर ने फ्रांस के साथ मिलकर ऐलान कर दिया कि ऑटोमन एम्पायर आज़ाद है। मगर यह आज़ादी कुछ दिनों की थी उन्हें तुर्कों को हराना था। इन सारे ऐलान के पीछे मक़सद कुछ और था कि तुर्कों के हारने के बाद ऑटोमन एम्पायर को रूल कौन करेगा? ब्रिटिश और फ्रांस ने जो भी वायदे किये थे वह पूरे नहीं हुए। 1915 में इजिप्ट के sir henry Macmohan ने जो अरबों से पहला वायदा किया था जिसमें इजिप्ट के किंग शरीफ़ हुसैन से कहा था कि जंग के बाद आप अपना अलग स्टेट बना सकते हैं। इस शर्त के साथ कि वह हमारा साथ दें और तुर्कों के विरोध में खड़े हों। जिसमें पहले लारेंस ऑफ़ अरेबिया थे जिन्होने तुर्कों के उस ज़मीन से उखाड़ने में मदद की थी। जॉर्डन के शेख हुसैन से जो समझौता किया गया था। उसमें यह साफ़ नहीं था कि फ़िलिस्तीन पूरे अरब इलाक़े में शामिल था या नहीं। बेशक फ़िलिस्तीन उस अनुबन्ध का हिस्सा है, परन्तु उस समय जितने अरब व ब्रिटिश बुद्धिजीवी थे उनका कहना था कि 1920 से ब्रिटिश सरकार कहती है कि फ़िलिस्तीन उसमें शामिल नहीं। 1916 में गुप्त रूप से दो अनुबन्ध फ्रांस और ब्रिटेन के बीच हुए, अरब लैंड को बाँटने की बात हुई जो कभी ऑटोमन रूल के अंडर था। लेबनान व सीरिया (आज का) उसे फ्रांस का और जो इराक व जॉर्डन (आज का) ब्रिटिशर को दिया गया था और जो फ़िलिस्तीन का एरिया था उसे इंटरनेशलन कंट्रोल में रहने दिया।

बालफोर ब्रिटिश वॉयसराय थे जिनके नाम पर बलाफोर अनुबन्ध था उन्होंने उस समय के ज्यूश नेता लार्ड रेंफ चाइल्ड को पत्र डाला, जिसमें लिखा था कि

हम चाहते हैं कि फ़िलिस्तीन लैंड का जो इलाक़ा है उसमें ज्यूश लोगों को बसाना चाहिए। इसमें ख़याल रखा जाएगा कि बाक़ी धर्मों को मानने वाले जो वहाँ पहले से रह रहे उनके ऊपर किसी भी प्रकार का धार्मिक व सामाजिक एवं राजनीतिक दबाव नहीं होगा, न किसी प्रकार का पक्षपात बरता जाएगा। ज्यूश जो बाहर रह रहे हैं उन्हें हम यहाँ ज़मीन दे रहे हैं मगर वह आवाजाही दोनों देशों में कर सकते हैं। कहते हैं बहुत लोगों का यह ख़याल था कि वह जहाँ के थे वहीं पर उन्हें बसाया जाए। 17वीं सदी में ज्यूडन स्टाट की ज्यूश स्टेट बनाने की मुहिम और तेज़ हो गई। अतीत में (1896) ज्यूश पत्रकार 'थियोदोर हरज़ल' 'ज्यूडन स्टाट' का मुद्दा उठा चुके थे इसीलिए इनको 'फ़ादर ऑफ़ ज्युनिज़्म' कहा जाता है। इन्होंने यह सवाल और माँग उठाई थी कि एशिया व सेंट्रल यूरोप में ज्यूश कम्यूनिटी पर ज़ुल्म किया जाता था। उनकी इसी माँग को बीसवीं सदी के आरम्भ में chaim azairl weizmann ने शुरू की और बाद में 1948 में इज़रायल के पहले राष्ट्रपति बने। इनको महसूस हुआ कि सही अर्थों में ब्रिटिश सरकार ही ज्यूनिज़्म के मुद्दे को पहचान दे सकते हैं। इसलिए उन्होंने ब्रिटिश नेताओं को इस इश्यू पर क़ायल करना शुरू किया कि इन बेघर-बार व देश के बिना बेचारे ज्यूश लोगों को एक पहचान देनी है जहाँ से उनका धर्म शुरू हुआ है, वहीं पर उन्हें पनाह देना। इस सिलसिले से किसी ने भी इस बात की ज़रूरत महसूस नहीं की कि फ़िलिस्तीन के 90 प्रतिशत अरबों जिसमें ज्यूश घुले-मिले थे उन्हें भी इस मुहिम में शामिल करे या उन्हें इत्तला दें।

फ़र्स्ट वर्ल्डवार समाप्त हुआ और अब यह तय करना था कि व्यावहारिक रूप से इस सोच को कैसे योजनाबद्ध करें। किंग ऑफ़ दि अरब, अमीर ऑफ़ मक्का शरीफ़ हुसैन ने अपने बेटे फैज़ल को भेजा कि जो हमारे बीच बातें तय हुई थीं उसका क्या हुआ? तभी लीग ऑफ़ नेशन वजूद में आ गया और उसने फ़िलिस्तीन इलाक़े को ब्रिटिश सरकार को दे दिया। 1920 में 'लीग ऑफ़ नेशंस' इसलिए बना था कि विश्व स्तर पर शान्ति हो। ब्रिटेन, फ्रांस, इटली, जापान इत्यादि इसके मुख्य सदस्य थे। हालाँकि 'द ग्रेट अरब रिवोल्ट' 1916 में ऑटोमन आर्मी के विरुद्ध हो चुका था।

किंग शरीफ़ हुसैन के बेटे अब्दुल्ला को जॉर्डन (आज का) इलाक़ा दिया गया। और फ़ैज़ल को इराक़ का इलाक़ा मिला। लेकिन इन्हें न फ़िलिस्तीन दिया गया न सीरिया का इलाक़ा दिया। फ़िलिस्तीन के लोग बालफोर मुहायदे के ख़िलाफ़ आवाज़ उठाने लगे और स्वतंत्रता की माँग करने लगे जिसका उनसे वायदा किया गया था।

अरबों न कहा कि यह हमारा 'प्रॉमिस लैंड' है और उधर ज्यूश यही वाक्य दोहराने लगे थे। ज्योनिस्ट कम्यूनिटी अपने को निरन्तर मज़बूत बनाने में लगी थी। 1920 में अरब ज्यूश झड़प शुरू हो गई। और 1920 में ही स्थानीय अरबों ने अनेक तरह की कठिनाइयों से तंग आकर ज्यूश को मारना शुरू कर दिया। कुछ वर्ष शान्ति में गुज़रे। बाद में (1929) 'माब वायलेंस' शुरू हो गई। यह इतनी बढ़ी

कि 133 ज्यूश, 116 अरब देखते-देखते मारे गए। इस स्थिति को काबू में करने के लिए ब्रिटिश का राजनीति हस्तक्षेप कम रहा मगर शान्ति मार्च निकालकर शान्ति बनाई। इस बीच ज्यूश वहाँ घर, फ़ैक्टरी एवं स्कूल इत्यादि बनाने में व्यस्त रहे। आर्थिक स्थिति उनकी बेहतर हो रही थी क्योंकि उन्हें ब्रिटिश सरकार से आर्थिक एवं राजनीतिक सहायता मिल रही थी जिसके मुक़ाबले में फ़िलिस्तीनी अरबों की हालत ख़स्ता हो रही थी। बालफोर मुहायदे के मुताबिक उस इलाक़े में हो रहे विकास में पक्षपात नहीं होगा, अरबों को स्वीकार नहीं हो रहा था। उन्होंने आवाज़ें उठाईं क्योंकि उन्हें डर था कि इस अनुबन्ध की आड़ में यहाँ ज्यूश स्टेट न बन जाए।

उधर ब्रिटिश सरकार को भय था कि यदि अरबों को हम अहमियत देते हैं तो बहुसंख्यक अरबों के बीच बसाए जा रहे अल्पसंख्यक ज्यूश कम्यूनिटी का क्या होगा? यह सोचकर उन्होंने 'डेमोक्रेसी' के महत्त्वपूर्ण मुद्दे को भुला दिया। 1930 के बाद अरबों के बीच में ज़्यादा बेचैनी बढ़ गई जब ज्यूश बड़ी संख्या में आने लगे। 1936 में केवल अरब ज्यूश पर ही नहीं अंग्रेज़ों पर भी हमला करने लगे। इसके बदले में ब्रिटिश ने अरबों के प्रतिशोध को कम करने के लिए उन्हें जेल एवं मौत की सज़ाएँ देने लगे और एक समय ऐसा आया जब ब्रिटिश व ज्यूश में आर्मी बनाकर अरबों की माँगों को दबाने लगे। रात को आर्मी की पेट्रोलिंग होने लगी। 1937 से 1939 में अरबों को दबाकर उनकी लीडरशिप को कमज़ोर कर दिया। ब्रिटिश सरकार ने कई बैठकें बुला वार्ता की और अन्त में तय पाया कि फ़िलिस्तीन को दो हिस्सों में बाँट दिया जाए, मगर जो एंटी ज्योनिस्ट नेता मुफ़्ती अमीन अल हुसैनी को मंजूर नहीं था।

दूसरा वर्ल्डवार शुरू हो गया और ब्रिटिश सरकार का ध्यान दूसरी तरफ़ लग गया। तो भी यह घोषणा हुई कि वह फ़िलिस्तीन को दो हिस्सों में बाँटेंगे नहीं। दस वर्ष बाद पैलेस्टाइन को आज़ाद कर दिया जाएगा। दूसरे यह भी तय हुआ कि इस इलाक़े में तयशुदा संख्या में ज्यूश दाख़िल होंगे। ब्रिटिश प्रधानमंत्री arthor nevilli chamberlain ने कहा, इस सेकंड वर्ल्डवार के बीच अरबों को छेड़ना मुनासिब नहीं होगा। इस सिलसिले से जो 'व्हाइट पेपर' (पॉलिसी पेपर) प्रधानमंत्री ने ज़ारी किया उसके विरोध में ज्यूश जो नाज़ियों के जुल्म का शिकार हो रहे थे, उन्हें शंका हुई कि ब्रिटिश अब पैंतरा बदल रहे हैं। ज्यूश लोगों ने बालफोर मुहायदा को रद्द किया। होलोकॉस्ट से भागे ज्यूश को वापस भेजना शुरू कर दिया। 1947 का एकसोडेस जो वास्तव में शिप थी, जिस पर ज्यूश सवार थे, उसे जर्मनी वापस भेज दिया गया जिससे ज्यूश लोगों का ग़ुस्सा ब्रिटिश सरकार के प्रति बढ़ गया। पहले भी 1946 में ज्यूनिस्ट मिलिटेंट ने होटल किंग डेविड में जो ब्रिटिश हेड क्वार्टर था, उस पर बम फेंका जिसमें 91 लोग मर गए थे।

ज्यूश पनाहगीरों की मिलिटेंसी अंग्रेज़ों के प्रति बढ़ती गई। तब फरवरी, 1947 में ब्रिटिश विदेश सेक्रेटरी ernst bevin ने फ़िलिस्तीन मैनडेट को समाप्त कर दिया और इज़रायली इस्टेट की घोषणा कर दी और इस समस्या को un तक पहुँचा दिया। अपना शासन फ़िलिस्तीन पर से 1948 में हटा लिया। un ने 1947 में 'बँटवारा प्लान' बनाया जिसको अरबों ने नकार दिया। इन सारी वार्ताओं, फैसलों और घटनाओं के बाद अरब प्रवासी ज्यूश के बीच झड़पें भी शुरू हो गई। मई 1948 में डेविड बेन गुरिथन ने जो पोलिश ज्यूश थे बाद में वह इज़रायली प्रधानमंत्री भी बने, उन्होंने इज़रायल स्टेट की घोषणा कर दी जिसको इज़रायली 'आज़ादी की लड़ाई' कहते हैं और अरब इस दिन को नक़बा (तबाही) का दिन कहते हैं और एक ही झटके में 60 प्रतिशत फ़िलिस्तीनी अपने ही इलाक़े में रिफ़्यूजी बन गए।

बँटवारे के बाद भारत से नये मुल्क पाकिस्तान जाते हुए लोग वहाँ पर उन घरों के मालिक बन गए जिनकी दीवारें, फ़र्श ख़ून की छींटो से रँगे हुए थे। ईरान में अपने बड़े-बड़े घरों को छोड़कर गए लोगों के घरों में वह लोग दाख़िल हो गए जो सत्ता पार्टी के क़रीब थे। शुरू इंकिलाब के दिनों में कुछ भी कर सकते थे और फ़िलिस्तीन में पनाहगीर बने ज्यूश ने फ़िलिस्तीनियों को घरों से निकाल वहाँ दाख़िल होने लगे थे। दुनिया-भर से भगाए यहूदियों के अनुभव ऐसे थे जिसने उन्हें यह बात समझाई कि चाहे ज़ोर-ज़बर्दस्ती हो या झूठ-मक्कारी उन्हें ज़मीन पर टिकना है और अब जब टिक गए हैं तो फिर इस ज़मीन को छोड़ना नहीं है। उन्हें इस बात का पूरा अहसास है कि इस बार उन्हें यह इलाक़ा छोड़ना पड़ा तो उन्हें दुनिया का कोई देश पनाह नहीं देगा।

इस सिलसिले से इज़रायली पत्रकार gideon levy का कहना है कि जब मैं 50-60 के दौर में इज़रायल में रह रहा था तब वह एक जवान देश था। हमारे माँ-बाप की तरह ज़्यादातर लोग होलोकॉस्ट से बचे हुए यहूदी थे। तब शिक्षा और मीडिया हमें रिक्रूट दाख़िल कर हमें ज्योनिस्ट के सपने दिखाता था। हमारा उस पर विश्वास था। मैं तेल अवीब का अच्छा लड़का था। हमें जो बताया जाता था हम उस पर यक़ीन करते थे जैसे अरब कमज़ोर हैं, हम मज़बूत हैं, वह बुरे हैं और हम अच्छे हैं वग़ैरह-वग़ैरह। यहाँ तक बताया जाता था कि अरब हमें समन्दर में डुबो देंगे, वह पैदाइशी क़ातिल हैं। हमें माँ के दूध के साथ यह पिलाया जाता था। मैं बीस साल का था तब तक नक़बा के बारे में मुझे कुछ नहीं बताया गया था। हाँ, 400 गाँव फ़िलिस्तीनियों के मिट्टी में मिला दिये गए थे। मैंने यह भी देखा कि उन्हें दूर बसा दिया गया है मगर मैंने कभी नहीं पूछा कि यह खँडहर कहाँ से आए और यह लोग कहाँ जा रहे हैं? क्योंकि यह सवाल हमारे दिमाग़ में कभी आए नहीं। हमारा दिमाग़ बँधा हुआ था। कई साल गुज़र गए मुझे जागने में, क्योंकि हमें बताया यही जाता था कि यह हमारा देश है और अरब हमें शान्ति से

जीने नहीं देते हैं। यह लोग बिना ज़मीन के हैं और बिना ज़मीन वालों को कुछ भी पता नहीं था। मैं आर्मी में फ़िलिस्तीन ज़ाफ़ा में था जो अब तेल अवीब का हिस्सा है। मुझे याद नहीं कि मैं 20-25 साल तक किसी फ़िलिस्तीन से मिला हूँ। 80 के दशक में जब मैंने पत्रकारिता शुरू की तो एक दोस्त ने कहा, चलो उधर चलते हैं जहाँ एक औरत के सारे ऑलिव ट्री इज़रायली आर्मी ने उखाड़ फेंके हैं। मैं गया और पहली बार मैंने वह सब देखा जो हमें कभी बताया नहीं गया था धीरे-धीरे मैंने बहुत कुछ जाना और पत्रकारिता के प्रति ईमानदार बना। लोग जो समझते हैं कि मैं फ़िलिस्तीन पर लिखता हूँ। ग़लत समझते हैं वह नहीं जानते कि मैं अपने प्रोफेशन के प्रति निष्ठावान हूँ।

आगे वह कहते हैं, इज़रायल की सबसे बड़ी स्टोरी तो हमें कभी बताई नहीं गई। मैं यहाँ आकर जो रिपोर्टिंग करता हूँ, दरअसल वह हमारे ख़ुद के अपराध हैं जिसको मैं डॉक्यूमेंटेशन करता हूँ। मैं एक बार ज़रूर ग़ाज़ा की तरफ़ जाता हूँ और एक नये ज़ुल्म और क़ब्ज़े की मानवीय स्टोरी को लेकर वापस लौटता हूँ जहाँ अपराध की सज़ा बिना मुक़दमे के दी जाती है। अब तो हज़ारों ऐसी स्टोरीज़ मेरे पास हैं। मैं नहीं जानता कि इनका क्या प्रभाव पड़ता है मगर मेरी लिखी स्टोरी को रीडर हर फ्राइडे को देखता है चाहे पढ़ता न हो! तो भी हेड लाइन और तसवीरों के ऊपर नज़र डाला है जो हमारे अपराध हैं। मुझे स्टोरी देनी है, मैं अपना काम करता हूँ। अब इतिहास इसके साथ क्या करेगा, वह मैं नहीं जानता। वेस्ट बैंक के किसी दो गाँव में आप चले जाएँ तो पाएँगे कि एक फ़िलिस्तीनियों का है और एक यहूदियों का है और दोनों में फ़र्क़ है। एक में सब कुछ है, दूसरे में कुछ नहीं तो फिर यह पक्षपात न हुआ तो क्या हुआ? मैं जब उधर रिपोर्टिंग करने जाता हूँ तो मुझे कोई नहीं पहचानता है। वह ग़रीब लोग हैं और मैं कोई नेता या मशहूर चेहरा नहीं हूँ। लेकिन वह देखते हैं कि मैं पहला ज्यूश हूँ जो वर्दी में नहीं, हथियार के बिना हूँ उन पर चिल्लाता नहीं हूँ सिर्फ़ बात करता हूँ। एक बार सिर्फ़ इसलिए मुझसे मेरा पहचान-पत्र लिया गया था, केवल यह देखने के लिए आया मैं वाक़ई ज्यूश हूँ? उनके लिए यह सच एक सदमा था। मैं तब हैरत में पड़ जाता हूँ जब उनसे मिलता हूँ जिनका कोई मर जाता है, हमारे लोगों के ज़रिये तो भी वह बहुत गर्मजोशी से मेरा स्वागत करते हैं और बेहद प्यार से आवभगत करते हैं। मगर इज़रायल में ऐसा नहीं होता है क्योंकि मीडिया ऐसा नहीं होने देती हैं। वहाँ तो अपना अपराध छुपाने के लिए वह सच्चाई पर पर्दा डालते हैं और सामने वाले पर टूट पड़ेंगे, क्या तुमने एक्सपोलोसिफ के साथ या फिर किसी हथियार से लैस आदमी को देखा? यह सब इसलिए वह करते हैं कि वह उनका जॉब है और वह नहीं चाहते कि सुननेवाला वह सब जाने या सुने। वेस्ट बैंक में एक बाप के सामने उसके ढाई साल के ज्यूश बच्चे को मार दिया जाता है लेकिन इज़रायली इस ज्यूश बेबी का कोई ज़िक्र नहीं

करता है। यहाँ कॉमर्शियल लाभ नहीं है जबकि इस न्यूज़ को सारी दुनिया जानती है। यदि फ़िलिस्तीनी द्वारा इस ज्यूश बच्चे की दर्दनाक मौत होती तब फ्लैश होता कितनी ख़ूँख़्वार मौत बच्चे की फ़िलिस्तीनियों द्वारा। दरअसल ग़रीबों की ख़बर उनके लिए महत्त्व नहीं रखती। यह सिर्फ़ आइडियोलॉजी है जो मीडिया की मदद करती है।

इज़रायली सरकार किसी तरह की आलोचना नहीं चाहती है, जो आलोचना करता है उस पर सेमेटिक होने का लेबिल लग जाता है। इज़रायल वेस्ट का डार्लिंग है और जब चाहे वेस्ट को पैरालाइज़्ड कर सकता है। इज़रायल कैसे मैन्यूपुलेट करता है यूरोप को सिर्फ़ जर्मनी को ही नहीं। "सबसे बड़ा नुक़सान इज़रायलियों को यह हो रहा है कि हम किसी भी तरह की अपनी आलोचना सुनना नहीं चाहते हैं इसलिए अपने को सुधारने का ध्यान हमें आता ही नहीं।"

पत्रकार गिडयन लेवी के बारे में और उनके विचार को जानने के लिए यहाँ उनकी बातें कुछ विस्तार से ली गई हैं जो अहम है कि किस तरह ज्यूश अपने बच्चों को ब्रेनवाश कर उनको उलटा इतिहास ज्ञान देते हैं। ज्यूश के इस तरह के स्वभाव को जो उन्हें बाक़ी यहूदियों से अलग कर जूडाइज़्म और जियानिज़्म का फ़र्क़ बताता है। यह भी बताता है कि आज जिस ज़मीन के लिए वह इंटरनेशनल क़ानून, नियम, मानवाधिकार का दायरा केवल ख़ुद तक सीमित रखते हैं कल इतिहास उन्हें एक दूसरे होलोकॉस्ट की तरह याद करेगी जो उन्होंने पिछले कई दशकों के अन्तराल में फ़िलिस्तीनियों के प्रति कर रखे हैं। ज्यूश समाज के पास बहुत कुछ है। इज़रायलियों के पास शिक्षा, धन, तकनीक, तीव्र व प्रखर मस्तिष्क, सौन्दर्य और शानदार प्राचीन इतिहास उन्हें तो अपने अरब फ़िलिस्तीनियों में वह सब बाँटकर चलना चाहिए ताकि उनके बच्चों का भविष्य सुरक्षा व शान्ति से बीते वरना उनकी छोटी सी आबादी इस मार-काट में कम-से-कमतर होती जाएगी और अरबों से भयभीत होने की जगह उनसे प्यार व इनसानियत से व्यवहार करें जो यहूदियों का असली मिज़ाज है।

ईलान पापे का कहना है कि जियानिस्ट का ख़ुदा पर यक़ीन नहीं रखते परन्तु इस बात पर यक़ीन रखते हैं कि ख़ुदा ने उन्हें ज़मीन देने का वायदा किया है।

ग्रेट इज़रायल बनाने का सपना कहीं पुराने मुहावरे में न बदल जाए। यहूदी सरगर्दान अर्थात दर-दर भटकने वाला यहूदी।

बच्चों की क़त्लगाह ग़ाज़ा पट्टी

कई दशकों की लड़ाई एक बार फिर ख़बर मीडिया पर छा गई। जिसने कौतूहल पैदा किया ग़ाज़ा पट्टी के इतिहास को जानने के लिए गोकि यह फ़िलिस्तीन का ही एक समन्दर से लगा किनारा है जिसे भूमध्यसागर का साहिल कहा जा सकता है जहाँ झूमते ज़ैतून के दरख़्त और कैक्टस की अपनी पैदावार है। कैक्टस काँटो से भरी ऐसी वनस्पति है जो हर मौसम को झेल लेती है मगर बारूदी बारिश को नहीं। इसलिए जो हिस्सा इज़रायल के क़ब्ज़े में है वहाँ पर पेस्ट के कारण कैक्टस ने उगना बन्द कर दिया है मगर कुछ अरसे बाद, हर जंग के बाद बारूद को झाड़ ग़ाज़ा में कैक्टस उग आता है जब पहला कैक्टस उगा तो एक पत्रकार ने उसकी तसवीर ली और मीडिया के ज़रिये ख़ुशख़बरी सुना दी कि फ़िलिस्तीनियों की जिजीविषा अभी बाक़ी है जिसे कोई कुचल नहीं सकता और न ही वह जीना भूला है। उस घटना के बाद जब 1967 में इज़रायल फ़ौज ने ज़मीन पर क़ब्ज़ा करके 8000 ज़ैतून के दरख़्तों को देखते-देखते जड़ से उखाड़ दिया था। यह वही ज़ैतून का दरख़्त था जिसकी शाख फ़ाख़्ता के चोंच में फँसी रहती है। और पी.एल.ओ. के लीडर यासिर अराफ़ात ने यूएन में खड़े होकर अपना यह तारीख़ी वाक्य कहा था जब उनके एक हाथ में पिस्टल और दूसरे हाथ में शान्ति का पैग़ाम देती, जीवन की शाख चोंच में पकड़े फ़ाख़ता थी।

'यू वान्ट दिस और यू वान्ट दिस!!'

यह वही यासिर अराफ़ात थे जिनके सर पर हमेशा चारखाने का रूमाल बँधा होता जिसकी एक नोक या कोना उनके कन्धे पर लटका रहता था जो स्टाइल नहीं बल्कि फ़िलिस्तीन का नक़्शा था आज उन्हीं के तर्ज़ पर ढेरों फ़िलिस्तीनी उस स्कार्फ़ का प्रयोग करते हैं या फिर अपने गले के चारों तरफ़ लपेटे रहते हैं। इस स्कार्फ़ पर जो डिज़ाइन बुनी नज़र आती है उसका भी गहरा अर्थ है। इस स्कार्फ़ को कूफिया (KUFFIEYH!) कहते हैं जो ज़मीन की ज़बान है और फ़िलिस्तीन का प्रतिरोध और शक्ति का सम्बल है। इसमें जो चारों ओर चौड़ी लाइनें हैं वह प्राचीन व्यापारिक रूट्स को दिखाती है जो फ़िलिस्तीन यूरोप और मध्यपूर्वी देशों से करता है। जो बीच का डिज़ाइन है, जाल की तरह वह मछवारों का जाल है जैसाकि वह

भूमध्यसागर से लगा है जो इस पेशे की विराटता का रूपक है और वह डिज़ाइन जो दो पट्टियों के बीच है वह ज़ैतून के दरख़्तों और उसकी पत्तियों जो फ़िलिस्तीन के हेरिटेज और कल्चर को दिखाता है। साथ ही साथ अपनी हिम्मत और हौसले को बुलन्द रखने के लिए वह इस तरह के गीत भी गाते हैं जब धुआँ और आग गिरते बमों से उठते हैं :

नाचो मेरे साथ नाचो
स्वतंत्रता का नाच
इस धरती का नाच!

हमको ग़ाज़ा की तारीख़ की ओर चलना चाहिए। गाज़ा शब्द अरबी भाषा का है जिसका अर्थ है—पतला पारदर्शी सर्जिकल कपड़ा जो मेडिसिन में काम आनेवाली मुलायम पट्टियाँ। महसूस हुआ कि 'ढाके की मलमल' की तरह वह कपड़े भी ड्रेसेज के लिए बुनते हैं और मशीनों की मदद लेकर हर तरह के वेस्ट से वह यह काम का अंजाम देते हैं जिसमें फटे-पुराने कपड़े और प्लास्टिक के टूटे सामान भी शामिल हैं। जब इज़रायल के कुछ लोगों ने यह बताना शुरू किया कि जब हम यहाँ आए थे तो यहाँ कुछ नहीं था सब कुछ हमने किया है। इन बातों से आहत हो फ़िलिस्तीन के पत्रकार Bayan-Al-Hout का कहना था कि फ़िलिस्तीन अपने व्यापार और पैदावार में ही नहीं बल्कि स्कूल, रेल, विश्वविद्यालय, मेडिसिन, शिक्षा हर क्षेत्र में विकसित था। यह इलाक़ा उस सभ्यता एवं संस्कृति का हिस्सा रहा है जिसे मानव-विकास का पालना कहते हैं। इस बात के सबूत में 1920 के कई वीडियो सामने आए जिसमें फ़िलिस्तीन अपने टाइम के हिसाब से आत्मनिर्भर और ख़ुशहाल देश था। ब्रिटिश इतिहासकार LAN BLOCK का कहना है कि 19वीं सदी में फ़िलिस्तीन की शहरी ज़िन्दगी शुरू हो चुकी थी जिसमें हैफा और जाफ़ा और कुछ हद तक यरुशलम का नाम लिया जा सकता है। इनका व्यापार मध्यपूर्वी देशों से लेकर यूरोप तक होता था। यहाँ के कपड़े मशहूर थे।

यदि हम ग़ाज़ा को देखें तो हमें 4,000 साल पुरानी तारीख़ मिलती है। 350 साल पहले यह मिस्र साम्राज्य में उससे असीरियन 730 BC फिर 332 BC में इसे सिकन्दर महान ने जीता। इस बीच कई हुकूमतों के अन्दर रहा जैसे ग्रीक, मिस्र, सीरियन हुकूमतें आती-जाती रहीं फिर रोमन ने इस जगह को रीबिल्ट किया और जब दोबारा बसा तो उसमें यहूदी, मिस्री इत्यादि हर तरह के लोग एक साथ रहते थे। 637 AD में एक मुसलमान जनरल MAR-IBN-AL-AS ने इसे जीता और ग़ाज़ा के नागरिकों ने काफ़ी संख्या में इस्लाम स्वीकार कर लिया। लम्बे अरसे के बाद 16 शताब्दी में तुर्क ऑटोमन एम्पायर आया फिर ब्रिटिश और उसके बाद यहूदियों का क़ब्ज़ा शुरू हुआ। जिन्होंने जीत कर नहीं बल्कि क़ाबिज़ होने की

नियत से गाज़ा को यहूदी, मुसलमान, क्रिश्चियन को खदेड़ने की राजनीति अपनाई जिससे वह अपना एक मुल्क इज़रायल के नाम से बना सकें।

इस समय जो विरोध अन्दर-बाहर बसे फ़िलिस्तीनियों में उमड़ रहा है जिनके साथ विश्व के देशों के नागरिकों के साथ वहाँ बसे ज्यूश भी शामिल हैं जो फ़िलिस्तीन को स्वतंत्र करा के उनकी अपनी ज़मीन पर अधिकार उन्हें वापस दिलाने के लिए दिल की गहराइयों से कभी जुलूस निकालकर, कभी बच्चों के असंख्य ख़ून से रँगे कफ़न के साथ बड़े कलात्मक ढंग से उस व्यथा को दिखा रहे हैं जो इस समय ग़ाज़ा में गुज़र रहा है जहाँ खाने-पीने और दवा की कमी से फ़िलिस्तीनी परेशान हैं। इस परेशानी में वह गा रहे हैं और दबका डांस इन्तिफादा कर रहे हैं :

ज़िन्दाबाद फ़िलिस्तीन!
कुचल दो जियानिज़्म को
हमने ज़मीन को सींचा है
हमने गेहूँ की फ़सल काटी है
हमने नीबू तोड़े हैं और हमने
ज़ैतूनों को निचोड़ा है
और पूरी दुनिया जानती है कि
यह हमारी ज़मीन है
हमने पत्थर फेंके हैं सोल्जर और पुलिस पर
हमने रॉकेट भी छोड़े हैं अपने दुश्मनों पर
पूरी दुनिया जानती है हमारे संघर्ष को
हम अपनी ज़मीन को आज़ाद कराएँगे
इम्पीरियलिज़्म से और बनाएँगे सोशलिज़्म
और सारी दुनिया इसकी शाहिद हो!

कूफिए और स्वीडेश बैंड का यह गीत पोलिश भाषा में है। इसको 1976 में Leva Palestine och Karossa Sionismen से गाया जाता रहा है। वास्तव में वाचक कविताओं की परम्परा रही है जो ग़ाज़ा-फ़िलिस्तीन में ज़बानी याद रह सके। ग़ाज़ा राइट्स बैक, जवान लेखकों द्वारा लिखी गई कहानियों का संग्रह है जिसमें पन्द्रह कहानियाँ हैं और जिसे रिफअत अल-अरीर ने सम्पादित की है जिसमें ग़ाज़ा की उस जवान होती पीढ़ी की कहानियाँ हैं जिन्होंने ग़ाज़ा में रहते हुए इज़रायलियों द्वारा अपने को हर तरह से सिकुड़ते हुए देखा है। रिफअत अल-अरीर ने 2008 से 2009 के आक्रमण Cast lead operation के अनुभवों को लिया है, जिसने लेखन और ज़िन्दगी पर गहरा प्रभाव डाला है। उनकी कहानियाँ ली हैं जिनके शब्द माँ-बाप के दिलों को गहरे भेद देते हैं। भूखे बच्चे, विद्यार्थी और बुज़ुर्ग स्वाभिमान से ज़िन्दगी

जीते हैं जो दुनिया के सबसे संकटमय समुदायों में से एक करुणा और अर्थपूर्ण जीवन जीने का प्रयास कर रहे हैं। इस पुस्तक की एक कहानी का टुकड़ा देखें :

बम की आवाज़ से डरे हम बैठे थे तभी बेटी ने पूछा, 'यहूदी को किसने बनाया?' माँ-बाप चुप रह गए क्योंकि बेटी के सवाल में एक सवाल और था कि ख़ुदा तो रहीम है, प्यार करनेवाला है, वह इन्हें कैसे पैदा कर सकता है? जब दो दिन का सीज़फ़ायर होता है तो डैड ऊपर पानी की टंकी देखने जाता है तभी गोली उसकी गर्दन में आकर लगती है। इसी तरह की घटनाओं और प्रश्नों से भरी बच्चों द्वारा लिखी दूसरी कहानियाँ भी हैं जिन्हें पढ़कर या तो आप क़लम उठाकर कुछ लिखने लगेंगे या फिर जुनूनी हालत में अपने को सहज करने के लिए दबका नाच-नाचकर गाने लगेंगे :

ख़ुदा हमारे फ़िलिस्तीन भाइयों की मदद कर
जिनका दिल ईमान से भरा है
जो इतनी मौतों के बाद, कुचलन, उदासी और
आँसुओं के मुक़ाबले में खड़े हैं
क्या नाच के बीच कोई फ़र्क़ होता है?

मिशाल मियान स्पोक पर्सन ऑफ़ इज़रायल से पूछा गया कि आप ग़ाज़ा की तरफ़ जानेवाले लोगों के अधमरे बदन पर गोली क्यों चला रहे हैं? जवाब था कि हम उन्हें जेल में नहीं डाल सकते हैं? यह जवाब उसी ज़मीन पर रहनेवाली इज़रायल की जवान ज़िम्मेदार औरत के मुँह से निकलता है जिसके दादा और नाना अपने परिवार की बदहाली के साथ फ़िलिस्तीन के पनाहगीर बने थे। एक दौर ऐसा भी था जब शुरू के दौर में यहूदी और क्रिश्चियन अरबी व हिब्रो दोनों भाषा बोलते थे और यही भाषा अरब या तुर्क जानते थे। वह दोनों किस तरह 1948 से पहले साथ-साथ रहते थे। इस सच को बहुत सादे ढंग से लेखक डोरिट सिलवर मैन ने अपनी पुस्तक 'गेट ऑफ़ मरसी' में बयान किया है। दोनों भाषाओं के शब्द कितने आपस में मिलते-जुलते हैं। यह किशोर अवस्था से गुज़रते दो लड़कों के आपसी प्यार और फ़िलिस्तीन के बदलते परिदृश्य की कहानी है। यह लेखक की अपनी कहानी के सच्चे टुकड़े भी शामिल हैं जैसाकि लेखक ने 1948 में बदलाव देखा, मगर इस समय भी यह कोई सोच नहीं सकता था कि 2019 में एक पाँच वर्ष का बच्चा इसलिए जेल में डाला जा सकता है कि उसने पत्थरबाज़ी की थी। उस बच्चे के चेहरे पर चकराहट भरी गम्भीरता है और हाथों में चॉकलेट, मिठाई का थैला है और दूसरे हाथ की उँगली बाप के हाथ में हैं। यह बच्चा समय से पहले बूढ़ा अपनी आँखों से लग रहा है।

2023 में Knoyville Tennesse में vtf-e-mira के सौजन्य से वीडियो देखने को मिला। वह ग़ाज़ा में 4500 बच्चों के मरने के विरोध में निकाला एक अलग तरह का

जुलूस था जिसमें रस्सी में नत्थी 1500 बच्चों के कपड़े थे जिन्हें ख़ामोशी से दिखाया जा रहा था। उसे देखकर स्थानीय लोग ठिठके खड़े रह गए। मगर दूसरी जगहों पर इज़रायली जवान यह नारे लगाते रहे, 'वी बिल अकुपाई ग़ाज़ा' और पूरे माहौल पर कटाक्ष करता यह वाक्य भी वायरल हो रहा है—Gaza Turn Trash in the Cash!

ग़ाज़ा में 1.5 बिलियन बैरेल ऑयल और 1.4 ट्रिलियन क्यूबिक फीट नेचुरल गैस का अभी पता चला है और तब से इज़रायल इस इलाक़े को किसी-न-किसी रूप से अपने क़ब्ज़े में करना चाह रहा है जिसके पीछे अमेरिका, फ्रांस, जर्मनी, ब्रिटेन की बैकिंग है और इसी वजह से सीज़फ़ायर करने के लिए इज़रायल तैयार नहीं है। चार दिन के सीज़फ़ायर के बाद फिर से इज़रायल की ओर से जंग शुरू कर दी गई है।

डॉ. घोसान अबू सिट्टाह (Dr. Ghossan Abu-Sittah) मिडिल ईस्ट आई पर बोलते हुए कह रहे हैं कि ज़ख़्मी 7 से 8 हज़ार और इन चालीस दिनों में सात हज़ार मौतें, यह सभी रोगी और मरनेवाले व्हाइट फासफोरस इनसेंडरी वेपन से प्रभावित थे।

मिनिसिपल ऑफ़ ग़ाज़ा ने जो रिपोर्ट दी है उसमें नॉर्थ ग़ाज़ा 60,000 बिल्डिंगें धमाकों में गिरीं और 56 से 450 हाउस यूनिट तबाह जिसमें अस्पताल, स्कूल, कोचिंग सेंटर, अस्पताल व पुस्तकालय हैं। यह वह पुरानी लाइब्रेरी थी जिसमें हमारे ऐतिहासिक डॉक्यूमेंट्स थे। यह सरासर साजिश के तहत हो रहा है।

इसमें कोई शक नहीं है कि जब-जब किसी देश का वजूद मिटाया जाता है तो सबसे पहले उसके कला, भाषा और संस्कृति पर प्रहार किया जाता है ताकि उनकी ऐतिहासिक पहचान ख़त्म कर दी जाए। यह फ़िलिस्तीन के लोग जान चुके हैं कि इज़रायल से निकालकर उन्हें ग़ाज़ा पट्टी से भगाकर वेस्ट बैंक की तरफ़ भेजा जा रहा है और यह भी समझ चुके हैं कि हमले स्कूल, अस्पताल व घरों पर इसलिए कर रहे हैं ताकि युद्ध बन्द होने के बाद उन्हें इलाज व शिक्षा न मिले। वर्क परमिट भी वह अब इज़रायल में काम करने को नहीं देंगे। तब यहाँ भूख और बेकारी से टूटे फ़िलिस्तीनी आपस में ही लड़ने लगेंगे और उनका एक बहुत बुरा अन्त होगा।

यदि उन्होंने यह जंग हारी तो उनका वजूद मिट जाएगा। जिस समय यासिर अराफ़ात की PLO शान्ति की बातें कर रही थीं तब उनका संसार भर में बढ़ता प्रभाव देख उनके विरुद्ध हमास की बुनियाद डाली और आज उसी हमास के फेंके 5000 रॉकेट का शिकायत ऊँची अवाज़ में कर रहे हैं। हमास एक बहाना है वरना जहाँ ग़ाज़ा में इतने बम गिरे और लाशें बिछ गई वहाँ हमास को ढूँढ़ने के बाहाने ग़ाज़ा खाली कराया जा रहा है ठीक ओसामा बिन लादेन को ढूँढ़ने के बहाने उन्होंने कलस्टर बम अफगानी आबादियों पर गिराए और उसकी भौगोलिक अस्मिता को भी अमेरिका ने गहरी चोट पहुँचाई। यह सारी बर्बादी झूठ-मूठ हमास के बहाने करने के विरुद्ध पत्रकार Pales Plestia Allqqad को कहना पड़ा कि क्या हमने इराक़ से कुछ नहीं सीखा?

यह आश्चर्य की बात है कि फ़िलिस्तीनी पत्रकार अस्पताल से लेकर आम इनसानों की तबाह हाली को जिस तरह फोटे के जरिये सनद के रूप में क़ैद कर रहा है वह क़ाबिले तारीफ़ है उसमें पत्रकार Motaz azaiza का नाम लेना ज़रूरी है जिन्होंने अपना पूरापरिवार इजरायली हमलों में खो दिया। उनका कहना है कि जब मेरा अपना कुछ बचा नहीं है तो फिर मुझे डर किस बाता का? अब मैं कैमरा का प्रयोग ज़्यादा से ज़्यादा करूँगा ताकि तसवीरें समय के इस संहार को पूरी दुनिया अपनी आँखों से देखेगी जो इज़रायल के झूठे प्रचार को मिटाकर सच सामने लाएगी।

इज़रायल ने जब-जब आक्रमण करअपने पैर फैलाए फ़िलिस्तीनी अपनी ज़मीन का टुकड़ा खोते गए। यह टकराहटें 1948, 1949, 1956, 1967, 1973, 1982 और 2006 जिसमें 1967 और 1979 का साल बहुत मुसीबतों का था। छह दिवसीय युद्ध 5-10 जून, 1967 में सीरिया ने गोलान हाइट्स की स्थिति से इज़रायली गाँव पर बम्बारी की और इज़रायल ने छह सीरियाई मिग लड़ाकू विमानों को मार गिराया। तो मिस्र के नासीर ने सिनाई सीमा के पास अपनी फ़ौजें लगा दीं। और एलाट को अवरुद्ध करनरे की माँग की। मई 1967 में मिस्र, जॉर्डन के साथ एक 'आपसी रण समझौता' पर हस्ताक्षर हुए। इज़रायल ने अरबों की इस भीड़ का जवाब अचानक हवाई हमला करके दिया और ज़मीन पर मिस्र की वायु सेना को नष्ट कर दिया। यह इज़रायल की ज़मीन पर जीत ज़बर्दस्त थी। इज़रायली फ़ौज ने सीरियाई सेना को गोलन हाइड्स से वापस खदेड़ दिया और मिस्र से ग़ाज़ा पट्टी और सिनाई प्रायद्वीप पर नियंत्रण कर लिया और जॉर्डन की फ़ौज को वेस्ट बैंक से खदेड़ दिया। महत्त्वपूर्ण बात यह है कि यरुशलम पर अब एकमात्र नियंत्रण इज़रायल का हो गया। इस बीच छुटपुट टकराहटें चलती रहीं।

6 अक्टूबर यहूदियों के पवित्र दिन योम किप्पुर इज़रायल को मिस्र की सेनाओं द्वारा पार करते पकड़ लिया गया। स्वेज नहर और सीरियाई सेनाओं द्वारा गोलन हाइट्स में प्रवेश किया। इस बार अरब सेना ने पहले से कहीं अधिक आक्रामकता दिखाई और इज़रायली सेनाओं को भारी क्षति उठानी पड़ी थी। यहाँ केवल 1967 के युद्ध का संकेत भर है वरना तो युद्ध का एक लम्बा वृत्तान्त है। दरअसल 1967 के बाद फ़िलिस्तीनियों को भारी क़ीमत जान-माल और हर प्रकार से चुकानी पड़ी और पूरा दृश्य बदलकर रह गया। काम के लिए फ़िलिस्तीनी लोगों को सिक्योरिटी से गुज़र वर्क परमिट दिखाना पड़ता था। एक तरह से ग़ाज़ा वाले दीवार के उस पार एक तंग गलियारे से होकर अपने घरों की तरफ़ जाने लगे। यह बहुत बड़ा सच है कि जब-जब खनिज से भरे इन मुल्कों ने अपनी तरह अपने ज़मीनी सोर्स के साथ जीना चाहा वह सत्ता में नहीं रह पाता है या फिर उसकी हत्या करा दी जाती है। 17 नवम्बर, 2023 में अपने ग़ाज़ा की यह हालत देखकर फ़िलिस्तीनी प्रधानमंत्री मोहम्मद शतय्येह (Mohammad Shatyyeh) कैबिनेट स्पीच में बोलते-बोलते

रोने लगे और कहने लगे कि 'शहीदों पर रहम हो!' 'शर्म आए दुश्मनों को!' यह छोटा सा बाइट ट्रकिश टेलीविज़न की तरफ़ से वायरल हुआ था। किसी ज़िम्मेदार ओहदे पर बैठा इनसान इस तरह रो पड़े। यह बड़ी बात है।

चार दिन के युद्ध विराम में कई शादियाँ जो रुकी हुई थीं वह हुईं। लेकिन पाँचवें दिन बिना किसी पूर्व सूचना के सुबह सात बजे इज़रायल ने बम्बारी शुरू कर दी। वार प्लेन बहुत निचाई पर उड़ रहे थे और नॉर्थ से साउथ की ओर सफे की ओर बम गिर रहे थे। यूनिसेफ के प्रवक्ता जेम्स एडलर उस समय ग़ाज़ा के एक अस्पताल में मौजूद थे जिसके 15 मिनट की दूरी पर बम फटा है। इस अस्पताल में 200 बच्चों की कैपेसिटी है जहाँ हज़ारों बच्चे मौजूद हैं यह ज़ख़्मी, रोगी बच्चे जगह-जगह से जले हुए ज़ख़्मों से चूर ज़मीन पर, कुर्सी-मेज़ पर, बेड पर जहाँ भी जगह है वहाँ लेटे हुए हैं। दरअसल इज़रायल नर संहार नहीं कर रहा है बल्कि बच्चों का नरसंहार है अर्थात War on Childred ढूँढ़-ढूँढ़कर उन जगहों पर बम फेंके जा रहे हैं जहाँ सिर्फ़ औरतें और बच्चे हैं। मलबे के ढेर में दबे अपने बच्चों को निकालते हुए औरतें चीख़ रही हैं। रिपोर्टर ने कहा कि ग़ाज़ा चीख़ों का शहर बनकर रह गया है। ग़ाज़ा के स्वास्थ्य मंत्री का कहना है कि यह हमला बहुत तबाहकुन है। युद्ध विराम के समय को बढ़ाने की बात चल रही थी और अचानक विस्फोट होने लगे।

जेम्स एलडर ने बम्बारी से पहले ग़ाज़ा के स्थानीय लोगों से बातचीत की जिसका ख़ुलासा करते हुए उन्होंने बताया कि वहाँ कोई भी शख़्स ऐसा नहीं है जिसने अपना कोई खोया न हो। इज़रायल डिफ़ेंस फोर्स जिस तरह बच्चों को निशाना बना रही उससे साफ़ ज़ाहिर है कि वह नस्लकुशी कर रहे हैं। इस तरह की रिपोर्ट सुनकर फ़िलिस्तीन का राष्ट्रीय वृक्ष ऑलिव (ज़ैतून) याद आता है और जो 20 साल में बढ़ता है और 20 साल फल आने में लगता है। यह दरख़्त दरअसल फ़िलिस्तीनियों की विरासत है जो एक नस्ल से दूसरी नस्ल तक पहुँचते हैं। हरे, पीले, मायल हरे, काले, छोटे-बड़े आकार के ऑलिव (ज़ैतून) फ़िलिस्तीनियों की जान है। ग़ाज़ा से गुज़रते हुए पदयात्रा वाले शरणार्थियों ने जब रास्ते में खड़े पेड़ों को ज़ैतून से लदा देखा तो तोड़ने लगे जिस पर डिफ़ेंस आर्मी के सिपाहियों ने रोक लगा दी। मैं 2004 में सीरिया गई थी हमें गोलन हाइट्स तक ले जाया गया था। जहाँ की आबादी पर इज़रायली फ़ौज ने बम गिराए थे। टूटे घरों के बीच में ज़ैतून के दरख़्त थे जिसमें घुँघरू की तरह छोटे-छोटे ज़ैतून लगे थे। मैंने इससे पहले ज़ैतून के दरख़्त नहीं देखे थे। पता चलते ही मैंने उसे छुआ और एक तसवीर खिंचवाई। जबकि ज़ैतून का तेल और फल दोनों वर्षों से खा रही थी। मेरी कहानी 'ज़ैतून के साये' को लिखते हुए मुझे इस तख़्त के बारे में ज़्यादा पता नहीं था। फ़िल्मों में ज़रूर देखा था कि फ़िलिस्तीनी माँ रोटी को खोल उसमें सलाद या कुछ खाने का रखती है और ऊपर

से ऑलिव ऑयल डाल देती है। सीरिया में भी सलाद जहाँ ज़ैतून से सजा होता है वहीं पर उस पर ऑयल भी डला होता है।

दोनों तरफ़ से होस्टेज आज़ाद किये गए युद्ध विराम के साथ और फिर सुनने को मिलने लगीं दर्दनाक दास्तानें। यह ऐसी दर्द की गाँठें थीं जो टीसने के अलावा और ख़ुदा का शुक्र अदा करने के सिवा कुछ दे नहीं सकती थीं। यही वह ठहराव था जो उन्हे लगातार उजड़ने और खोने के साथ उनके अन्दर पनप उठा था। उन जवान माँओं के चेहरे जो अपने बच्चों के जनाज़े के पास बैठी रहती हैं। ज़ुल्म की शिद्दत इनसान के अन्दर एक तरह का विकार ले आती है, तब वह रोना-चीख़ना भूल जाता है। इनसानी धैर्य की जो मिसाल हमें इस लम्बी खिंचती युद्ध में नज़र आती है। आज इज़रायली मिज़ाज को समझने के लिए यह ज़रूरी है कि हम अतीत में घटी घटनाओं को दोहराएँ जो हमारी नई पीढ़ी नहीं जानती है और हममें से भी बहुत लोग नहीं जानते हैं।

संयुक्त राष्ट्र ने 1947 में ग्रेट ब्रिटेन के फ़िलिस्तीनी जनादेश को विभाजित करने के लिए मतदान किया था। संयुक्त राष्ट्र ट्रस्टशिप के तहत एक यहूदी राज्य, एक अरब राज्य और एक स्वतंत्र यरुशलम की स्थापना की जानी थीा अरबों ने इस विभाजन का विरोध किया जब 15 मई, 1948 का जनादेश समाप्त हुआ तो इज़रायल ने अपनी आज़ादी का एलान किया तो पहला अरब व इज़रायल के बीच युद्ध छिड़ गया। अरब फ़िलिस्तीनियों के लिए कोई अलग राज्य स्थापित नहीं किया गया। मिस्र ने भूमध्यसागर के साथ ग़ाज़ा पट्टी पर नियंत्रण कर लिया और जॉर्डन ने पूर्वी यरुशलम सहित इज़रायल की पूर्वी सीमा और जॉर्डन नदी (वेस्ट बैंक) के बीच के क्षेत्र पर। 1967 के छह दिवसीय युद्ध के दौरान इज़रायल ने उन क्षेत्रों के साथ-साथ गोलान हाइट्स-इज़रायल की उत्तर-पूर्वी सीमा पर सीरियाई भूमि के एक टुकड़े पर क़ब्ज़ा कर लिया था फिर सिनाई पर मिस्र प्रायद्वीप पर क़ब्ज़ा कर लिया। अपने चुनाव के बाद राष्ट्रपति कार्टर ने UN संकल्प 242 (नवम्बर, 67) के आधार पर एक व्यापक मध्यपूर्व शान्ति समझौते की दिशा में काम किया जिसमें क़ब्ज़े वाले क्षेत्रों से इज़रायल की वापसी और अरब मान्यता एवं दोनों देशों के बीच शान्ति (शर्तों) की शुरुआत था। मगर अरब इस पर राज़ी न हुए और इज़रायल की स्थापना 1967 के युद्ध से विस्थापित फ़िलिस्तीनी शरणार्थियों की समस्या का उचित समाधान। सआदत ने क़ब्ज़ा किये हिस्सों को लौटाया और कार्टर को प्रोत्साहन दिया। राष्ट्रपति कार्टर ने बेगिन से मुलाक़ात की जो राष्ट्रपति बन चुके थे। राष्ट्रपति बेगिन ने अपनी सहमति दी। नवम्बर 1977 में सआदत ने इज़रायल से सीधा सम्पर्क स्थापित किया। रोजलिन कार्टर ने सुझाव दिया कि बेगिन को ग्रामीण मैरी लैंड कैम्प डेविड में दावत जहाँ बातचीत भली प्रकार होगी।

शिखर सम्मेलन 5 सितम्बर, 1978 को आरम्भ हो पूरे 13 दिन तक चला मगर उन्हें कामयाबी की कम उम्मीद थी इसलिए इसे गोपनीय रखा गया ताकि नाकामी

की चर्चा बाहर न फैले। इस तरह 17 सितम्बर, 1978 को व्हाइट हाउस वाशिंगटन डीसी में कैम्प??? डेविड समझौते पर हस्ताक्षर हो गए। सआदात और बेगिन को इस समझौते के लिए 1978 का नोबेल पुरस्कार मिला।

इस सम्मिट के बाद मिस्र ने दोनों देशों के बीच सामान्य राजनयिक सम्बन्ध स्थापित करने और स्वेज नहर खोलने व इज़रायली जहाज़ों के गुज़रने का वायदा किया। इसका विधिवत् पालन हुआ लेकिन अधिकतर अरब देशों ने मिस्र का अनुसरण करने की जगह मिस्र को ही बहिष्कृत कर दिया। और उसे अरब लीग से निकाल बाहर किया। पीएलओ ने भी समझौता ख़ारिज कर दिया। लेकिन 1993 में इज़रायल और पीएलओ द्वारा हस्ताक्षरित ओस्लो समझौते में वेस्ट बैंक और ग़ाज़ा के सम्बन्ध में प्रावधान शामिल थे जो कैम्प डेविड की तरह ही थे!

1993 में नार्वे में शान्ति वार्ता ओस्लो में शुरू हुई थी। कुछ इज़रायली पीएलओ को आतंकवादी मानते थे इसलिए इस शान्ति समझौते का विरोध हुआ। उधर अरब एक यहूदी स्टेट को मान्यता देने के पक्ष में नहीं थे। यह समझौता जिसमें यासर अराफ़ात, पूर्व इज़रायली प्रधानमंत्री शिमोन परेज, इजरायली प्रधानमंत्री यित्ज़ाक राबिन और नार्वे के विदेशमंत्री जान इगलैड शामिल थे। ओस्लो द्वितीय पर दो साल बाद हस्ताक्षर हुए। 1998 में फ़िलिस्तीनी अधिकारियों ने इज़रायल पर ओस्लो समझौते में ग़ाज़ा और हेब्रोन से सेना की वापसी का पालन न करने का आरोप लगाया। आरम्भ में संयुक्त राष्ट्र अमेरिका के अनुरोध पर वेस्ट बैंक में निपटान निर्माण को धीमा करने के बाद 2000 के दशक की शुरुआत में इस क्षेत्र में नये इज़रायली आवास का निर्माण फिर से शुरू कर दिया। इस समझौते के आलोचकों का कहना था कि इसके परिणाम में, इज़रायली नागरिकों के विरोध में, फ़िलिस्तीनियों की हिंसा में इज़ाफ़ा हुआ है। फ़िलिस्तीन प्राधिकरण ग़ाज़ा और वेस्ट बैंक पर पर्याप्त रूप से पुलिस लगाने और सन्दिग्ध आतंकवादियों की पहचान करने और उन पर मुक़दमा चलाने में सफल नहीं रहा। इस आशा के साथ कि ओस्लो समझौते के अनुसार देनों पक्ष सही रूप से पालन करें जिसके लिए एक बार फिर कैम्प डेविड में वार्ताकार जुटे। सितम्बर, 2000 में फ़िलिस्तीनी उग्रवादियों ने दूसरा इन्तिफादा घोषित किया जिसमें शेरोन ने टेम्पल माउंट यहूदी और मुसलमानों दोनों के लिए पवित्र स्थल है। वहाँ के दौरे के बाद स्थिति में कोई फ़र्क़ नहीं आया। महसूस यही होता है कि दोनों पक्षों को उकसाने में पहल किस पक्ष द्वारा होती है समझना मुश्किल है।

अंग्रेज़ों ने 1947 में भारत-पाकिस्तान बँटवारा किया। वहीं फ़िलिस्तीन में भी 1948 में फसाद का बीज बो दिया। बार-बार शान्ति वार्ता का उल्लंघन बच्चों का गुड्डे-गुड़िया की शादी का खेल-सा नज़र आता है। अब इस बार यदि शान्ति वार्ता युद्ध विराम के बाद हो तो कोई ठोस क़दम उठाया जाए। यह समस्या बहुत उलझ गई है मगर इस बार इसको तर्क व तथ्य की कसौटी पर सुलझाना बहुत

ज़रूरी है। ख़ासकर पुराने अनुभवों को सामने रखते हुए अभी जलवायु पर हो रहे सम्मेलन का होस्ट इस बार UAE बना जहाँ ईरान ने यह कहकर शिरकत नहीं की कि वहाँ इज़रायल आ रहा है जिसने बड़े पैमाने पर बच्चों का नरसंहार किया है उसका बायकाट होना ज़रूरी है। बिलकुल होना चाहिए परन्तु यहाँ पर ईरान को आगे बढ़कर फ़िलिस्तीनियों की समस्या को इस तरह सुलझाना अन्य देशों के साथ मिलकर करना चाहिए जिससे ग़ाज़ा में हुए नरसंहार और बर्बादी का खमियाज़ा पूरा दिया जाए। ग़ाज़ा में दोबारा ज़िन्दगी बहाल हो इसके लिए UNECO को गम्भीरता से क़दम उठाने हैं और अन्य देशों को भी आगे बढ़कर फ़िलिस्तीनियों की मदद हर क्षेत्र में करनी होगी। जब भी कोई नया राष्ट्रपति अमेरिका की सत्ता में आता है विश्व के शान्तिप्रिय नागरिकों की आशा बँधने लगती है कि इस बार कुछ बेहतर होगा मगर ऐसा होता नहीं है। हथियार पहले की तरह बिकते हैं और अमेरिका की दोस्ती का पहला मंत्र यहीर होता है कि हम आपको नवीन से नवीन हथियार देंगे।

इधर 14.11.23 को एक सूचना सामने आई थी Gilles Devers की ओर से कि उन्होंने वेंटेरन लायर्स फोरम ने 10 दिनों में संसार भर के वकीलों की फ़ौज फ़िलिस्तीन के समर्थन में बना ली है इसलिए फ़िलिस्तीनियों को यह नहीं सोचना चाहिए कि उनके लिए कोई खड़ा नहीं हो पा रहा है। इस तरह की थपकियाँ भी ज़रूरी हैं मगर यह इतनी कारगर नहीं होंगी जितना कि अमेरिका द्वारा लिया गया फ़ैसला, जर्मन, फ्रांस और ब्रिटेन जैसे देशों की गवाही के साथ वरना ओस्लो के बाद फिर एक बार नये नाम से समझौता होगा और फिर कुछ वर्षों बाद ढाक के वही तीन पात। इस सिलसिले में यह देश दूसरे राष्ट्रों का दोहन व शोषण करने से अब बाज आएँ और अपने लिए डेमोक्रेसी के नये अध्याय व धाराएँ तय करें।

अमेरिकन कवयित्री एम. बैरी की सुन्दर कविता के शब्द उन बहरे कान वालों तक पहुँच सकें। ग़ाज़ा के बुनकरों को धन्यवाद दे रही है—

हमारे जाने कितने घावों पर
पट्टी बाँधी गई
उन लोगों की वजह से

और जाने वहाँ कितने लोग
छूट गए हैं
हमारी वजह से।

भारत-इज़रायल सम्बन्ध

1992 तक भारत तथा इज़रायल के बीच किसी प्रकार के सम्बन्ध नहीं रहे। उसके मुख्यत: दो कारण हैं—पहला, भारत गुटनिरपेक्ष देशों की तरह इज़रायल को मान्यता नहीं देता था। भारत सोवियत संघ का समर्थक था। दूसरा कारण, भारत फ़िलिस्तीन का समर्थक रहा है यहाँ तक कि 1947 में भारत ने संयुक्त राष्ट्र फ़िलिस्तीन (उन्स्कोप) नामक संगठन का निर्माण किया परन्तु 1989 में कश्मीर में विवाद और सोवियत संघ के पतन तथा पाकिस्तान के ग़ैरक़ानूनी घुसपैठ के चलते राजनीतिक परिपेक्ष्य में बदलाव आया। इधर भारत ने नीति बदलते हुए इज़रायल से सम्बन्ध मज़बूत करने की सोची और 1992 में प्रधानमंत्री नरसिम्हा राव के समय से नय सम्बन्ध का दौर शुरू हुआ। कांग्रेस की हार हुई और जनता पार्टी सत्ता में आई। वाजपेयी जी भी सम्बन्ध बनाने के इच्छुक थे। प्रधानमंत्री मोदी ने इसको अंजाम दिया आयात-निर्यात का सिलसिला शुरू हुआ। रूस के बाद भारत का सबसे बड़ा सैनिक निर्यातक देश है।

दोनों देशों ने स्टार्टअप और टेक्नोलॉजी में सहयोग के लिए समझौते किये हैं। सोलर और अक्षय ऊर्जा के क्षेत्र में दोनों मिलकर काम कर रहे हैं। इज़रायल की मदद से भारत में वाटर टेक्नोलॉजी सेंटर बनाया गया। इज़रायल से भारत आयात होनेवाली वस्तुएँ मोती, बहुमूल्य स्टोन, केमिकल्स, मिनरल, फर्टिलाइजर प्रोडक्ट्स मशीनरी, रक्षा मशीन, मशीनरी और विद्युत उपकरण, पेट्रोलियम आयल्स, ट्रांसपोर्ट इक्विपमेंट और पोटाश इत्यादि शामिल हैं। 300 के लगभग कम्पनियाँ इज़रायल से भारत सामान भेजती हैं। स्टोन पर पॉलिशिंग, फ़ौजी वर्दी की सिलाई जैसे काम भी भारत में होता है। भारत लगभग 3500 तरह के सामान इज़रायल को निर्यात करता है। इज़रायल के लिए भारत एशिया का तीसरा सबसे बड़ा व्यापारिक भागीदार है। इज़रायल में कंस्ट्रक्शन और नसीरा फ़ील्ड में 40,000 से ज़्यादा भारतीय विभिन्न क्षेत्रों में काम करते हैं। इज़रायली निवेश से 207 करोड़ डॉलर पार कर चुका है 2020-2023 में भारत ने 1400 तरह के सामान आयात किया। व्यापार 2.3 अरब डॉलर है। मध्य प्रदेश में इज़रायल कम्पनी हैं—Teva और Avgol जो स्थानीय अर्थव्यवस्था में सहयोगी बन रही हैं। 500 से ज़्यादा इज़रायली कम्पनियों का भारत में व्यापार है।

हमास और इज़रायल के कारण जो युद्ध 7 अक्टूबर, 2023 से शुरू हुआ है उसका असर अरबों डॉलर के लाभ पर पड़ रहा है। टीसीएम, इंफोसिस, विप्रो और टेक महिन्द्रा, अडानी पोटर्स को नुक़सान पहुँच रहा है। इस युद्ध की पूरे विश्व में चर्चा और चिन्ता है। भारत की चिन्ता अपनी दस कम्पनियों की है। अभी तो उनके शेयर में भारी गिरावट आई है। सेंसेक्स (Sensex) और निफ़्टी (NIFTY) लाल निशान पर बन्द हुए। कारोबार के अन्त में बीएसई का 30 शेयरों वाला सेंसेक्स 483,24 अंक फिसलकर 65,512,39 के स्तर पर बन्द हुआ तो वहीं एनएई का निफ्टी इंडेक्स 141.15 अंक की गिरावट के साथ 191,235 पर बन्द हुआ। इस जंग का प्रभाव कच्चे तेल पर पड़ा। वह महँगा हुआ और तेल कम्पनियों के शेयर टूटे। जंग यदि जारी रही तो व्यापार की स्थिति शोचनीय हो सकती है। लेकिन हथियार बाज़ार को बड़ा मुनाफ़ा होगा।

2004 में जब सीरिया जाना हुआ था तो वहाँ के सियासी हल्क़ों में इस बात की गहरी चिन्ता व्यक्त की जा रही थी कि भारत का झुकाव इज़रायल की तरफ़ बढ़ रहा है। जिस तरह भारत सरकार ने इस घमासान होते युद्ध में फ़िलिस्तीनियों को रसद पहुँचाई है उससे साफ़ पता चलता है कि मानवीय रिश्ते उनके लिए महत्त्वपूर्ण परन्तु जिस तरह आतंकवाद को समाप्त करने के लिए प्रधानमंत्री ने अपनी प्रशंसा व्यक्त की है उससे हमास पार्टी के साथ फ़िलिस्तीनी भी आहत हुए और फ़िलिस्तीनी, अमेरिकी लेखक सूसन अबुलहावाने अपना रोष प्रकट करते हुए साफ़ शब्दों में कहा है कि "भारत अपना दिन भूल चुका है और उन लोगों का साथ दे रहा है जिसने उसे इतने वर्षों तक ग़ुलाम बनाए रखा और उसका शोषण किया।"

भारत की विदेश नीति इस वर्तमान सरकार से ऐसी माँग कर रही है जिससे दोनों देशों से सम्बन्ध बिगड़े नहीं जो बेहद मुश्किल काम है। फ़िलिस्तीनी पिछले कई दहाइयों से इस युद्ध को लगातार झेल रहे हैं और अब हमास पार्टी का कहना है कि यह आज़ादी या मौत! विश्व के अनेक देश कह रहे युद्ध विराम ओर इज़रायल के राष्ट्रपति कह रहे हैं, युद्ध विराम क़तई नहीं, आतंकवादी हमास पार्टी का ख़ात्मा होकर रहेगा।

इज़रायल से भारत के आर्थिक एवं तकनीकी अनुबन्ध चाहे जितने हों वह अपनी जगह हैं मगर हमारे पुराने व गहरे फ़िलिस्तीनी रिश्ते अपनी जगह हैं।

साक्षात्कार

अपने ही देश से खदेड़े जा रहे फ़िलिस्तीनी

[नासिरा शर्मा से फ़िलिस्तीन-इज़रायल परिदृश्य पर बातचीत]

अशोक तिवारी : हम सब जानते हैं कि आपने मिडिल-ईस्ट पर बहुत काम किया है। मेरा सवाल ये है कि आपके लिए इन मुल्कों की समस्याओं को लगातार उठाने के पीछे कौन-से प्रेरक तत्व रहे हैं?

नसिरा शर्मा : एक तो ख़बरों में बचपन से ही इन मुल्कों के बारे में कुछ-न-कुछ सुना था। ज़हन में ये मुल्क तो थे ही, लेकिन जब मैंने लिखना शुरू किया, तो यूँही ख़्याल सा गुज़रा कि क्यों न मैं उन समस्याओं को उठाऊँ जो मेरी पैदाइश के समय की हों। कुछ अरसे बाद मेरी नज़र अंग्रेज़ी में अनुवाद की हुई फ़िलिस्तीन की कविताओं पर पड़ी, जो मुझे अच्छी लगीं। इत्तेफाक़ देखिए कि फ़िलिस्तीन समस्या की शुरूआत 1948 में हुई। फिर मैंने फ़िलिस्तीन की कविताओं का उर्दू-हिन्दी में अनुवाद किया और लेख लिखा जो अलीगढ़ से निकलने वाली उर्दू पत्रिका अल्फ़ाज़ में छपा। फ़िलिस्तीन से भारत का जो रिश्ता था, वो बहुत गहरा था। ख़ासकर PLO लीडर यासर अराफ़ात के साथ। और एक दिलचस्प बात ये भी थी कि उस वक़्त के फ़िलिस्तीनी राजदूत बहुत अच्छी हिन्दुस्तानी बोलते थे और लम्बे अरसे से हिन्दुस्तान में थे। यहाँ तक कि टेलीविज़न पर भी उन्हें बुलाया जाता था। उस दौर में बहुत सारे डिसकसन और गोष्ठियाँ जगह-जगह होती थीं, जिनमें मैं भी शिरकत करती थी। और इत्तेफाक़ देखिए हिन्दुस्तान का बँटवारा 1947 में हुआ और इस विषय पर मेरा उपन्यास ज़िन्दा मुहावरे हिन्दुस्तान के बँटवारे के 45 साल बाद 1992 में आया।

1948 में जहाँ एक ओर महात्मा गांधी जैसे कद्दावर नेता को कुछ साम्प्रदायिक उन्मादियों ने शिकार बनाया, वहीं 1949 में बाबरी मस्जिद में रामलला की मूर्ति को रखे जाने की घटना को अंजाम दिया गया, जिससे साम्प्रदायिक सद्भाव को न केवल ठेस लगी बल्कि 43 साल बाद 1992 में बाबरी मस्जिद को साम्प्रदायिक उन्मादियों ने सरकारी संरक्षण में ध्वस्त कर दिया। इसे इत्तेफाक़ ही कहा जाएगा कि आपका उपन्यास ज़िन्दा मुहावरे भी उसी साल 1992 में

ही आता है। क्या आपने उस पूरे दौर पर कुछ लिखा है?

नहीं, मैंने ज़िन्दा मुहावरे को वहाँ पर ख़त्म किया है जहाँ सिर्फ़ नारों की आवाज़ आ रही है यानी कि ये एक संकेत था जो मैंने दिया था।

इसमें संकेत क्या, ये तो उस समय का सच था।

बिलकुल सच था, लेकिन मैं जो observe कर रही थी अपने समय को, उसमें मैं दो घटनाओं को मिलाकर नहीं देख सकती थी। क्योंकि देश का बँटवारा एक बहुत बड़ी त्रासदी थी और मन्दिर-मस्जिद विवाद उसके सामने सिर्फ़ एक फुटाव था, क्योंकि इस तरह के शोसे कभी गाय तो कभी उर्दू भाषा को लेकर होते ही रहते थे। और बँटवारे का सारा इल्ज़ाम मुसलमानों पर लगाया जाता रहा है। जो हिन्दुस्तान हमारा था, वो इस घटना के बाद बदल रहा था और मुझे उस नए उग रहे हिन्दुस्तान पर अपनी पकड़ बनानी थी।

यक़ीनन, 1947 में हिन्दुस्तान का बँटवारा हुआ और 1948 में इज़रायल अस्तित्व में लाया गया। तो क्या इसमें भी आपको कुछ कनेक्शन दिखते हैं?

बिलकुल, अंग्रेज़ों के ख़िलाफ़ दोनों देशों में मुख़ालफ़तों का दौर-दौरा था। ब्रिटिश समझ चुके थे कि उनका जाना तय है। लोग उन्हें नहीं चाहते थे, तरह-तरह से रिवोल्ट हो रहा था तो इनको जाना पड़ा। मगर जाने से पहले ये दो काम करके गए। 1947 और 1948 में हिन्दुस्तान और फ़िलिस्तीन को ऐसी सौगात दे गए कि उसका घाव भरता ही नहीं। ठीक है, फ़िलिस्तीनियों की तरह हमारे यहाँ डेली बमबारी नहीं होती है, लेकिन एक बीज तो बो दिया गया नफ़रत का, मुसलमानों और हिन्दुओं के बीच में। जबकि आप 1857 के ग़दर को देखिए, और देखिए 1947 के स्वतंत्रता संग्राम को, उस समय देश की आज़ादी के लिए दोनों ने क़ुर्बानियाँ दी थीं। उधर ख़ामोशी से खदेड़े गए यहूदियों को गुप्त रूप से फ़िलिस्तीन में बसाया और यहूदी अरब में न सुलझने वाली समस्या खड़ी कर दी। PLO नेता यासर अराफ़ात ने ये बात कही भी थी कि "यू.एन.ओ. ने इस समस्या का हल करने के लिए फ़िलिस्तीन-इज़रायल के बराबर-बराबर हिस्से के साथ दो देशों को वजूद में लाए जाने की बात की थी। मगर हुआ ये कि फ़िलिस्तीन को खदेड़ता हुआ इज़रायल आगे बढ़ता चला गया और उसको चूहे के बिल में रहने पर विवश कर दिया। हम फ़िलिस्तीनी भी इनसान हैं। हम इनसान की तरह जीना चाहते हैं—सुकून और सुरक्षा के साथ, न कि हर रोज़ ख़ून-ख़राबा।"

भारत गुट निरपेक्ष देशों की तरह इज़रायल को मान्यता नहीं देता था। भारत सोवियत संघ का समर्थक था।

आपको फ़िलिस्तीनी कविताओं में ऐसा क्या लगा जो आपने उनका अनुवाद किया?

उसमें जो सबसे बड़ी चीज़ मुझे महसूस हुई वो था, वतन से प्यार की शिद्दत और तेवर अपने अरब होने पर। महमूद दरवेश की ये कविता 'मैं अरब हूँ' में बहुत गुरूर है। मैंने पूरी कविता का अनुवाद किया था और देखा कि कई और लोगों ने भी इसका अनुवाद किया है। उसका एक कारण था कि सभी संवेदनशील रचनाकार फ़िलिस्तीन की समस्या को समझते थे और उनका प्रिय कवि महमूद दरवेश थे। जिनकी इंक़लाबी कविताओं के अलावा उनकी रोमांटिक कविताएँ भी लोकप्रिय हैं। विशेष रूप से फायर जो उन्होंने अपनी महबूबा को सम्बोधित करते हुए लिखी हैं। किशोर अवस्था का ये प्यार इस यथार्थ से टकराकर चूर-चूर हो गया कि उनकी महबूबा ने इज़रायल फ़ौज को तब ज्वाइन कर लिया, जब वे जेल में थे। और सोचते थे कि वो किसी फ़िलिस्तीनी लड़के से या तो पूछताछ कर रही होगी या किसी फ़िलिस्तीनी को fire करने का आर्डर दे रही होगी।

आपने और किन कवियों को पढ़ा है और अनुवाद किया है?

सभी का नाम तो याद नहीं है पर कुछ के नाम मैं ले सकती हूँ। जैसे, फ़दवा तूकान, कमाल नासिर, मोईन बिसेसो, तौफ़ीक़ ज़ायद, रशीद हुसैन, समी-अल-क़ासिम, महमूद दरवेश, मुरीद दरवेश, मुरीद-अल-बरगौती, हसन ज़कतान, आतीफ़ जानम, सलीम जुबरान।

आपकी पुस्तक 'किताब के बहाने' में फ़दवा तूकान के ऊपर एक लेख 'पहाड़ी रास्ता बेढप रास्ता' मैंने पढ़ा है। दिलचस्प लगा। मुझे हसन ज़कतान की कविता 'तकिया' बहुत अच्छी लगती है। मैं उसे पढ़ता हूँ...

वक़्त है अभी
उससे कहने का, "गाँ!
शुभ सन्ध्या।
मैं लौट आया हूँ
सीने पर गोली खाकर,
कहाँ है मेरा तकिया?
मैं कुछ देर सोना चाहता हूँ"

अगर जंग
फिर से दरवाज़ा खटखटाए
तो कहना उससे—
"ठहरो, वह आराम कर रहा है।"

इनकी दूसरी कविता है 'दादी का घर'। वह मुझे ख़ुद के बहुत क़रीब लगती है। मुझे भी अपने बचपन का घर बहुत याद आता है, जिसका अब कोई वजूद बचा नहीं है लेकिन फिर भी मेरे ज़ेहन में वो बसा है। और उसके हर कमरे में आती-जाती रहती हूँ, ख़ुद को कभी किशोर अवस्था में देखती हूँ और कभी छोटी बच्ची के रूप में। घर के सभी लोगों के साथ वो घर सपने में उभरता है, जिसमें तरह-तरह से सब लोग हसँते-बोलते और खाते-पीते दिखते हैं। कवि को भी अपना घर याद आता है। मैं उस कविता को आपके सामने एक बार पढ़ना चाहती हूँ।

जी ज़रूर...

मेरी दादी का घर
सजा है क़ुरआन की आयतों और तुग़रों से

घर की देहलीज़ पर
खड़े हैं सीधे, तीन शख़्स, न कम्पन न हरकत।
करते हैं खड़े-खड़े इन्तज़ार, सो न अन्दर दाख़िल होते हैं
न बाहर निकलकर जाते हैं।
बताओ दादी इनमें कौन सबसे हसीन है?

एक लम्बी ज़िन्दगी जीने के बाद आई मौत।
बताओ न दादी, इनमें से कौन सुन्दर है?

गुज़र गए सत्तर साल दबे पाँव, दे गये तन्हाई
शान्ति छा गई दादी माँ की आत्मा पर
अगर न दिख रहा हो यहाँ कुछ तो भी देख सकते हो

ताक़ पर धरी चमचमाती सुरमेदानी
पड़ा है वहीं कहीं एक रंग-बिरंगा रूमाल
हिलता हुआ जैसे कह रहा हो, अलविदा!

जबकि वह तीनों शख़्स वहीं ड्योढ़ी पर जमे खड़े हैं
नींद में डूबे हुए और रात ढल रही सुबह की ओर

न हिलते हैं न डुलते हैं न आते हैं न जाते हैं।

इस कविता के तीन लोग कौन हैं जो मुझे दिमाग़ी तौर पर बेचैन करते हैं, कि यह किसकी रूह है और किसका इन्तज़ार कर रही है।

जब यहूदियों को पोलैंड-जर्मनी से निकाला गया तो उन्हें कोई देश लेने को तैयार न था। अंग्रेज़ों ने ये भी सोचा था कि इसकी कोई गुंजाइश हिन्दुस्तान में भी हो सकती है। तो मेरा सवाल ये है कि क्या इस सारी की सारी समस्या की जड़ भी अंग्रेज़ ही रहे हैं?

बिलकुल रहे हैं, इसलिए कि उनका वक़्त जा रहा था और वो परेशान भी थे। तो जाते-जाते वो ये कर गए। जिन्होंने यहूदियों को देश से निकाला है या जब तक यहूदी उनकी आर्थिक स्थिति में लाभकारी बने रहे, तब तक वे अच्छे थे। अब उसी यहूदी इज़रायल को ब्रिटेन और दूसरे देश सपोर्ट कर रहे हैं। और फ़िलिस्तीनियों को कहा जा रहा है कि आप यहाँ से जाइए? और धीरे-धीरे हर जंग के बाद फ़िलिस्तीन छोटा होता चला जा रहा है। उसकी सबसे बड़ी वजह इज़रायल से ज़्यादा उसके सपोर्टर्स हैं। उनकी नज़र खनिज और उस समुन्दर पर है जो ग़ाज़ा से लगा हुआ है। इनका रास्ता खुल जाएगा। और जब रास्ता खुलेगा तो मानी बात है कि इज़रायल को जिन लोगों ने कबूल नहीं किया, वो कबूल करेंगे। वहाँ गैस मिली है, जिस पर सबकी नज़र लगी है। इसीलिए कहा जा रहा है—ग़ाज़ा टर्न टरैश इन टू कैश, जिस पर सबकी नज़रें टिकी हैं। हम तो सिर्फ़ वीडियो देखते हैं और ख़बरें सुनते हैं। तसवीरों को देखकर यही महसूस हो रहा है कि इतने दिनों से चली आ रही परेशानी को वो देश क्यों नहीं हल कर पा रहा जिन्होंने ख़ुद यहूदियों से परेशान होकर उनको खदेड़ा था? बात यहाँ शोषण और दोहन दोनों की है।

ताज्जुब की बात तो यह है कि जो ज़ुल्म नाजियों से यहूदियों ने सहा है, उसको हम भूल नहीं सकते हैं। लेकिन इज़रायल उन दर्दनाक हादसों को भूल चुका है। माना कि उनकी भी अपनी परेशानी थी कि वो जिस ज़मीन से निकाले गए थे, तब उन्हें पनाह चाहिए थी। और पनाह मिलते ही पासा पलट गया। अपने बच्चों को यक़ीन दिलाने लगे कि यह अरब फ़िलिस्तीनी ठीक लोग नहीं हैं। सदा लड़ते रहते हैं और चाहते हैं कि हमें समन्दर में फेंक दें और हमारी ज़मीन पर क़ब्ज़ा कर लें। इनके क़रीब मत जाना। जब मैंने यह पढ़ा तो हैरान रह गई। मैंने तब कहानी लिखने की सोची।

ज़ैतून के साये?

जी। उन दिनों हमने एक संस्था बनाई थी। संस्था का हमने नाम रखा था—"सूरज के साये तले।" जाड़े की धूप में बैठकर लोदी गार्डन में हम सब लेखिकाएँ अपनी रचनाएँ सुनाते थे। साथ लाई कॉफ़ी पीकर वापस लौट जाते थे। हम लोग ऐसे ही चलते चलते एक मस्जिद में पहुँच गए, जो बादशाह सिकन्दर लोदी ने बनवाई थी। फिर गर्मियों के दिनों में हम लोग उसमें बैठने लगे। नमाज नहीं पढ़ी जाती थी वहाँ। उस मस्जिद की बनावट दूसरी और मस्जिदों से बिलकुल अलग थी। देखने में बहुत ही टफ़। एक बार मैंने उसकी सीढ़ियाँ चढ़ीं। वहीं से, पता नहीं कैसे ओर क्यों, मेरे

अन्दर एक फुटाव हुआ। और ये जो फुटाव हुआ तो मैंने घर पहुँचते ही दो-तीन लाइनें 'ज़ैतून के साये' की लिख दीं। ये अजीब-सी अनुभूति थी। मस्जिद का सारा बयान तौफ़ीक़ के व्यक्तित्व में उभर आया और फिर वहाँ से कहानी शुरू हो गई।

वाह! तो ज़ैतून के साये कहानी का फुटाव एक तरह से यहाँ से हुआ। तो क्या आप उससे पहले कभी फ़िलिस्तीन गई थीं?

नहीं, मैं फ़िलिस्तीन कभी नहीं गई। न कभी जाने का इत्तेफाक़ हुआ। 1982 में यासर अराफ़ात साहब हिन्दुस्तान आए थे। मध्य-पूर्वी देशों से जब महत्त्वपूर्ण शख़्सियतें आती थीं तो वे जामिया में ज़रूर बुलाए जाते थे। तो वाइस-चांसलर किदवई साहब ने उन्हें चाय पर बुलाया था, मुझसे उन्होंने कहा था कि तुम ज़रूर आना। मैं वहाँ पढ़ा रही तब। तब मैं यासर अराफ़ात से पहली बार मिली थी। उनसे बात क्या होती इतनी भीड़-भाड में, मगर परिचय कराने पर जिस जज़्बाती तरीक़े से उन्होंने दोनों हाथ से मुझे ख़ुलूस से झिंझोड़ा और अरबी भाषा में कुछ कहा था जो मैं समझ नहीं पाई थी। उनके अनुभवों की vibrations बहुत दिनों तक मेरे साथ रही—उन लड़ाइयों की, पूरी हिस्ट्री की। वहाँ जो फ़ोटोग्राफर जो थे, वो फ़िलिस्तीनी एम्बैसी के ही थे, उनसे मैंने कहा कि ये तसवीरें मुझे ज़रूर दे दीजिएगा। कुछ दिनों बाद वे मिले तो बोले—नहीं वो मैं नहीं दे पाऊँगा, क्योंकि जब हम लोग वापस गए थे तो बमबारी में मेरा कैमरा ख़त्म हो गया। मुझे अफ़सोस हुआ। मैं उस दिन की गहमागहमी में यासर अराफ़ात से इंटरव्यू का समय नहीं ले पाई थी। भविष्य में उनसे मिलूँ और साक्षात्कार लूँ, इसकी सम्भावना ही चली गई। तब तक तो सारी politics ही पलट गई थी। वो आतंकवादी समझे जाने लगे। उनको बिना सीढ़ियों वाले कमरे में क़ैद कर दिया गया। तो हालात एकदम बदल गए थे। और मेरे साथ उन दिनों कुछ ऐसा था कि मैं कभी ईरान पर लिख रही थी और कभी हिन्दुस्तान के मसाइल पर। तो कुछ चीज़ें छूट जाती थीं लेकिन मैंने 'संडे ऑब्ज़र्वर' में फ़िलिस्तीन समस्या पर कालम ज़रूर लिखा।

अभी आपने जिस तरह से बात की और बताया कि बहुत सारे मुल्क फ़िलिस्तीन के बजाय इज़रायल का साथ दे रहे हैं, जबकि उन्हें पता है कि इज़रायल ग़लत कर रहा है। इसके पीछे के कारण क्या हैं?

इसके पीछे के कारण को मैं कुछ देर पहले कह चुकी हूँ। बहुत साफ़ है कि फ़िलिस्तीन का वजूद तो है, इसमें कोई शक़ नहीं है। जिस समय इज़रायल बन रहा था उस वक़्त कई ऐसे भी नेता थे जिन्होंने कहा कि अरबों का दिमाग़ सही कर देंगे। या फिर वे मेहमाननवाज़ लोग हैं पनाह देने के लिए, फ़ौरन मान जाएँगे। अजीब इत्तेफाक़ है। एक मुहावरा है—यहूदी सरगर्दान। इस शीर्षक से मेरी एक कहानी भी है—ईरानी शरणार्थियों पर। यहूदी सरगर्दान का मतलब है—यहूदी जो

भटक रहा है। ऐसा नहीं है कि हमें यहूदियों से हमदर्दी नहीं है, लेकिन इज़रायल जो कर रहा है, वह हलक़ से नहीं उतर रहा है। उसके पीछे वही देश हैं जो यहूदियों के होलोकॉस्ट के समय चुप रहे और आज जो ख़ूनी नरसंहार को होते देख रहे हैं जिसमें फ़िलिस्तीन की आने वाली पीढ़ी काटी जा रही है। वे चुप हैं। उन्हें समुन्दर तक जाना है। अगर ग़ाज़ा हथिया लिया जाता है तो उनके लिए समुन्दर ही तो है न! इधर Egypt है, उधर जार्डन है। फिर ग्रेटर इज़रायल का झंडा। यहूदी एक बहुत ज़हीन क़ौम है जो हर क़ौम से आगे का सोचती है।

मुझे लगता है आपने जो बताया है कि ज़्यादातर मुल्क जो इज़रायल का साथ दे रहे हैं, वही हैं जो अरबों से बदला लेना या उनको कोई सीख सिखाने जैसी किसी भावना के साथ काम कर रहे थे—ब्रिटेन, अमरीका, फ्रांस वग़ैरा-वग़ैरा।

मैं कहूँगी सीख सिखाने का नहीं, दोहने का पाठ है। बहुत कुछ है वहाँ की ज़मीन में। हर तरह के लोग इंट्रेस्टेड हैं उसमें, और अशोक ये बड़ी अजीब-सी बात है कि जो आग लोग एक मर्तबा इन देशों में विजिट कर जाते हैं तो उसे कभी भूल नहीं पाते हैं। कल्चर के हिसाब से, हिस्ट्री के हिसाब से, कहानियों के हिसाब से, साहित्य के हिसाब से और आंदोलन के हिसाब से। तो ये बड़ी अजीब से बात है और अफ़सोस की बात भी कि हमारा कोई intellectual कनेक्शन नहीं था। बस एक-दो चीज़ें जो अंग्रेज़ी में आ जाती थीं, उसीको पढ़ लेते थे, जैसे बहुत मशहूर शायर हैं महमूद दरवेश, उनसे आगे कोई बढ़ता ही नहीं। और किसी को नहीं पता है कि उस आदमी ने क्या और कितना सहा व्यक्तिगत स्तर पर? उसका ज़िक्र मैं पहले कर चुकी हूँ। इसी तरह से ईरानी Jewish एक लेडी हैं, उनका ज़िक्र मैं अपनी किताब 'फ़िलिस्तीन : एक नया कर्बला' में कर रही हूँ। उनका एक उपन्यास है, इस उपन्यास में उनका प्यार एक फ़िलिस्तीनी से है। वो प्रेम कहानी चलती है, उस पर एतराज भी हुआ तो उन्होंने कहा कि आप लोग इस चीज़ को मत देखिए। इसमें कौन-सा डर है जिसका बयान मैं कर रही हूँ। ये कहने का मतलब नहीं है कि Jewish से शादी कर ली तो फ़िलिस्तीन सब उनका हो गया। इसमें आप इनसानी मुहब्बत की धड़कन को देखिए, उस नज़रिए से देखिए मेरे इस उपन्यास को। इत्तेफाक़ से उनकी ज़िन्दगी में लोगों ने झाँका तो पता चला कि इनका प्यार एक फ़िलिस्तीनी आर्टिस्ट से था। उसका बयान किया। तो इस तरह ज़िन्दगी एक तरफ़ तो संवेदनाओं से भरी है, अट्रैक्शन से भरी है, लेकिन सियासत उसको किस चश्मे से देखती है, ये बड़ी अजीब-सी बात है। और ये हर जगह है। लेबनान में जाइए तो वहाँ क्रिश्चियन और मुस्लिम के बीच में है। जैसे-जैसे आप exposed दुनिया को देख रहे हैं, क्योंकि सोसल मीडिया है, और गूगल तो आपको बहुत कुछ दिखाता है, तो आप सोच लेते हैं कि जो कुछ हिन्दुस्तान में

हो रहा है आज या कल में या आने वाले कल में होने वाला है, वो किन्हीं और मुल्कों से अलग नहीं हैं। जो इनसानी कमज़ोरियाँ हैं, वो किसी न किसी शक्ल में इनसानों को तकलीफ़ देती हैं।

बिलकुल, ये तो है।

दो नज़रिए हैं, एक नज़रिए से आप देखिए तो आपको इनसान बहुत पीड़ित दिखेगा, बहुत ज़्यादा, जिसका कोई अन्त नहीं है। जो आप अभी तसवीरें देख रहे हैं, इससे पहले मैं जब भी फ़िलिस्तीन के लोगों से मिली या उनका कुछ पढ़ना चाहा, ऐसी तसवीरें मुझे नहीं दिखीं। लेकिन सोसल मीडिया के वजह से जिस तरह बच्चों की तसवीरें दिखाई गईं, bombardment तो हमने यूक्रेन और रूस के बीच भी देखा था, अफ़ग़ानिस्तान में देखा था, लेकिन इस तरह जो फ़ोकस हुआ, उसमें बच्चे बहुत मारे गए हैं। अगर तुम इन सारी तसवीरों को रीड करो तो देखोगे, बच्चे बहुत शान्त हैं। कुछ रो रहे हैं जो छोटे हैं, ज़ाहिर है तकलीफ़ से रो रहे होंगे। लेकिन जो थोड़े-से बड़े हैं, वो बहुत सब्र से बैठे हैं। जैसे उनकी सोच में है कि हमें यही मिलेगा। एक फ़िलिस्तीनी लड़की थी जिसका इत्तेफाक़ से उसकी कही बातों का ट्रांसलेशन नीचे आ गया था, इसलिए मैं बता रही हूँ कि वो रो रही थी और बहुत बुरी तरह बेचैन हो रही थी, अपने को पटक रही थी। उसका बाप बराबर उसको पकड़कर प्यार करके कुछ कह रहा था। और वो लगातार कह रही थी कि क़सम खाके कहती हूँ, मैं jews का पैर चूमके कहती हूँ कि हमारे ऊपर हमला न करें। मेरी माँ चली गई। एक तरफ़ तो सियासत हमास की तरफ़ से आ रही है, और हमास का जो आतंकवादी चेहरा है, जैसा कि दुनिया कह रही है, इंक़लाबी चेहरा नहीं है या अपने लिए लड़ने वाला चेहरा नहीं है और दूसरी तरफ़ वो लड़की इकदम ज़मीनी तकलीफ़ों से जूझ रही है—दो तरह की तकलीफ़ों से। एक तो उसके दिमाग़ में ज़रूर होगा कि फ़िलिस्तीन चला जाएगा तो हम लोग कहाँ रहेंगे और दूसरी वो है जो अपनी माँ के लिए उनके पैर तक चूमना चाह रही है कि अब लोग अपनी माँओं से अलग न हों। ये बहुत ही pathetic टाइम है जो हम देख रहे हैं। और ऐसा नहीं है कि हिन्दुस्तान में ये सब चीज़ें छोटे मायने में हमने नहीं देखी हों, फ़साद न देखे हों। हमने हर फ़साद देखे हैं। जब घर गिराए जाते हैं यहाँ, कि बड़ी बिल्डिंग बनेगी, तो वहाँ पर भी थोड़ा-बहुत यही सब सीन होता है। यहाँ हम बड़े पैमाने पर देख रहे हैं क्योंकि सियासत बहुत बड़े पैमाने पर हो रही है इस वक़्त।

यासर अराफ़ात के बारे में भी अभी जो आपने ज़िक्र किया कि किस तरह उन्हें terrorist या आतंकवादी कहा जाने लगा, ये भगतसिंह के साथ भी हुआ था, ये तमाम उन लोगों के साथ भी हुआ जिन्होंने अपने हक़ की लड़ाई

लड़ी या संघर्ष किया। यहाँ तक कि अपनी जान भी गँवाई। तो मेरा सवाल ये है कि अपने अधिकारों के लिए लड़ना क्या व्यवस्था के प्रति विरोध या बग़ावत है या फिर आतंक? इसे हम कैसे define करें कि कौन-सा किस खाते में जाएगा? आप अभी जिन दो नज़रियों की बात कह रही थीं कि एक नज़रिया मेरा और एक नजरिया उनका है। वो मेरे ऊपर टैंक से वार करते हैं, गोलियाँ चलाते हैं, बम चलाते हैं, और मेरे पास अपनी सुरक्षा के लिए न टैंक हैं, न गोली हैं, मैं एक गुलेल से पत्थर मार रहा हूँ आपको, वो भी अपनी सुरक्षा में। इस सबमें भी मैं आतंकवादी हो गया और वो आतंकवादी नहीं हैं जो मेरे ऊपर लगातार हमला कर रहा है, तरह-तरह से मुझे अपनी धौंस के साथ धमका रहा है, इसे आप कैसे देखती हैं?

ये साफ़ बात है, जिसकी हुकूमत है वो अपनी हुकूमत चलाना चाहता है—चाहे वो विश्व के स्तर पर हो, चाहे वो देश के स्तर पर हो। और जब भी कोई बात कहेगा और उसके सामने कोई नई सोच रखेगा और न्याय की बात करेगा, तो वो आज के दौर में बाग़ी और आतंकवादी हो जाता है। यासर अराफ़ात के बाद तो ये मुहावरा चल पड़ा है कि जो भी अपने हक़ के लिए उठेगा वो बाग़ी नहीं, विरोधी नहीं, आतंकवादी है। अभी देखिए, किसी ने इज़रायलियों से कहा कि जो काम आ सकता है, वो है गांधी का सिद्धांत। आप क्यों चलाते हैं हथियार? मानी बात है हथियारों के मामले में फ़िलिस्तीन कुछ भी नहीं है, मिल गया कुछ, तो उसने दाग दिया। लेकिन इज़रायल को तो अभी भी लगातार मिल रहे हैं बड़े-बड़े हथियार और तमाम विध्वंसक सामग्री। तो फ़िलिस्तीनियों ने कहा था कि हम कैसे बैठें? जब हम बैठे रहते हैं तो ये लोग हमारे ऊपर बम छोड़ते हैं। और दूसरी बात ये है कि वो ज़माना ही नहीं रहा कि हम गांधी की तरह बन सकें। हमें अपनी हिफ़ाज़त के लिए थोड़ा-बहुत रिएक्शन देना होगा। नहीं देंगे तो ये तो हमको एकदम ही ख़त्म कर देंगे। मुझे याद आया जो हमारी आज़ादी की लड़ाई का दौर था, जिसमें हम अंग्रेज़ों से लड़ रहे थे, उसमें भी गर्म दल वालों ने बहुत कुछ किया—कुछ लोगों का क़त्ल किया, धमाके किए वग़ैरा-वग़ैरा। तो हमास भी उसी में से निकलकर आया। लोग कहते हैं हमास को भी इन लोगों ने सपोर्ट किया। तो ये जो खेल है कि आप ही के घर में आप ही के ख़िलाफ़ कर दिया जाए क्योंकि फ़िलिस्तीनियों ने इन लोगों को जगह तो दी थी न, कि रहो तुम! तो पीछे से ब्रिटेन, फ्रांस, अमरीका की प्लानिंग कुछ और थी। ये ज़रूर है कि सब लोग यहूदियों से तंग आ गए थे। जिस तरह इन लोगों के साथ होलोकॉस्ट में हुआ, उससे सभी दुखी हुए।

आपके अनुसार दो महा-शक्तियों ने काफ़ी हद तक विश्व स्तर पर सन्तुलन

बना रखा था। फ़िलिस्तीन के सन्दर्भ में इसके क्या मायने हैं? आज इसे कैसे देखा जा रहा है?

देखिए, सोवियत रूस जब आया था तो यहूदी आज़ाद हुए थे। आज़ादी के बाद कहाँ जाते? होलोकॉस्ट का दौर ख़त्म होने के बाद कहाँ जाते? लेकिन रूसियों ने अपने तरीक़े से इन लोगों को हेंडिल किया। तो यहूदी वहाँ से भागकर फ़िलिस्तीन इसलिए आए थे क्योंकि वो सोवियत लैंड का एक हिस्सा नहीं बनाना चाहते थे या सोवियत लैंड के साथ रहना नहीं चाहते थे। बहुत सारी अलग-अलग बातें हैं, क्योंकि अलग मुल्कों से निकलकर लोग आए थे। और यहूदियों के लिए बहुत ज़्यादा नफ़रत है, अभी से नहीं, पुराने दौर से। कंजूस हैं ये लोग। बिज़नेस बहुत अच्छी तरह से जानते हैं। बहुत आगे निकली हुई क़ौम है, इसमें कोई शक नहीं।

एक मर्तबा साहित्य अकादेमी के exchange program के सिलसिले से हुए कार्यक्रम में फ़िलिस्तीनी कवयित्रियाँ और अन्य लोग आये थे। मुझे भी उसमें बुलाया गया था। मुझे बहुत अच्छा लगा उनकी सेहत देखकर, उनका जोश देखकर। अब language तो आती नहीं है, इसलिए परेशानी हुई थी लेकिन वो सब अंग्रेज़ी बोल रहे थे। मैंने कहा—मैंने नूरित ज़ारक़ी का एक इंटरव्यू लिया था और उनकी कहानी मैंने ट्रांसलेट की थी, आप उनको जानते हैं? एक खलबली मच गई, सबने कहा—यहाँ फ़ोन कर लो, वहाँ फ़ोन कर लो, उनसे बात कर लो, वग़ैरा वग़ैरा। मतलब उनकी फुर्ती देखके मुझे लगा कि ये लोग कितने फ़ास्ट हैं। इसी जगह कोई और होता तो कहता अरे! छोडो, कहाँ की बात करते हो, हम यहाँ आए हैं हमारे ऊपर फ़ोकस करो। अशोक तुम भी तो वहाँ हो आये हो, कुछ अपना नज़रिया भी बताओ उसके बारे में?

हमास फ़िलिस्तीन में एक नॉमिनेटेड सरकार रही है जो ग़ाज़ा में सरकार चला रही है। हमास एक इस्लामी राजनीतिक संगठन है जो फ़िलिस्तीन की गाज़ा पट्टी पर नियंत्रण रखता है। यह 2006 में फ़िलिस्तीन की राष्ट्रीय विधायिका के चुनावों में जीत हासिल करने के बाद से फ़िलिस्तीन की एक अनौपचारिक सरकार चला रहा है। हालाँकि, हमास को औपचारिक रूप से कुछ मुल्क फ़िलिस्तीन की सरकार के रूप में मान्यता नहीं देते हैं। उधर वेस्ट बैंक में अलग सरकार है जहाँ के गवर्नर से हमारी मुलाकात 2016 में वेस्ट बैंक के जेनीन रिफ़्यूजी कैम्प में हुई थी। तब उन्होंने वहाँ के हालात बयाँ करते हुए और फ़िलिस्तीन के नाज़ुक हालातों को बारीकी से बताते हुए कहा था कि भारत के साथ शुरू से ही फ़िलिस्तीन के दिली रिश्ते रहे हैं।

वही तो बात है, हमारी सारी हमदर्दी और प्यार फ़िलिस्तीन के लिए रहा। इज़रायल से हमारे रिश्ते पहली बार 1992 से बने और इस बाबत बात काफ़ी दिनों से चल रही थी। जैसे, इज़रायल की इतनी सारी योजनाएँ हमारे यहाँ चल रही हैं, मतलब

उनकी तकनीक की मदद ली गई है और बहुत सारी चीज़ों का आयात व निर्यात हो रहा है। तो हमारा एक अच्छा सिलसिला है, लेकिन वो जो इस समय फ़िलिस्तीन के साथ कर रहा है वो किसी सूरत क़ुबूल नही, बिलकुल क़ुबूल नहीं।

जब आप कहती हैं कि फ़िलिस्तीनी कवियों को जो आसानी मिली है, वो वहाँ के कहानी लेखकों को नहीं—हम समझना चाहते हैं कि इसके क्या अर्थ हैं?

फ़िलिस्तीन में हर वक़्त हंगामा रहता है। देखो अशोक, ये हक़ीक़त है कि मैं नज़्में पढ़ती हूँ, कविता पढ़ती हूँ लेकिन मेरा ध्यान उस तरफ़ कभी नहीं गया कि मैं कविता लिखूँ। वैसे prose कविता उस वक़्त मेरे दिल से निकली जो फ़ौरी तकलीफ़ को फाहा दे रही थी, क्योंकि वो अन्दर से निकल रही थी। जैसी भी थी, वो निकली, क्योंकि न तो आप कहानी लिखने के मूड में होते हैं, न कोई करेक्टर खड़ा करने को, न कोई शहर बसाकर नोवल लिखने का मूड होता है। तो उस वक़्त आपके अन्दर से जो कुछ निकलता है, वह है कविता। अभी भी मैंने दो कविताएँ लिखीं और लिखते-लिखते एकदम से लगा कि एक लाइन आ गई और उसको मैंने लिख दिया। मैं उन कविताओं को बड़े कवियों के सामने कुछ नहीं समझती, लेकिन वक़्त का एक expression है मेरी उन कविताओं में। इसलिए जहाँ पर कविताओं के छपने-छपाने का मामला आता है, वहाँ कविता पीछे आ जाती है prose से। वहीं दूसरी ओर, कोई पूरी कहानी, इनसान का पूरा करेक्टर, मनोविज्ञान और एक नई बस्ती का क़िस्सा सुनने और छापने के लिए पब्लिशर भी तैयार हो जाता है और दूसरे लोग भी पढ़ते हैं। लेकिन जो पढ़ते हैं उसका सिलसिला बहुत आहिस्ता होता है—500 पेज की या 200 पेज की। आप पढ़ेंगे तो। उसमें भी दो हिस्से हैं—हलकी राइटिंग और गहरी राइटिंग। फिर वो पसन्द की बात आ जाती है कि आप कौन-सी किताब उठाते हैं। आप टेंशन में हैं तो हल्की किताब उठाएँगे। आपके दिमाग़ में अगर बहुत कुछ बसा होगा—ख़ून-खराबा, ग़ुस्सा वग़ैरा तो रिलैक्स करने के लिए आप हल्की चीज़ देखेंगे। लेकिन जब आप दुनिया को समझने की कोशिश करेंगे तो संजीदा लिटरेचर देखेंगे तो इससे गिनती कम हो जाती है।

फ़िलिस्तीन का गद्य कैसा है?

जिन कहानियों के अनुवाद मैंने पढ़े हैं, वो बहुत ख़ूबसूरत हैं। जिसका ज़िक्र मैंने अपने लेख 'कहानियों में ख़्वाब की ताबीरें उकेरती क़लम' में किया है और कुछ नमूने कहानियों के डाले हैं, और साथ ही 3 कहानियाँ हैं। तलत सोक्रेटस की 'नारंगी की ख़ुश्बू', 'पंख' और 'माँ'—इन कहानियों का अनुवाद मैंने किया था। जिन अरब लेखकों को देश निकाला मिला वो विदेशों में फैल गए और उन्होंने 1920 'अरब राइटर्स एसोसिएशन' या 'पेन' संस्था की बुनियाद डाली। जिसमें ख़लील जिब्रान, मिख़ाइल नूआजमा, अब्दुल मसीह हद्दाद और नासिब अरिदा। ये चारों जिलावतनी

अमरीका के माहौल और वहां के साहित्यकारों को समझने की कोशिश कर रहे थे, इसमें फ़िलिस्तीनी भी थे। वहाँ उन्हें मौक़ा मिला तो गद्य लिखा और ख़ूबसूरत लिखा। इन कवियों को अपने को प्रवासी कहलाना पसन्द नहीं था, वो ख़ुद को जिलावतन कहते थे। इसमें एडवर्ट सईद का नाम भी आता है, जिनकी फ़िल्में, वीडियो और किताबें लोकप्रिय रही हैं और वे भारत भी आ चुके हैं। जिलावतनी की शायरी व्यथा और संवेदना की शायरी है। संक्षेप में कहा जाए तो वो नॉस्टैल्जिया का अदब है। जैसे ख़लील जिब्रान ने अपनी कविता "The Procession" में शहरी ज़िन्दगी का ज़िक्र किया है और अन्त में जंगल की तरफ़ जाकर रहने पर समाप्त किया है। 'अलगाव' का जो ख़्वाब वो देखते हैं, दरअसल वो लेबनान का बाग़ है। इन लेखकों को किताबों को छापने की आसानी मिली और इनके लेखन प्रभाव में आकर बहुत से अंग्रेज़ लेखकों ने फ़िलिस्तीन की समस्या की चर्चा मानवीय स्तर पर की जिससे चर्चा सिर्फ़ अरब भाषा तक सीमित नहीं रही। फ़िलिस्तीन में युद्ध पर युद्ध थोपने और भयानक आक्रमण के कारण विश्व स्तर पर वाचक कविताओं की परम्परा पड़ी और आप देख ही रहे हैं कि 7 अक्टूबर, 2023 के हमले के बाद विदेशों में जो जुलूस निकल रहे हैं, उसमें फ़िलिस्तीनी-स्वीडिश कूफ़िया बैंड पर सभी फ़िलिस्तीनी पताका उठा-उठाकर नाच-नाचकर गा रहे हैं। फ़िलिस्तीन में तबाह हुई जगहों और आग की लपटों के बीच कूफ़िया बैंड जारी रहता है, जैसे ये अनुवाद देखें—

"ज़िन्दाबाद फ़िलिस्तीन
कुचल दो जियानिज़्म को
हमने ज़मीन को सींचा है
हमने गेहूँ की फ़सल काटी है
हमने नींबू भी तोड़े हैं
हमने ओलिव को भी निचोड़ा है
यह पूरी दुनिया जानती है कि
यह हमारी ज़मीन है
हमने पत्थर फेंके हैं सोल्जर्स और पुलिस पर
हमने राकेट भी छोड़े हैं दुश्मनों पर"

कूफ़िया स्कार्फ़ जो फ़िलिस्तीन की एक ख़ास पहचान है, उसकी बुनावट और डिज़ाइन के बारे में आपकी क्या राय है?

सारी दुनिया जानती है संघर्ष, ख़ासकर जो कूफ़िया स्कार्फ़ उनके सर पर रहता है, वो बहुत अर्थपूर्ण है। जिसकी डिज़ाइन के कई अर्थ हैं। उसके बीच में जो जाल है वो मछवारों का है जो भूमध्यसागर में मछली पकड़ने के पेशे को दर्शाता है, जो दो

चौड़ी लाइन हैं, वो यूरोप व मध्यपूर्व के साथ ट्रेड रूट को दर्शाती हैं और बॉर्डर पर जो डिज़ाइन है, वो जैतून (ओलिव) की पत्तियाँ हैं जो पीस और शान्ति को दर्शाती हैं। एक कोना जो कंधे की ओर लटका रहता है, वह ग़ाज़ा का नक़्शा है। और ग़ाज़ा बुनकरों का शहर है जहाँ के कपड़े मशहूर हैं, ख़ासकर सर्जिकल बैनडेजेस।

वाह, क्या ख़ूबसूरत व्याख्या है! 2016 में मैं जन नाट्य मंच ग्रुप के साथ फ़िलिस्तीन में थिएटर गतिविधियों के लिए गया था। वहाँ पर मुझे एक कूफ़िया स्कार्फ़ साथियों ने भेंट किया था। मुझे तो इसके बारे में कुछ नहीं पता था। 'इब्ने मरियम' कहानी संग्रह की एक कहानी "ज़ैतून के साये" फ़िलिस्तीन और इज़रायल की ज़मीनी हक़ीक़त को शिद्दत से बयान करती हुई बेहद मार्मिक कहानी है—इस कहानी को वजूद में आने के पीछे का सच क्या है?

इसका सच सिर्फ़ ये है कि मैं उस हिस्ट्री को कहानी के ज़रिए लोगों तक पहुँचाना चाहती थी। और इस कहानी को लिखने में मुझे बहुत सुख मिला।

"ज़ैतून के साये" के अन्दर एक बड़ी इंट्रेस्टिंग बात कही है आपने। जब तौफ़ीक सोचता है फ़िलिस्तीन के संघर्ष के बारे में, कि फ़िलिस्तीन मोर्चा संगठनों का अभिन्न शाखाओं में बँट जाना और उनके बीच किसी यूनिटी का न होना... तो यहाँ उसका क्या अभिप्राय था? क्या यह अभिप्राय हिन्दुस्तान की वर्तमान पॉलिटिक्स के साथ भी कहीं-न-कहीं जुड़ता है कि किस तरीक़े से उस क्रूरता वाली सियासत का विरोध होना चाहिए, जो लाज़मी होने के बावजूद, उस विरोध को करने वाले लोग ही आपस में एकीकृत होने की बजाय बँट जाते हैं?

इसलिए कि यासिर अराफ़ात से नफ़रत करने वाले फ़िलिस्तीनी भी थे और दूसरे मिडिल-ईस्ट के लोग भी थे। वह बस पैसे जमा करते थे, उनकी पॉलिसी कुछ और थी। फ़िलिस्तीन के लिए उन्होंने कुछ नहीं किया—तो कुछ लोगों की ये भी एक सोच थी उस वक़्त। एक सोच यह भी थी कि उनको हटाकर हमास को लाना है ताकि उसको आतंकवादी घोषित कर फ़िलिस्तीन की जनता को सहमा सकें। और ये सच व झूठ इतनी तादाद में हैं कि आप अगर नाम भी ले लीजिए इन्तिफ़ादा का, इसका-उसका, उससे क्या हासिल होगा? आपको बात तो पता चल जाएगी कि इन्होंने ये कहा—वो कहा, बस समय नहीं बदल रहा है और न ही समस्या का हल मिल पा रहा है।

इसे भी समझने की ज़रूरत है कि यह मुस्लिम और क्रिश्चियन और यहूदी लड़ाई बिलकुल नहीं है। यह पावर गेम है। अगर ऐसे ही यह लड़ाई होती तो यह सारे क्रिश्चियन लोग। जो हैं, वो यहूदियों के दोस्त क्यों बनते—इज़रायलियों के। और दोस्त बनकर उनकी मदद क्यों करते! दूसरा नज़रिया ये भी है कि बैरुथलम में क्राइस्ट पैदा हुए तो आप उस ज़मीन को उजाड़ क्यों रहे हैं? वो कहते हैं उजाड़ इसलिए रहे हैं कि वो यहूदी था। कुछ लोग कहते हैं, नहीं वो अरब था, वो साँवला।

था, उसे गोरा बनाया गया। तो तुम इतने जंजाल में पड़ जाओगे वहाँ जाकर। सुपर-पावर ने इतना ज़्यादा जंजाल पैदा कर दिया है वहाँ पर कि पूछो मत!

सद्दाम के मरने के बाद इराक़ में अगर देखें तो पता चलता है कि सियासत एक कल्चर को कैसे निगलने की कोशिश करती है और एक आदमी को कितना बुरा बना देती है। एक नेता के दो चेहरे होते हैं—एक ज़ालिमाना और दूसरा, देश को आगे बढ़ाने वाला। मतलब, कुछ ज़ालिम हो जाते हैं और कुछ डवलपमेंट नहीं कराते हैं। कुछ लोग ज़ालिम होकर डवलपमेंट कराते हैं। ये होगा, ये नहीं होगा—कुछ लोग जनता से राय लेकर डवलपमेंट करते हैं। इस वक़्त, मुझे लगता है कि ये सब चीज़ें बन्द होनी चाहिए। फ़ैसला करना चाहिए कि क्या होना है। अब अरब मुल्कों में क्यों जाएँ फ़िलिस्तीनी? क्या सिर्फ़ इसलिए कि आपको बहुत वाजिब एंट्री मिल जाएगी। समन्दर का वो टुकड़ा भी मिल जाएगा। और आप इजिप्ट के ज़रिये लहराते हुए पूरे अरब देशों को अपने हाथ में कर लेंगे। ये गेम जो बहुत हल्के अन्दाज़ से देखने पर लगता है कि क्रिश्चेनिटी का, यहूदी और मुस्लिम का है, मगर वो है नहीं। मुस्लिम्स कहते हैं कि मस्जिद अक्सा को अगर कुछ हुआ तो ये हो जाएगा, वो हो जाएगा। ठीक है उनकी फ़ीलिंग है क्योंकि पहला सिजदा है उनका।

अब क्रिश्चेयन्स क्या कहते हैं, उसकी ख़बर मुझे नहीं है! यहूदी दो हिस्सों में बँटे हैं अपने ही मुल्क में। बहुत सारे इज़रायली जर्नलिस्ट ऐसे हैं जो अपनी सरकार के ख़िलाफ़ लिखते हैं, आधिपत्य की उनकी पॉलिसी के ख़िलाफ़ लिखते हैं। कुछ लोगों ने नज़्में लिखीं, कुछ लोगों ने कहानियाँ लिखीं, कुछ मिनिस्टरों ने लड़ाई लड़ी कि ऐसा नहीं करेंगे आप, ऐसे नहीं उजाड़ेंगे आप। तो ऐसा नहीं है कि इज़रायलियों के बीच टकराहट नहीं हो रही है। और हम लोग जो दूर से कुछ कर रहे हैं, वो संवेदना में कर रहे हैं। हमें पता नहीं है असलियत में कॉमन आदमी की सही स्थिति क्या है?

'ज़ैतून के साये' कहानी के किरदार तौफ़ीक़ के साथ इज़रायली फ़ौजियों ने जिस तरह का सलूक किया, उनके द्वारा ढहाए गए ज़ुल्म को बर्दाश्त करते हुए उसने पीड़ा और दर्द को सहा—इस सबको आपने एक लेखक के तौर पर कैसे जिया? क्योंकि मैं जानता हूँ आप जब कोई कहानी या उपन्यास लिख रही होती हैं तो पूरी तरह उसमें डूब जाती हैं। उस किरदार को जब आप जी रही थीं, तब आपके ज़हन की कैफ़ियत क्या थी?

ये प्रश्न अगर तुम बहुत पहले करते तो शायद मैं ये कहती कि इतनी बड़ी लड़ाई थी, मैं बहुत परेशान थी। ह्यूमन लेवल के ऊपर ये किरदार मैंने उठाया, क्योंकि मैंने बहुत पढ़ रखा था। मेरे अन्दर की पीड़ा कहीं पर ऐसे किरदारों से मिल जाती वग़ैरह वग़ैरह। ये मैं अब कह रही हूँ क्योंकि मैंने अपनी राइटिंग और अपने को

समझना और पहचानना शुरू किया है। क्योंकि पहले मैं दुनिया में बिखरी हुई थी, मुझे फ़ुरसत नहीं थी अपने को देखने की। अब मैं अपने को देखती हूँ कि मेरे अन्दर जो आक्रोश है, मेरे साथ मेरे अधिकारों का जो हनन हुआ एक व्यक्ति के तौर पर, और मेरे खानदान ने क्या-क्या सहा, और फिर ये सब जुड़ जाता है कि पूरे माहौल में क्या गूँज रहा है। ज़ाहिर है, आज ज़्यादा ज़ोर से गूँज रहा है। तो जब मैं ऐसे किरदार उठाती हूँ तो मेरे अन्दर का वो आक्रोश पूरी तरह से सृजनात्मक हो उठता है। ये बात मैंने अब रियलाइज़ की है, कि मैं ऐसा क्यों करती हूँ। क्योंकि मैं एक ख़ुशनुमा-सी यात्रा भी कर सकती हूँ। उन लोगों के हुस्न की तारीफ़ भी कर सकती हूँ। इज़रायली बहुत ही हसीन होते हैं, जितने भी इज़रायली मैंने देखे, मतलब फ़िल्मों में, तसवीरों में या और औरतों को भी देखा।

एक बार मैं ताजमहल पर एक स्टोरी करने आगरा गई थी, वहाँ दो इज़रायली महिलाओं से भी बात की ताजमहल के बारे में। वे इतनी ख़ूबसूरत थीं कि उनसे नज़रें हट ही नहीं रही थीं। और दूसरी बात, फ़िलिस्तीन के जो छोटे-छोटे क्लिप्स दिए जा रहे हैं, उसमें आप देखो, इस ग़म में भी औरतों के लिबास बहुत साफ़-सुथरे हैं। मतलब अजीब क़ौम है! हमें इस क़ौम को भी समझना पड़ेगा। वहीं, अगर हम इज़रायली यहूदियों को समझना चाहते हैं तो उनका भी एक ड्रेस कोड है। दोनों में यह नफ़रत डीप-रूटेड है क्योंकि क्रिश्चियन समझते हैं कि यहूदियों ने ईसा को सूली पर चढ़ाया। उसमें सियासत भी अपना काम कर रही है। ऐसी ही एक और सियासत जो इस वक़्त एक बहुत बड़े पैमाने पर हुई है, वह है इज़रायल की बनी चीज़ें का बहिष्कार। यूरोप जो यूक्रेन की लड़ाई से बिलकुल बैठ गया है, तो वह कुछ-न-कुछ नोंच-खसोट मिडिल-ईस्ट से करेगा ही। यह बात मैंने सी रिया में भी देखी थी—वहाँ कोका कोला जो है, उन्होंने अपना बना लिया था और इस कोक को हटा दिया था। और आज भी लोग बड़े पैमाने पर इज़रायल की बनी चीज़ों का बहिष्कार कर रहे हैं जिससे इज़रायल को भारी नुक़सान हो रहा है। ये जो नफ़रत का जज़्बा है उसे आप प्यार से ही ख़त्म कर सकेंगे। जैसे जापानियों ने ख़त्म किया। और अपनी पूरी नेगेटिव एनर्जी को टेक्नोलॉजी में बदलकर एकदम जवाब दे दिया अमेरिका को।

फ़र्ज़ करें कहानी में तौफीक़ उस क़ैद से आज़ाद हो जाता, तो कहानी का रुख क्या होता? तौफीक़ की खुली सोच से, जहाँ वो इज़रायली उन बच्चों की भी चिन्ता करता नज़र आता है जो ग़ाज़ा में पैदा हुए, मौजूदा कहानी के अन्त पर क्या प्रभाव पड़ता?

अब अगर मैं इसे नॉवल की तरह लिखूँ, सीरियसली, तो तौफीक़ का किरदार बहुत कुछ कर सकता है। तौफीक़ हमास में भी जा सकता है, तौफीक़ दूसरे फ़िलिस्तीनियों की तरह महमूद दरवेश वग़ैरा की तरह लिटरेचर में झंडे गाड़ सकता है या दूसरे जिलावतनी मिडिल-ईस्ट के लोगों की तरह 'पेन' जैसी संस्था की बुनियाद डालकर

बहुत कुछ कहता रहता, दुनिया को जगाता रहता कि हक़ीक़त ये है। ये सब करता तौफिक़। तुमने बहुत अच्छा किया यह सवाल पूछकर। मुझे एकदम से वह घटना याद आ गई जब एक फ़िलिस्तीनी बच्चे को मैंने गोद में लिया हुआ है। बच्चा एक साल का था, लेकिन आप अगर फ़ोटो में देखें तो वो बच्चा कितना बड़ा लग रहा है—अपनी बॉडी और लुक से। उसके जूते चमकीले हैं और पुराने स्टाइल के हैं, जैसे हम लोग पहनते थे। उसको फ़ोटो में देखकर मैं अक्सर सोचती हूँ कि ये अब कहाँ होगा? बिना जूते के मार डाला गया होगा, जवान हो गया होगा...पता नहीं! तो तौफीक़ का किरदार उस बच्चे के ज़रिये बहुत दूर तक जाता है।

अशोक तुम फ़िलिस्तीन और इज़रायल दोनों जगह गए हो, तुम्हें वहाँ के लोग कैसे लगे?

मुझे लगता है पूरे मिडिल-ईस्ट के लोग चाहे वो फ़िलिस्तीन हो या इज़रायल—वे बेहद दोस्तीपसन्द और प्यारे इनसान होते हैं। साथ ही गज़ब के कलाकार भी। फ़िलिस्तीन जाते वक़्त हम फ़िलिस्तीन के वीजा पर नहीं गए थे। हम इज़रायली वीजा पर गए थे।

ऐसा क्यों?

ऐसा इसलिए क्योंकि फ़िलिस्तीन में कोई एयरपोर्ट ही नहीं है। इसलिए हमें तेल-अबीब होकर जाना था। इज़रायल का वीज़ा लेना था और फिर वहाँ से हमें फ़िलिस्तीन जाना था। उस क्षेत्र में जाने का आपका क्या अनुभव रहा?

मुझे एक-दो बार ऑफर मिले फ़िलिस्तीन जाने के लिए। सीधे नहीं मिले, मगर किसी के ज़रिए। उन्होंने कहा कि आप डरिए मत, आप देखिए हमारे मुल्क को। हम आपको वीजा एक पर्चे पे देंगे। कोई भी ठप्पा आपके पासपोर्ट पर नहीं लगेगा। लेकिन मेरे साथ ये रहा है कि मैं घुमक्कड़ी हूँ और घूमने में मैं बहुत अच्छा महसूस करती हूँ। लेकिन फिर मुझे लगा कि मैं ईरान कभी नहीं जा सकती हूँ। इसलिए मैं उस दौर में कभी सोवियत लेंड (रशिया) नहीं गई कि फिर मेरी चीज़ें सन्दिग्ध हो जाएँगी। उन्हें लगेगा, ये उधर भी हैं, इधर भी हैं क्योंकि उस वक़्त ईरान इतना सख़्त था। अभी पिछले कुछ समय पहले भी जब हम लोगों को वीजा दिया जा रहा था तो मुझे पूछा गया था कि 'क्या आप कभी इज़रायल गई हैं?'

मैंने कहा—'नहीं।'

लेकिन गोलन हाइट्स तक हम लोग गए हैं। सीरिया का एक शहर है –गोलन हाइट्स। वो पूरा वीरान था। हमें सुबह-सुबह ले जाया गया बहुत सिक्योरिटी के साथ। वहाँ बहुत से जंगली फूल खिले थे। और ज़ैतून फली हुई थी। मुझे याद है, मैंने ज़ैतून के पेड़ की टहनी पकड़कर एक तसवीर भी खिचवाई थी। वहाँ पर एक खंडहर था और कुरान शरीफ़ के पन्ने इधर-उधर उड़ रहे थे। कुछ अजीब कैफ़ियत

थी। वहाँ के लोगों ने बताया कि इस शहर को हमने खाली करवाया। और वहाँ के रहने वालों को दूर बसाया और जब मैंने उसको विजिट करने के लिए पूछा तो उन्होंने बताया कि इज़रायल कितनी बुरी तरह से हम लोगों को बरबाद करता है। इत्तफ़ाक़ देखो कि वहाँ जो सेमिनार (राइटर्स-मीट) हो रही थी, वहाँ पर एक फ़िलिस्तीनी मिल गए तो उन्होंने कहा कि ये सब चीज़ें तो हैं ही, क्योंकि वो ख़ुद भी वहाँ पर बसाए गए थे। फिर उन्होंने एक सीरियन से मुलाकात कराई। तो उन्होंने कहा कि इस मीटिंग के लिए मैं सुबह से निकला हुआ हूँ, तब यहाँ पहुँचा हूँ। क्योंकि जहाँ मुझे फिर से बसाया गया है, वो इतना दूर है कि कोई वाहन ही नहीं मिलता वहाँ से आने के लिए। पानी और बिजली की दिक़्क़त के बारे में गवर्नमेंट काम कर रही है धीरे-धीरे, लेकिन मैं यह देख रही हूँ कि ये प्रॉब्लम फ़िलिस्तीन तक ही थोड़ी सीमित है। यह प्रॉब्लम सीरिया के लोगों को भी परेशान कर रही है। अब इस तरह तुम किसी और मुल्क में जाओगे तो वो भी कहेगा कि इतनी परेशानी है इस धमा-चौकड़ी से जो इज़रायल ने मचा रखी है।

फ़िलिस्तीन की मौजूदा हालत देखकर क्या कभी आपको निराशा होती है कि मामला सुलझने के बजाय उलझता ही जाता है—ख़ासतौर से भारतीय परिवेश के मद्‌देनज़र?

निराशा तो होती है, लेकिन आशा भी बनती है। क्योंकि दो तरह के जवानों से अक्सर मुलाकात हो जाती हैं। एक तो वे जो बोल तो कुछ नहीं रहे हैं, डरते हैं, लेकिन बहुत नफ़रत करते हैं इस पूरे माहौल से। और दूसरे वो बच्चे जो एकदम डिवोटेड हैं, एक अलग ही सोच के साथ। वो ज़रूर बहुत अलग तरह की सोच में है, उन्हें बहुत शदीद नफ़रत है, सिर्फ मुसलमानों से नहीं, बल्कि दूसरे माइनॉरिटीज़ से भी। एक चीज़ जो मैं देख रही हूँ, वो ये है कि नॉलेज की कमी है। अगर आप मुस्लिम्स हैं—अव्वल तो आप फ़िलिस्तीनियों की तरह जाएँगे कहाँ। इस्लाम धर्म को मानना, और किसी जगह की नागरिकता को छोड़कर, दूसरी जगह के नागरिक बनना, काहे के लिए भाई? आप डॉक्टर हैं, इंजीनियर हैं, राइटर हैं—आप पब्लिक हैं। अब पब्लिक जा रही है, कहाँ जा रही है, कौन अपने दरवाज़े खोल रहा है उनके लिए? कनाडा ने दरवाज़ा खोला और वो म्यूजिक बजाई जो प्रोफ़िट के ज़माने की थी और कहा कि सबका वेलकम हो। उनकी भी दशा इस वक़्त क्या है? आर्थिक व्यवस्था चूर-चूर है, फिर दोबारा कहाँ खोल सकते हैं! देखो, न तो इंक़लाब बार-बार हो सकता है, न मोहब्बत। हो सकता है, बार-बार हो, लेकिन दूसरों की मदद आप कितनी बार करिएगा, कहीं तो आप चुक जाते हैं न! अब ये लोग कह रहे हैं कि इन्हें ले लें। अब उन्हें लेना मसला नहीं है। ये तो मसले को हल करने का तरीक़ा है कि हम नहीं लेंगे, रहे वहीं—मरें, कटें, जो भी दिल में आए करें, तो वो

फ़िलिस्तीन की ज़मीन होगी वो हक़ीक़त होगी। वो इज़रायल की हक़ीक़त नहीं है। वो यहूदी जो अभी दूसरे मुल्कों में हैं, वो इज़रायली लोगों को पसन्द नहीं करते न! ये वो यहूदी हैं जिन्होंने इतिहास की तारीख़ को अच्छे से जाना है या उन्होंने या उनके माँ-बाप ने सब कुछ देखा है।

यह पूरा दौर मैनिपुलेशन, झूठ, प्रचार-तंत्र और दबदबे की राजनीति का रहा है। जिस तरह से इज़रायल तमाम तरह के गठजोड़ और दबदबे की राजनीति कर रहा है, जिस तरह से फ़िलिस्तीन के बारे में, हमास के बारे में तमाम तरह के झूठ दुनियाभर में प्रचारित कर रहा है—वह निश्चित तौर पर एक गंभीर मसला है। ग़ाज़ा पट्टी से लगे मेडिटेरेनियन-सी क्षेत्र को इज़रायल अधिग्रहण करने की लगातार कोशिश करता रहा है। इज़रायल की कोशिश फ़िलिस्तीन को समुद्र की सीमा से हटाकर चारों तरफ़ से घेरने की रही है। हालाँकि तीन तरफ़ से तो गाज़ा पट्टी अभी भी इज़रायल से घिरी है, उसको भी वे एलिमिनेट कर देना चाहते हैं, समुन्दर से हटाना चाहते हैं, ताकि दूसरे मुल्कों से फ़िलिस्तीन का वास्ता पूरी तरह कट जाए। तो इस तरह की धमकियों का, सीधे-सीधे हमलों का, जिसमें हज़ारों लोगों की, बच्चों की जान जा रही है, अब ऐसे में इस पूरे दबदबे पर, आगे का रुख़ क्या लगता है आपको?

देखो दो ही रुख़ हो सकते हैं, या तो फ़िलिस्तीन मिट जाएगा, या फ़िलिस्तीन की समस्या हल हो जाएगी, और फ़िलिस्तीनियों को उनकी जगह मिलेगी। दोनों में ही ख़तरे हैं। बहुत बड़ा ख़तरा है सामने, क्योंकि अगर इज़रायल ने समझ ही लिया, तो मानी बात है कि जिस तरह से बरबाद किया गया इराक को, उनको जंग कराके, जोश दिलाके। उधर जोश दिला दिया तो इनके तो हथियार बिक जाएँगे। यूक्रेन में अभी लड़ाई चल रही है, वहाँ पर हथियार की सप्लाई हो रही है। तो सब दीवाने हो गए हैं न, नई-नई ईजाद से। तो मेरे ख़याल से तो ये दो चीज़ें एकदम साफ़ नज़र आ रही हैं।

क्योंकि दुनिया के तमाम मुल्कों में, फ़िलिस्तीन के साथ खड़े हैं लोग। लेकिन उनके हाथ में पावर नहीं है। अगर ये इनसानी पावर इतना बढ़ गया तो फ़िलिस्तीन को उसका हक़ मिल जाएगा, नहीं तो वो ख़त्म हो जाएगा, और फ़िलिस्तीनी जो हैं, वो इज़रायल में रहना शुरू करेंगे, 2000 साल बाद में आकर कि ये 'प्रोमिस लेंड' है।

यरुशलम और बैथलेहम में जब हम लोग गए, तो मुझे याद है, एक लम्बी तंग गैलरी बनाई हुई थी, उससे होकर ही गुज़रना था। जगह-जगह पर नाकाबन्दी थी, हर जगह तलाशी ली जा रही थी। पासपोर्ट, आइडेंटिटी कार्ड वग़ैरा देखने और पहचान को पूरी तरह सुनिश्चित करने के बाद ही हम अन्दर घुस पाए। घुसने के बाद भी हम सभी पर नज़र रखी जा रही थी। बाक़ायदा जगह-जगह

चेक पोस्ट बने हुए थे। तीन मज़हबों का एक बड़ा केन्द्र है यरुशलम। जिस तरीक़े से वो है, उसका ऐतिहासिक परिप्रेक्ष्य, और मज़हबी प्रासंगिकता क्या है?

बैथलेहम ईसा मसीह का जन्मस्थान है। वे रविवार को जेरुशलम में दाख़िल हुए थे। उसे पाम संडे कहते हैं। शुक्रवार को उन्हें सूली पर चढ़ाया गया था, इसे 'गुड फ्राइडे' कहते हैं। और रविवार के दिन सिर्फ़ एक स्त्री (मेरी मेग्दलेन) ने उन्हें उनकी क़ब्र के पास ज़िन्दा देखा था, इसलिए इस घटना को 'ईस्टर' के रूप में मनाया जाता है।

अल-अक़्सा मस्जिद : मुसलमानों की मान्यता के अनुसार ख़ुदा से मिलने जब पैगम्बर मोहम्मद को मक्का से जेरुशलम लाया गया तो उन्होंने अल-अक़्सा मस्जिद में नमाज़ पढ़ी और 'बुराक' नाम की घोड़ी पर सवार होकर वहीं से ख़ुदा से मिले। इसलिए इस मस्जिद का महत्त्व है और मुसलमानों का पहला 'सिजदा' कहलाता है।

गार्डन टोम में हजरत ईसा मसीह : यहूदियों का यक़ीन है कि अल-अक़्सा मस्जिद के नीचे उनका सुलेमानी टैम्पल के अवशेष हैं जिसकी एक दीवार बची है जो वीपिंग वाल के नाम से जानी जाती है। यहूदियों की इबादतगाह को दो बार बर्बाद किया गया और उस टैम्पल में जो ताबूते सकीना था जिसमें मूसा का असा (छड़ी) और सलमन की अँगूठी वह 'तोरा' पवित्र धार्मिक पुस्तक थी, वह तबाह हो गई। इस स्थान को लेकर यहूदियों का कहना है कि यह उनका पहला माथा टेकने (सिजदा) का स्थान है। इस तरह से यहूदियों के पास उनके धर्म की कोई निशानी नहीं बची है और उनकी लापरवाही व बाद के यहूदियों ने ईसा को सूली पर चढ़ाया और 10 कमांडमेंट की अवहेलना करने के कारण ख़ुदा उनसे रुष्ट हुआ कि अब उन्हें ज़मीन का टुकड़ा बसने के लिए नहीं मिलेगा।

फ़िलिस्तीन में ख़ूबसूरत और कलात्मक wall writing और wall painting संघर्ष के तौर पर ख़ूब देखने को मिलती हैं, जैसे—Don't Forget the struggle या Revolution have started here...and will continue until... तो सवाल ये है कि एक ऐसे देश में जहाँ दिन-रात बम, गोली, बारूद, विस्फोट, ख़ून और मौत की बात होती हो, तो ऐसे में Art और cuture के विकास को आप किस तरह देखती हैं?

यह ताज्जुब की बात है अशोक, कि उनके चेहरों पर एक अजीब कॉन्फिडेंस है, जो मैंने बच्चों के चेहरों पर देखा, जो सात-आठ साल के हैं, या अपने भाई-बहनों को सँभाल रहे हैं। यहाँ हमारे बच्चे अगर होते तो एकदम बेदम हो जाते। वो लोग जो कर रहे हैं, वो अद्भुत है। इसका मतलब है कि इतनी लम्बी लड़ाई उनके ख़ून में जाकर मिल गई है। और जो तुमने आर्ट और कल्चर की बात कही, उसके लिए फ़िलिस्तीनी बहुत ही ज़्यादा दुख में हैं, क्योंकि उनके सारे खानों, उनकी सारी की

सारी आर्ट मसलन, हाथों की हस्तकला वग़ैरा को इन लोगों ने अपनाकर इज़रायली कहना शुरू कर दिया है। और यहाँ तक कि इंडिया में देखिए, जो उनके कुछ प्रोडक्ट हैं, उस पर हाल ही में नीला नाम आ गया, नीली रोशनाई हो गई, कि वो इज़रायली हैं। यह एक नया डवलपमेंट है, और दूसरा यह कि तलत सौकेरत की एक कहानी है न, कि एक बच्ची ड्रॉइंग करके आती है इन हालात में। और तुमने तो देखे ही हैं ऐसे हालात वहाँ पर, तुमने तो वहाँ पर ड्रामा किया है और देखा है कि वे लोग इन हालात में भी लगातार ड्रामा कर रहे हैं। मतलब दाद देनी चाहिए उनकी जीवटता की। उसी तरह मैं उन लोगों (यहूदियों) को भी देख रही हूँ। यहूदियों ने जो सहा, कैसे सहा, वो भी एक बहुत बड़ा तारीख़ी घाव है, जिसको इज़रायली फ़िलिस्तीन में, फ़िलिस्तीनियों पर दोहरा रहे हैं। ज़ाहिर है, ख़ुद उनके यहाँ भी मौत हो रही हैं, उनके यहाँ लोग रिवोल्ट कर रहे हैं कि आपने फ़िलिस्तीनियों को खदेड़कर एक जगह बसा दिया। जो कि एक ओपन जेल है।

फ़िलिस्तीनी लेखक तलत सौकेरत अपनी दो कहानियों में नारंगी और पंख जैसे रूपक पीड़ा, दर्द, मिटटी की ख़ुशबू और वतन से मुहब्बत को बेहतरीन तरीक़े से दर्शाते हैं—इसकी पराकाष्ठा उन्हीं की एक और कहानी "माँ" में देखने को मिलती है जब स्तनपान कर रहा बच्चा और माँ को क़त्ल कर दिया जाता है, यहाँ तक कि माँ का स्तन को काट दिया जाता है। इसमें वीभत्सता और क्रूरता की हद पार कर दी गई है—ऐसी कहानियाँ फ़िलिस्तीनी समाज और साँस्कृतिक परिदृश्य में किस तरह का दख़ल रखती हैं?

दो तरह का दख़ल है—एक तो यह है कि वो अपने हक़ के लिए लड़ रहे हैं कि ज़मीन मेरी है, और हमने आप लोगों को थोड़ी-सी जगह पनाह की शक्ल में दी थी, इसका मतलब यह नहीं है जो आप हमें शरणार्थी बनाकर हमारे साथ कर रहे हैं। और दूसरी अहम बात है कि वो जाएँ कहाँ? वो नहीं लड़ें, तो और क्या करें? विश्व स्तर पर उनका कौन वेलकम कर रहा है, कौन नौकरी दे रहा है? हिन्दुस्तान की पॉलिसी है न, कि फ़िलिस्तीन से दोस्ती है। क्या हमारी सरकार राज़ी होगी कि दस हज़ार फ़िलिस्तीनी यहाँ आ जाएँ? क्योंकि हम तो बांग्लादेशियों को ही छाँटते रहते हैं। हम तो अपने लोगों की ही छँटाई कर रहे हैं जो वर्षों से रहते रहे हैं। कौन कहाँ से आया? और हम हमेशा कहते हैं, रोहिंग्या को हटाओ, यह लोग कहाँ से आ रहे हैं। तो इस सबमें ये कहना, कि दूसरे लोग इन लोगों को ले लें, एक जुमला बनकर रह जाता है। बतौर मिसाल, मुसलमानों के साथ जो यहाँ हो रहा है, कौन लेने को तैयार है? लेगा कोई? मेल मिलाप अलग है, राइटिंग को समझना और बोलना अलग है, आर्थिक योजनाएँ जो हैं एक-दूसरे की, उनसे मिलकर हस्ताक्षर करना अलग बात है। लेकिन आप कैसे अपने मुल्क को एक

भीड़ के लिए खोल देंगे, और अपने मुल्क वालों को तकलीफ़ देंगे।

फ़िलिस्तीन के लोगों के व्यवहार से लगता है कि उन्हें लोगों से मुहब्बत करना आता है। यह सब मैंने उन लोगों में देखा है कि कितनी छोटी-छोटी चीज़ों का वे ध्यान रखते थे, जब हम सभी कलाकार फ़िलिस्तीन में जगह-जगह नाटक करने गए तो वहाँ मिला फ़िलिस्तीनियों का प्यार और मुहब्बत का भरपूर जज़्बा आज भी हमारी यादों में बसा है, जैसा कि आप कह रही थीं।

पूरे मिडिल-ईस्ट में बहुत मुहब्बत है, और बेपनाह मुहब्बत है हिन्दुस्तान के लिए।

फ़िलिस्तीन की पिछले दिनों की पोएट्री में मानवीय मूल्य और संघर्ष के स्वर साफ़ दिखाई देते रहे हैं। ये स्वर आम इनसान के संघर्ष के हैं—इन्तिफ़ादा हो या किसी और तरीक़े से अपने हक़ के लिए तमाम संघर्ष हों। महमूद दरवेश जैसे तमाम कवियों ने बेहतरीन लिखा है—गद्य भी, और पद्य भी। उनके साहित्य में ये ज़ख़्म, पीड़ा, छटपटाहट और संघर्ष सीधे-सीधे उभरकर आते हैं। अभी पिछले दिनों उनके स्वर में कुछ शोक ध्वनि और थोड़ा-सा मौत का एक मध्यम पदचाप-सा सुनाई देता है। क्या आपको लगता है कि इस माजरे और इन हालात में शायरी में बदलाव की कुछ संभावना है?

लिटरेचर समय का आइना होता है, बहुत पुरानी कहावत है। मुझे लगता है, राइटर्स अपने टाइम को तो पकड़ेंगे। अगर निराशा है तो निराशा थोड़ी देर के लिए होगी, अवसाद सबको घेरता है। हम कोई मशीन थोड़ी ही हैं कि हर वक़्त मुस्कुराएँगे और हँसेंगे। अपने आपको को भूलकर आप तसवीरों को रीड कीजिए। यह ब्लेसिंग है कि हम यहाँ बैठकर फ़िलिस्तीन और इज़रायल को जी रहे हैं। जो बाप है वो मरते बच्चे को किस तरह थामे है, या वो बच्चा है जो ज़ख़्म से एकदम चूर है, रो रहा है। उसका चेहरा चूमकर उसको प्यार देने के अलावा उसके पास कुछ नहीं है। वो बस सहला रहा है। तो ये तसवीरें बोलेंगी जब ये बच्चे बड़े हो जाएँगे तब! होलोकॉस्ट पर जिस तरह की कहानियाँ और चीज़ें आई हैं, वो इस दौर को बयान करेंगी।

मुझे लगता है कि अभी हमें फ़िलिस्तीन का बेहतरीन लिटरेचर पढ़ने को नहीं मिला।

मतलब आगे आने वाले वक़्त में फ़िलिस्तीन में जो संघर्ष हो रहा है, वो लिटरेचर में रिफ़लेक्ट होगा?

बिलकुल रिफ़लेक्ट होगा। अच्छे से रिफ़लेक्ट होगा। जैसे ब्रिटेन के यंग लोग अपने पिछली पीढ़ी के लिए कह रहे हैं कि उन्होंने जो किया, वो बहुत बुरा किया। कल

को ये (इज़रायली) भी कहेंगे। आज यहूदी क्यों रोते हैं उस दीवार से लिपटकर। देखो, यहूदी इस दीवार के पास जाकर दुआ पढ़ते हैं, रोते हैं और अपने गुनाहों का पश्चाताप करते हैं। तो कभी भी इनसानी दिमाग़ मरता नहीं है, वो अपनी यादों को ट्रांसफ़र कर देता है दूसरों में। और ये एक जगह मैंने लिखा है कि दिमाग़ शरीर के बाक़ी सभी अवयबों के बाद ही मरता है। तो उस दिमाग़ पर साइंटिस्ट्स ने काम क्यों नहीं किया? उसके ऊपर रीडिंग होती, जैसे कि नार्को टेस्ट में बेहोश करके सारी बातें उगलवा ली जाती हैं। उसी तरह जो बहुत बेहतरीन दिमाग़ हैं। उनके सारे contents वो ले क्यों नहीं लेते हैं—यादों के सारे खजाने! ये तरकीब कब निकलेगी जो बहुत फ़ायदेमन्द होगी। कॉमन लोगों की हड्डियों से और बाल से सब निकाल लेते हैं वैज्ञानिक, तो दिमाग़ की यादों तक हम क्यों नहीं पहुँच पाते हैं? उस टेक्नोलॉजी का मुझे इन्तज़ार है कि क़ब्र में बिना दिमाग़ के लोग रहें और दिमाग़ कहीं साइंटिफिक लैब में रहें।

तुमने लिटरेचर के बारे में पूछा है न अशोक, मैं एक बात कहूँगी। अगर मुझे अरबी आती तो मैं वहाँ तक पहुँच सकती थी, लेंग्विज बहुत बड़ा बेरियर होता है। मैं अच्छा लिटरेचर ट्रांसलेट करती हूँ अंग्रेज़ी से नहीं, सीधे-सीधे। जैसे पर्शियन से किया है। फ़िलिस्तीन के बारे में मेरी राय ये है कि मैं बेहतरीन चीज़ की तरफ़ अभी बढ़ नहीं पाई हूँ।

सभी को सुनना, मिल-बैठकर बातें करना फिर कोई फ़ैसला लेना—ये जो माहौल था, आपके अनुसार वह नई जनरेशन में ट्रांसलेट नहीं हुआ है? आगे की इसकी संभावना पर आपको क्या कहना है?

होगा। लेकिन इस वक्त वो बूढ़ा हो रहा है और मर रहा है। मगर मुझे यक़ीन है, नए लोग आएँगे, जो इस वक़्त या तो बेज़ुबान हैं या अपने को ठीक से एक्सप्रेस नहीं कर पा रहे हैं। वे उस माहौल को फिर से उतना ही जीवन्त बनाएँगे। यह मैं पूरी दुनिया के लिए कह रही हूँ, उनको भी जो ठहरे हुए हैं कि नया समय आएगा। अभी वो भी समझ रहे हैं माहौल को कि हमें कैसे रिएक्ट करना है। अब काश्मीर के बच्चे भी अपनी तरह से देख रहे हैं। जो मिजोरम में होता है या शिलांग में होता है, नई जेनेरेशन अपनी तरह से देख रही है। इन मुल्कों में जो हो रहा है, उसे देखने की ज़रूरत है। अब सीधे-सीधे देखें—बच्चे का पूरा मुँह बारूद के छर्रों से ज़ख़्मी है। एक लड़की है जो एक साल की है, जिसे पूरी तरह से साँस नहीं आ रही है, वो फ़िलिस्तीन की हो या इज़रायल की, अगर ये जी गई तो बड़े होकर उसके क्या अनुभव बनेंगे? उनके माँ-बाप ने पहले की लड़ाइयों में वो चीज़ें नहीं देखी थीं, लेकिन आज तो ये सब चीज़ें वो अपनी आँखों से देख रहे हैं कि हमारे साथ ये क्या हुआ? तो एक दूसरी लड़ाई का मोर्चा बनेगा—नफ़रत का, द्वेष का। इस

वक़्त ये जो नई जेनेरेशन है, क्या ऐसा समय लेकर आएगी जो बहुत सारी बुराइयों से लड़ने वाली हो? क्योंकि आज के हालात में आप देखिए, यू.एन ओ. कुछ नहीं कर पा रहा है? क्योंकि जब यू.एन.ओ. ने एतराज़ किया तो अमरीका के राष्ट्रपति ने कह दिया कि आप रिज़ाइन कर दीजिए।

यू.एन ओ. आदि पर सद्धाम हुसैन तो पहले ही कह चुके थे कि ये सब अमरीका की रखैल हैं, जो बहुत कुछ सही भी था। क्योंकि सद्दाम हुसैन की बहुत सारी चीज़ें अभी भी हमारे सामने नहीं आई हैं। थोड़ी-थोड़ी चीज़ें अब सामने आ रही हैं। जैसे हिन्दुस्तान में आज़ादी की बहुत सारी हक़ीक़त अब खुल रही है हमारे सामने, तमाम किताबों के ज़रिये। इसी तरह मिडिल-ईस्ट की बहुत सारी सच्चाइयाँ अगली जेनेरेशन ज़रूर देखेगी।

किसी देश की सम्प्रभुता मूल रूप से उस देश के लिए बेहद ज़रूरी है। यह यू.एन.ओ. समेत सभी मुल्कों का मानना है कि प्रत्येक देश को, उसकी सीमा को सुरक्षित रखने का पूरा अधिकार है। फ़िलिस्तीन को भी तो अपने देश की सुरक्षा के लिए उतना ही हक़ है, फिर इस मुद्दे पर यू.एन.ओ. और तमाम पूँजीवादी कथित विकसित देश चुप्पी क्यों ओढ़ लेते हैं?

मुझे लगता है कि यू.एन.ओ. भी अमेरिका का ही है। जब अमेरिका के राष्ट्रपति बराक ओबामा आए तो एक बचकानी-सी सोच आई कि ओबामा मिडिल-ईस्ट के मामले में नर्म रहेंगे। लेकिन ओबामा थे तो अमरिका के प्रेसीडेंट ही। और प्रेसीडेंट उसी पॉलिसी को लेकर जाएगा। कभी गाइल्ड-वे में जाएगा और कहीं एग्रेसिव-वे में जाएगा। ओबामा ने भी वही किया तो हमें अपने बचकानेपन पर हँसी आई। अभी जो राष्ट्रपति है—जो बाइडन का भी वही हाल है कि उनसे कुछ नहीं बनता है। बल्कि इज़रायल के पूरे सपोर्ट में उसके पीछे खड़ा है।

यकीनन! तो ऐसी स्थितियों में क्या हम उम्मीद कर सकते हैं कि यू.एन.ओ. कुछ करेगा?

मुझे लगता नहीं कि कुछ करेगा। उसके हाथ-पैर बँधे हुए हैं। आपको पता है अमरीका में जो बड़े-बड़े बिज़नेसमैन हैं, वो आज यहूदी ही हैं। और बहुत हद तक अमरीका के डवलपमेंट में और उत्पादन में उनकी चीज़ों से अमरीका को फ़ायदा हो रहा है। मैंने टेक्नोलोजी की बात बताई कि कैसे उन्होंने टेक्नोलोजी दी, उनको अपना दोस्त बनाया है। आप फ़ैसला न कीजिए कि हमास बहुत बुरा है, इज़रायल बेचारा है। इज़रायल तो मरा-खपा आया था तो उसको सुस्ताने दो। फ़िलिस्तीनी मुसलमान तो ऐसे ही होते हैं—तो इस तरह की सारी चीज़ें बचकाना हैं। क्योंकि वहाँ कुछ और ड्रामा चल रहा है और बहुत गहरी गुत्थम-गुत्थी है। अलग ही इंट्रेस्ट हैं। जैसे ये लोग कहते हैं कि मैं जॉर्डन यहूदी हूँ, मैं अमरिकन यहूदी हूँ, मैं ईरानी यहूदी

हूँ—तो इसका क्या मतलब हुआ? मैं पैदा वहाँ हुआ। गांधीजी ने भी इज़रायल और फ़िलिस्तीन के बारे में एक बात कही थी कि जो कुछ यहूदियों के साथ हुआ है, उससे मेरा दिल दुखता है। दक्षिण अफ्रीका में बसे बहुत से मेरे यहूदी दोस्त रहे हैं लेकिन आज जो भी फ़िलिस्तीनियों के साथ हो रहा है, वह मुझे क़तई मजूर नहीं है। मेरा अपना ख़याल है कि जो जहाँ पैदा हुआ है, वो वहीं बस जाता तो अच्छा होता।" यानी आपने देशों की लकीरें जो खींची हैं, वो आप मिटा रहे हैं। क्योंकि एक क़ौम दूसरी जगह जाकर उस क़ौम से मिलती है और मिलने में जो बच्चा पैदा होता है, वो किस देश का वासी है? बच्चों के साथ देखो अशोक, बहुत बुरा बर्ताव हुआ है। इराक की जंग के बाद बच्चों का केयर टेकर बच्चों का खाना उन्हें न देकर ख़ुद चुरा लेता था। आप देख लीजिए सीरिया में क्या हुआ एलन कुर्दी बच्चे का, क्या आप उसे भूल सकते हैं जो समुद्र किनारे पड़ा था और भागने वालों की किश्तियां उलट-पलट जाती थीं। 1997 में दक्षिण अफ्रीका के राष्ट्रपति रहते हुए और अफ्रीकी नेशनल कांग्रेस का संघर्ष को जारी रखते हुए नेल्सन मंडेला ने कहा था—"हम अच्छी तरह जानते हैं कि फ़िलिस्तीनियों की आज़ादी के बिना हमारी आज़ादी अधूरी है।" और उन्हीं की Ideology को आगे बढ़ाते हुए इज़रायल को इंटरनेशनल कोर्ट ऑफ़ जस्टिस में दक्षिण अफ्रीका ने घसीटा।

क्या हम उम्मीद करें कि इंटरनेशनल कोर्ट ऑफ़ जस्टिस में दूसरे देश भी इज़रायल को नरसंहार के नाम पर घसीट सकते हैं?

ये सपना भी हो सकता है और सपना सच भी हो सकता है। इस तरह आगे आने के लिए जिस तरह देशों का अवाम सड़क पर उतरा है, काश! वैसा ही वलवला जोश उनकी हुकूमतों में भी आ जाए तो कहना ही क्या!!